LES
THÉORIES DRAMATIQUES
AU XVIIe SIÈCLE

ÉTUDE
SUR LA VIE ET LES ŒUVRES

DE

L'ABBÉ D'AUBIGNAC

PAR

Charles ARNAUD

DOCTEUR ÈS LETTRES
PROFESSEUR A LA FACULTÉ LIBRE DES LETTRES DE TOULOUSE

PARIS
ALPHONSE PICARD, ÉDITEUR
82, RUE BONAPARTE, 82

1888

LES

THÉORIES DRAMATIQUES

AU XVIIe SIÈCLE

TOULOUSE. — IMP. A. CHAUVIN ET FILS, RUE DES SALENQUES, 28.

LES

THÉORIES DRAMATIQUES

AU XVIIe SIÈCLE

ÉTUDE

SUR LA VIE ET LES ŒUVRES

DE

L'ABBÉ D'AUBIGNAC

PAR

Charles ARNAUD

DOCTEUR ÈS LETTRES
PROFESSEUR A LA FACULTÉ LIBRE DES LETTRES DE TOULOUSE

PARIS
ALPHONSE PICARD, ÉDITEUR
82, RUE BONAPARTE, 82
—
1888

AVANT-PROPOS

L'abbé d'Aubignac a mauvaise réputation ; c'est un « dédaigné, » un « grotesque; » son nom est synonyme de pédantisme et d'étroitesse d'esprit; il est, avec elui de Zoïle, un des plus compromis de l'histoire littéraire.

Est-ce pour le réhabiliter que cette étude a été écrite ? J'ai hâte de dire que non. Commencée avec un désintéressement parfait de ce que d'Aubignac eût appelé *sa gloire*, elle ne devait être d'abord qu'un épisode d'une histoire de la critique en France, à laquelle je pense depuis quelques années. Si elle s'est étendue depuis jusqu'à devenir elle-même un ouvrage particulier, c'est que j'ai été frappé de l'importance que prennent, au commencement du dix-septième siècle, les théories dramatiques, et que j'ai été poussé à les examiner de près en elles-mêmes et dans leurs interprètes officiels. Ces interprètes sont au nombre de six, et s'appellent Chapelain, Mairet, Sarrasin, Scudéry, La Mesnardière et d'Aubignac. Or Chapelain n'a laissé que trois courtes dissertations inédites, Mairet n'a fait qu'une Préface, Scudéry qu'un pamphlet, Sarrasin qu'un quart de Poétique, La Mesnardière qu'une moitié; d'Aubignac seul a fait une œuvre complète : c'est ce qui lui a valu l'honneur de servir de centre à une histoire des théories dramatiques de son époque.

L'honneur peut nous paraître exagéré, à nous; il n'eût étonné personne au dix-septième siècle : ni Corneille qui voyait en d'Aubignac le véritable représentant, avec « Messieurs de l'Académie Française, » de la Poétique officielle, ni Boileau qui le trouvait « fort habile, » ni Racine qui annotait sa *Pratique*, ni Dacier qui voyait en lui un continuateur d'Aristote, ni Perrault qui l'appelait « l'homme du monde qui a le goût le plus fin et le plus délicat pour toutes choses, » ni Tallemant des Réaux qui écrivait : « Pour sa critique, patience! car il en sait plus que personne, » ni enfin Donneau de Visé, qui, se préparant à le combattre, se comparait à un « petit David attaquant Goliath. »

On peut étudier un homme qui a été comparé à un géant, bien qu'il fut peut-être un nain, ne serait-ce que pour comprendre comment cette comparaison a pu être faite, et paraître juste à d'autres qu'à celui qui en était l'objet. Nous verrons, en effet, d'Aubignac se croire de taille à étouffer Corneille; nous verrons

Ce nain mesurer cet Atlas

et recevoir l'approbation de quelques hommes d'esprit. Il est vrai que ces hommes d'esprit étaient de l'Académie de d'Aubignac, ce qui comporte un peu de partialité, mais il est vrai aussi que d'Aubignac avait une Académie à lui, ce qui indique une situation non médiocre dans la République des Lettres.

Critique considéré, prédicateur écouté, directeur de poètes et de femmes du monde, consulté par les uns sur l'art de conduire une pièce de théâtre, et par les autres sur les moyens de conserver leur réputation et leurs plaisirs, d'Aubignac fut en effet un personnage important. Il faillit être le directeur de tous les théâtres de France, il fut le délégué de Richelieu au département des affaires dramatiques avec mission d'indiquer toutes les réformes dont elles étaient susceptibles. Il obtint toute sorte de succès littéraires et mondains; il eut des amis et des admirateurs; il eut même des imitateurs : *Zénobie* et *Macarise* firent des plagiaires! Il ne lui manqua pas même les honneurs d'une publication posthume. Mort depuis longtemps, on le fit encore parler et donner son avis dans la grande querelle des Anciens et des Modernes. Il déposa contre les Anciens, il nia même l'existence d'Homère, un siècle avant les Allemands.

Son histoire n'est donc pas dénuée d'intérêt; elle soulève les plus graves problèmes de la critique littéraire et de l'art dramatique; elle se confond avec l'histoire même du goût et des idées à une des époques les plus curieuses et les plus fécondes de notre littérature; c'est pourquoi nous n'avons pas craint de la faire aussi complète que possible.

Une étude biographique nous a paru la préface obligée de l'analyse des œuvres; d'autre part, aucune de ces œuvres n'a été entièrement passée sous silence, parce que toutes, même les plus médiocres, ont, sinon une valeur littéraire, du moins une valeur historique appréciable. L'homme explique l'auteur, et l'auteur explique son temps; alors même qu'il est mauvais écrivain, il est encore un témoin utile.

On nous pardonnera néanmoins d'avoir été plus bref sur la partie de ses écrits qui n'intéresse pas directement l'histoire de l'art dramatique, et de nous être borné à en donner une idée sommaire. Si nous avions voulu faire autrement, suivre de près et dans le détail les tentatives si nombreuses et si diverses de « cet esprit tout de feu qui s'est jeté à tout (1), » il nous aurait fallu lui consacrer plusieurs volumes, et c'est bien assez d'un !

Enfin nous nous sommes défendu de notre mieux contre les partialités affectueuses ou rancunières qu'engendrent les longues intimités ; nous avons mis une conscience égale à ne pas nous « coiffer (2) » de notre héros, et à ne pas le prendre en grippe, — ce qui était peut-être moins aisé. — Si nos efforts ont été heureux, nous n'aurons fait ni une satire ni un panégyrique en essayant de faire revivre un homme qui fut quelqu'un et quelque chose dans notre grand dix-septième siècle.

Cette étude sera divisée en deux parties : la première comprendra la biographie de d'Aubignac et l'analyse de ses œuvres étrangères au théâtre ; la seconde sera consacrée à d'Aubignac homme de théâtre, théoricien, auteur et critique dramatique.

Qu'on me permette de m'acquitter ici d'une dette de reconnaissance, et de remercier publiquement M. Ch. Livet de la générosité avec laquelle il a mis à ma disposition non seulement ses livres, dont quelques-uns manquent à nos grandes bibliothèques, mais encore son érudition si sûre et si étendue.

(1) Jugement de Chapelain sur d'Aubignac.
(2) Pascal.

NOTICE BIBLIOGRAPHIQUE

Ecrits de Fr. Hédelin, abbé d'Aubignac

1. DES SATYRES, *brutes, monstres et démons*, par F. Hédelin, avocat au Parlement. Paris, N. Buon, 1627, in-8º.
2. DISCOURS sur la troisième comédie de Térence, intitulée : *Heautontimorumenos*. Paris, 1640, sans nom d'auteur. Cf. nº 9.
3. CYMINDE, *ou les deux victimes*, tragédie en prose, et LA PUCELLE D'ORLÉANS, tragédie en prose. Paris, chez Targa, in-12, 1642. Ces deux pièces, publiées dans un même volume, sans nom d'auteur, sont attribuées formellement par l'éditeur à l'abbé d'Aubignac (Cf. 2ᵉ partie, livre II de cette étude.
4. ZÉNOBIE, tragédie en prose. Paris, Sommaville, 1647, sans nom d'auteur, mais avouée par d'Aubignac, dans sa QUATRIÈME DISSERTATION contre Corneille. Cf. nº 14.
5. TRÈS HUMBLE REQUÊTE à Mgr le Prince, par F. Hédelin, abbé d'Aubignac. Paris, 1647.
6. COMPLIMENT *fait à* Mgr *l'Eminentissime Cardinal de Retz*, par M. Hédelin, abbé d'Aubignac. Paris, 1652.
7. TRIO DE LA MÉDECINE. Cf. *Recueil de pièces en vers des plus célèbres auteurs du temps*. Paris, 1653, t. II, p. 221; anonyme, mais d'Aubignac est nommé au vers 29ᵉ par l'auteur, qui, plus loin, dit être lui-même un abbé. Le *Trio* est formellement attribué à d'Aubignac dans les *Mémoires* de Sallengre.
8. NOUVELLE HISTOIRE DU TEMPS, ou RELATION DU ROYAUME DE COQUETTERIE. Paris, in-12, Ch. de Sercy, 1654, sans nom d'auteur, rééditée en 1655, avec d'au-

tres petites pièces allégoriques. D'Aubignac, qui n'a pas signé cette œuvre, la reconnaît sienne dans la QUATRIÈME DISSERTATION contre Corneille (Cf. *infrà*, 1re partie, livre II, chap. II).

9. TÉRENCE JUSTIFIÉ, par Messire Fr. Hédelin, conseiller, aumônier et prédicateur ordinaire du roi. Paris, 1656.

Cet ouvrage et le *Discours sur la 3e comédie* de Térence, paru en 1640, furent réédités ensemble sous le titre commun de *Térence justifié*, à la suite de la *Pratique*. Amsterdam, 1715.

10. LA PRATIQUE DU THÉATRE. Paris, Sommaville, 1657, in-4º, et Paris, Denys Thierry, 1669, in-4º. Même édition; tout en est pareil, pagination, lettres d'en tête, culs-de-lampe et même l'*erratum* de la fin. Il n'y a de différences qu'à la page du titre : en 1657, le nom de l'auteur n'y figure pas; il est au feuillet suivant, dans l'extrait du privilège; en 1669, le nom d' « Hédelin, abbé d'Aubignac, » est à la suite du titre.

Rééditée en 1715 à Amsterdam, avec les deux dissertations sur Térence et un discours de Ménage, 2 volumes in-12, chez Jean-Frédéric Bernard.

11. LETTRE D'ARISTE A CLÉONTE, en tête d'une nouvelle édition du *Royaume de Coquetterie*. Paris, Bienfait, 1659, in-8º. Cette édition a échappé à toutes nos recherches. Nous ne connaissons de la *Lettre d'Ariste* que les courts extraits cités par Sallengre dans ses *Mémoires*, et par M. Rathery dans son *Etude sur Mlle de Scudéry*.

12. LES PORTRAITS ÉGARÉS. Paris, 1660, Bienfait, in-12. Anonyme. Mais l'auteur y parle de *Macarise* comme d'un ouvrage à lui. Cf. nº 15.

13. DEUX DISSERTATIONS *en forme de remarques sur deux tragédies de M. Corneille*. Paris, 1663.

14. TROISIÈME ET QUATRIÈME DISSERTATION, *en forme de remarques sur la tragédie de M. Corneille, intitulée OEdipe, et de réponses à ses calomnies*. Paris, 1663.

L'abbé d'Aubignac y parle continuellement de lui et de sa *Pratique*; la quatrième dissertation est une sorte d'autobiographie.

15. MACARISE, *ou la reine des îles Fortunées, histoire allégorique*, etc., etc. Paris, 1663, 2 volumes avec portrait de l'auteur.

16. DISCOURS AU ROY *pour l'établissement d'une seconde académie*, par messire Hédelin, abbé d'Aubignac. Paris, 1664.

17. CONSEILS D'ARISTE A CÉLIMÈNE. Paris, 1665, 1667, 1685, 1692. Anonyme. Les preuves de son authenticité abondent dans le *Roman des Lettres*, nº 19.

18. DISSERTATION SUR LA CONDAMNATION DES THÉATRES. Paris, 1666-1694, chez Jacques Lefebvre, anonyme ; attribué formellement par l'éditeur à l'auteur des *Conseils d'Ariste*.
19. ROMAN DES LETTRES. Paris, chez B. Loyson, 1667. Anonyme. Recueil de lettres écrites et reçues par un personnage déguisé sous le nom d'Ariste, mais désigné clairement comme l'abbé d'Aubignac lui-même. Un commentaire relie ces lettres entre elles ; il est probable que ce commentaire est de d'Aubignac (Cf. *infrà*, 1re partie, livre I, ch. II).
20. ESSAIS D'ÉLOQUENCE CHRÉTIENNE. Paris, Edme Couterat, 1671, in-4°, par Fr. Hédelin, abbé d'Aubignac et de Meimac.
21. CONJECTURES ACADÉMIQUES ou Dissertation sur l'Iliade. Paris, 1715. Ouvrage posthume, anonyme.
22. OUVRAGES PERDUS, cités par les biographes Niceron et Boscheron.
    1° ARISTANDRE, ou *Histoire interrompue*. Paris, 1664, in-12. C'était un roman dont les personnages étaient de Nemours.
    2° AMELONDE, *historiette*, in-12, sans date.
    3° UN POÈME de 600 vers sur des *Tableaux énigmatiques* (Cf. *infrà*, ch. 1er).
    4° LA FOIRE D'AMOUR, poème allégorique.
    5° L'OPÉRATEUR D'AMOUR (*id.*).
    6° L'ORDRE DE LA LIBERTÉ, plan d'un Ordre de chevalerie ; petite fantaisie littéraire dont l'auteur parle dans le *Roman des Lettres*.

ECRITS SUR L'ABBÉ D'AUBIGNAC

§ 1er. — SUR L'ENSEMBLE DE SA VIE ET DE SES OEUVRES.

1° *Historiettes de Tallemant*. Edition Mommerqué, tome X, p. 231-237 ; tome III, p. 40 ; tome II, p. 5.
2° *Mémoires de littérature*, par Sallengre. Tome I : lettre de Boscheron sur la vie de d'Aubignac et l'histoire de ses ouvrages.
3° *Mémoires de Niceron*. Tome IV, article rédigé sur un mémoire fourni par la famille de d'Aubignac.
4° *Dictionnaire de Chauffepié*. 1750, article très développé, résumant et contrôlant les renseignements donnés par Boscheron et Niceron.
5° « L'abbé d'Aubignac, » étude de 56 pages dans l'ouvrage intitulé : *Précieux et Précieuses*, de M. Ch. Livet, 2e édit., 1870.

§ 2. — Sur des ouvrages particuliers.

1º *Défense de la Sophonisbe et du Sertorius de M. Corneille*, par Donneau de Visé. Paris, 1663. Réponse aux deux premières dissertations de d'Aubignac contre Corneille.

2º Article du *Journal des savants*, du 5 avril 1666, sur les *Conseils d'Ariste*.

3º Divers articles des publications périodiques du dix-huitième siècle, notamment *Journal littéraire*, 1re partie, tome VI, pages 31 à 60, une longue analyse de la *Pratique*, et tome IX une analyse des *Conjectures*, et *Mémoires de Trévoux*, année 1716.

4º Baillet. *Jugement des savants*, quelques mots sur la plupart des ouvrages de d'Aubignac.

5º Frères Parfaict. *Analyse de Cyminde*, tome VI.

6º Hippolyte Rigault. *Querelle des anciens et des modernes*. Un chapitre consacré à l'étude des *Conjectures académiques*.

7º S.-M. Girardin. *J.-J. Rousseau*, tome II, chap. IX. Sur le Projet de réformes dramatiques publié à la suite de la *Pratique*.

PREMIÈRE PARTIE

BIOGRAPHIE ET ŒUVRES DIVERSES DE D'AUBIGNAC

LIVRE PREMIER

BIOGRAPHIE DE D'AUBIGNAC

CHAPITRE PREMIER.

I. — Son père. — Son éducation. — Ses premiers succès en province.
II. — Son entrée dans la maison de Richelieu comme précepteur du duc de Fronsac. — Son élève. — Ses démêlés avec Condé. — Ses relations avec les hommes de la Fronde.

I

François Hédelin, plus connu sous le nom qu'il prit plus tard d'abbé d'Aubignac, naquit à Paris le 4 août 1604 de Claude Hédelin avocat au Parlement, et de Catherine Paré, fille du célèbre Ambroise Paré (1). Peu de temps

---

(1) Ce sont les dates et les noms donnés par Niceron (*Mémoires*, tome IV). Cf. Patru, *Œuvres*, tome I, p. 508; *Plaidoyer pour Anne Hédelin*, frère de l'abbé d'Aubignac, et successeur de son père dans la charge de lieutenant général de Nemours.

En cas de contradiction entre les divers biographes, nous nous en

après sa naissance, en 1610, son père quitta Paris pour aller s'établir à Nemours, où il avait acheté la charge de lieutenant général. L'éloignement de Paris, « hors duquel il n'y a point de salut pour les honnêtes gens, » comme l'écrivait déjà Racan à cette date, dut être particulièrement sensible au nouveau magistrat, qui était lié avec tous « les honnêtes gens » de la capitale. Ami des écrivains à la mode, et écrivain lui-même, collaborateur de Du Perron et de Lingendes pour une traduction des *Héroïdes* d'Ovide, Claude Hédelin était considéré comme un de ces hommes, « dont les ouvrages portent leur recommandation et leur prix avec le nom de leur auteur (1). » C'était, il est vrai, un de ses colloborateurs qui parlait ainsi ; mais il n'était peut-être pas seul à le penser. Les poésies de l'avocat au Parlement étaient estimées et elles avaient une place dans les recueils du temps.

On peut retrouver dans les *Muses françaises ralliées*, publiées en 1607, un petit poème de lui, intitulé le *Royaume de Febve* (2). C'est la description d'un repas du jour des Rois. Le début en est heureux :

> . . . .
> Nous avions tous, à grandes manches,
> Nos belles robes du dimanche,
> Nos beaux casaquins de velours
> Et nos guarguesses des bons jours.
> Le bas, de très-belle apparence,
> De fine serge de Florence,
> Lié par dessus les genoux
> D'un ruban à quatre ou cinq nouds ;
> Et le soulier fait à l'antique,
> Une escarcelle magnifique,
> Pour faire encore plus d'honneur
> A notre souverain Seigneur,

tiendrons au témoignage de Niceron, qui a eu sous les yeux « un mémoire de M. Hédelin, lieutenant général de Nemours. »

(1) Préface de la traduction des *Héroïdes*. Le volume est intitulé : *Les Epistres (Héroïdes) d'Ovide, traduites en prose française par les sieurs Du Perron, de La Brosse, de Lingendes et Hédelin*. Paris, 1618.

(2) Cf. Boscheron, *Mémoires de littérature*, I.

> D'un côté pendait enfilée,
> A notre ceinture bouclée
> Sur la hanche ; et, de l'autre part,
> Les gants et le mouchoir à part.
> D'ailleurs le bonnet sur l'oreille,
> Penchant de grâce non pareille,
> Si bonne trogne nous donnait,
> Que tout le monde nous prenait
> Pour quelque gros bourgeois de ville,
> Qui ne comptent rien que par mille,
> Et, sur notre mine, à l'instant,
> Nous eussent prêté du comptant.

Cette esquisse à la Callot, de bourgeois qui vont faire un bon dîner, ne manque pas de relief ni de piquant. Hédelin y fait preuve d'une franchise de touche et d'une simplicité de style qui manqueront plus tard à son fils, et l'on comprend qu'on lui ait dédié dans le même recueil un sonnet contre les écrivains prétentieux et pointus.

> Je ne suis point jaloux de me voir enrôlé
> Au nombre des pointus qui, pleins d'afféterie,
> Pour quelques vers forcés dont ils font braverie,
> Croyent que leur nom soit dedans les cieux volé.
>
> Hédelin, il est vrai, ce style bricolé,
> Où l'on admire tant la contrebatterie
> Des mots s'entrechoquant, n'est qu'une piperie
> Dont notre âge déçu se rend trop affolé, etc.

Le fils d'Hédelin, dès qu'il fut en âge de penser et d'écrire, s'enrôla « au nombre des pointus » et des précieux. A Nemours, dans la maison de son père, devenue le centre de tous les esprits cultivés et comme l'hôtel de Rambouillet de la province, « il fit établir, » nous dit un biographe, « l'explication des tableaux énigmatiques ; tou-
» tes les personnes de condition, les ecclésiastiques, les
» nobles, et même *les dames de la province*, avec tous ceux
» qui témoignaient quelque amour pour les bonnes cho-
» ses ne manquaient pas de s'y trouver (1). »

(1) Boscheron, *Mémoires de littérature*, I.

Les tableaux énigmatiques, exercice scolaire en usage au dix-septième siècle et assez en honneur encore vers 1694 pour qu'un jésuite, le P. Ménétrier, en écrivît un traité complet et en donnât les règles, n'étaient autre chose que des rébus. Mais il y a rébus et rébus ; le P. Ménétrier a bien soin de distinguer les énigmes figurées, ou tableaux énigmatiques, des *énigmes grossières ou rébus* qu'il faut abandonner au peuple et qui, « sont plus à leur place dans les *cabarets* que parmi les honnêtes gens (1). » Les *tableaux*, au contraire, sont à leur place d'abord dans les écoles, où ils éveillent la perspicacité des enfants, et ensuite dans les salons, où ils charment les intelligences cultivées. Et il en donne de nombreux exemples, parmi lesquels nous citerons ceux-ci : « Par l'histoire d'Esther, pâmée devant Assuérus
» qui la touche du bout de son sceptre, on représente l'arc-
» en-ciel qui se fait par les réfractions des rayons du soleil
» sur les nuées. Assuérus est le soleil, son sceptre le
» rayon, Esther l'arc-en-ciel, les femmes qui la soutien-
» nent sont les nuées..... On pourrait aussi représenter
» le canon par le serpent qui trompe nos premiers parents,
» parce que le canon a été nommé couleuvrine des couleu-
» vres ou des serpents ; la pomme que l'on fait tenir à ce
» serpent entre les dents serait le boulet : c'est par la
» bouche des canons que les rois parlent comme le ser-
» pent parla à Eve..... Adam représenterait la poudre,
» *pulvis es, in pulverem reverteris*, Eve la mèche allumée,
» *fomes peccati*, etc., etc. » Et enfin : « La grenade peut
» être représentée par une Lucrèce qui se perce le sein,
» parce que c'est ainsi que ce fruit s'ouvre quand il est
» mûr, et son ouverture est comme une espèce de bles-
» sure et en sa figure et en sa couleur (2). »

Il est invraisemblable que des enfants aient jamais pu

---

(1) *La philosophie des images énigmatiques*, par le P. Fr. Ménétrier. Lyon, 1694.

(2) *La philosophie des images*, etc.

tirer quelque profit de pareils exercices ; mais il semble certain que de grandes personnes y prenaient un plaisir extrême, à l'époque surtout et dans le milieu où grandissait le jeune Hédelin. La préciosité qui sévissait à Paris gagnait déjà la province et s'y aggravait : Nemours dut être atteint de la contagion assez vite, plus tôt que Montpellier, où Chapelle et Bachaumont devaient plus tard en constater les ravages. Ces *dames de la province*, dont parle le biographe, devaient trouver dans ces tableaux énigmatiques l'occasion de faire montre de leur esprit, de rivaliser de finesse avec les Parisiennes de l'hôtel de Rambouillet dont la gloire était parvenue jusqu'à elles. Hédelin garda de leur commerce et de ces premiers jeux une impression ineffaçable. L'abbé Cotin devait être appelé, pour avoir publié un recueil d'énigmes et leur théorie, le *père de l'énigme*; l'abbé d'Aubignac pourrait en être appelé *le filleul*. C'est parce qu'il a eu cette mauvaise fée pour marraine qu'il montrera bientôt tant de goût et de talent pour l'allégorie. Quand nous aurons à juger ses *Portraits égarés*, son *Royaume de Coquetterie* et surtout sa *Macarise*, nous nous souviendrons de son enfance écoulée au milieu des tableaux énigmatiques et de leurs commentaires et nous verrons en lui moins un coupable qu'une victime.

Ce qui étonne, c'est que le lieutenant général qui, n'aimait pas les pointus, n'ait pas contrarié les goûts naissants de son fils. Est-ce qu'il était devenu précieux lui aussi, en vivant au milieu « des dames de la province? » Il est probable qu'il était devenu tout simplement un père tendre et faible, admirant naïvement l'intelligence du jeune François, et l'admirant à ce point qu'il le crut bientôt capable de s'élever lui-même sans maîtres. « Dès l'âge » de onze ans, » nous dit l'abbé d'Aubignac lui-même (1), « que je commençai d'entendre un peu la langue latine, » je quittai ces petits pédagogues triobolaires, qui en en-

---

(1) *Quatrième dissertation.*

» seignent les principes aux enfants; et comprenant que
» les petites notes qui sont dans les livres m'apprenaient
» de meilleures choses qu'eux, je m'attachai seul à la
» lecture des auteurs... Depuis ce temps, hormis la phi-
» losophie, pour laquelle j'eus durant deux ans un pré-
» cepteur domestique, j'ai étudié de moi-même la langue
» grecque et italienne, la rhétorique, la poésie, la cos-
» mographie, la géographie, l'histoire, le droit et la
» théologie; et je défie tout homme vivant au monde de
» se vanter m'avoir jamais rien enseigné comme maître,
» ni de dire que j'aie jamais étudié une heure dans aucun
» collège de la terre..... Et si je ne suis pas riche je n'ai
» rien emprunté des autres que je ne puisse rendre.
» Quand saint Augustin nous assure qu'il était *autodidacte*,
» c'est-à-dire instruit par lui-même, il parlait franche-
» ment et sans vanité, et si je parle ici de moi presque de
» même sorte, c'est avec autant de sincérité. »

Cette sincérité était peut-être en effet exempte de vanité. D'Aubignac, à l'âge où il écrivait ces lignes, avait assez d'expérience pour savoir qu'on n'est pas un Augustin parce qu'on est *autodidacte* et qu'un sot doit encore moins à ses maîtres qu'un homme de génie. Mais il ignorait probablement encore que si l'on peut se passer des autres pour apprendre le latin et le grec, on a souvent besoin d'un plus petit que soi, d'un « pédagogue triobolaire » même pour apprendre à se connaître et à ne pas trop s'estimer; science importante, au dire de tous les auteurs connus du jeune Hédelin, que l'homme paie parfois bien cher, que l'enfant reçoit de son maître pour trois oboles, et qui a manqué, il faut le dire, à l'abbé d'Aubignac. C'est peut-être parce qu'il n'a pas eu de petit pédagogue, qu'il est devenu lui-même le pédagogue arrogant et vain du théâtre français, l'adversaire plein de suffisance de notre grand Corneille.

Quoi qu'il en soit, sa précocité, sa vivacité d'intelligence faisaient de lui un petit prodige pour sa famille et sur-

tout pour les dames de la province, dont il fut bientôt l'enfant gâté et le cavalier servant. Il composa en leur honneur et à leur prière plusieurs petits poèmes allégoriques : « *La Foire d'Amour*, où la bonté, la grâce et tou-
» tes les aimables qualités des dames étaient représentées
» comme une riche marchandise que les honnêtes gens
» achetaient au prix des vertus, des services et des affec-
» tions véritables ; » — « *L'Opérateur d'Amour*, c'est-à-dire
» un charlatan qui, sous le nom de plusieurs drogues dé-
» bitées, faisait le médecin de plusieurs maux et de plu-
» sieurs aventures qui suivent ordinairement cette passion
» de jeunesse ; » — « *L'Ordre de la Liberté*, où, par une
» assemblée de chevaliers sans peine et de dames sans
» rigueurs, il dressa, parmi cent métaphores assez délica-
» tes, le modèle d'une vie mêlée de plaisirs innocents et
» d'une honnête liberté ; » enfin, « des dessins pour cent
» tableaux qui contenaient les maximes de la morale des
» prophètes (1). »

Il mêlait à ces jeux des travaux plus sévères, puisqu'il se fit recevoir « avocat au Parlement, » avant 1627, c'est-à-dire vers sa vingt-troisième année, et qu'il publiait à cette date son premier ouvrage, une étude sur les *Satyres*.

Il exerça quelque temps, à Nemours même, la profession d'avocat et avec « quelques succès (2). » C'est lui-même qui se donne ce témoignage. Ces succès ne purent cependant le retenir à Nemours, ni dans la vie séculière ; il vint à Paris et y embrassa l'état ecclésiastique. A peine était-il ordonné prêtre qu'il fut chargé de l'éducation d'un neveu du cardinal de Richelieu, Jean-Armand de Maillé-Brézé, duc de Fronsac, fils du maréchal de Brézé et de Nicole du Plessis. Comme c'était le cardinal lui-même qui s'occupait de l'éducation de son neveu, il est probable

---

(1) Boscheron, *loc. cit.*
(2) *Quatrième dissertation.*

que ce fut lui (1) qui choisit le jeune précepteur, désigné à son attention par la réputation que lui avaient faite les salons de Nemours et que le livre des *Satyres* avait peut-être augmentée.

II

Cette entrée de François Hédelin dans la maison de Richelieu fut l'événement capital de sa vie ; il y noua des relations, y reçut des conseils, y subit des influences qui déterminèrent la direction de ses travaux, et qui, en même temps, développèrent en lui la personnalité et la vanité dont sa première éducation avait déjà tant favorisé l'éclosion.

L'impression qu'il éprouva, au début de ces fonctions qui le mettaient en rapports quotidiens avec un maréchal de France et un premier ministre, était d'un homme qui a le sentiment de la hiérarchie sociale, et qui porte à ses supérieurs le respect qu'il exigera lui-même de ses inférieurs. Celui qui devait un jour traiter Corneille avec tant d'arrogance, *trembla* et *frémit* de l'honneur qui lui était fait de devenir le familier des princes. « Il n'est pas fa-
» cile, » écrivait-il (2), « de se familiariser un grand
» prince ; il faut trente ans de service ou de conversation
» pour affermir une âme commune à sa présence : plus il
» semble qu'on en soit près, plus on frémit, plus on se
» trouble et plus on s'égare. L'esprit a ses éblouissements
» aussi bien que les yeux... Il se plaît à considérer tant
» de belles choses, il désire les mieux comprendre pour
» augmenter son plaisir ; ce désir l'engage à bien recher-
» cher toute leur excellence ; cette recherche le transporte
» hors de lui-même, ce transport l'élève en de continuel-

---

(1) « Le duc de Brézé fut élevé par les soins du cardinal, » Tallemant, tome III, p. 40, édition Monmerqué.
(2) *Requête à M. le Prince.*

» les admirations; ces admirations le retiennent dans un
» égarement qui le charme, et dont même il voudrait
» bien ne point revenir, etc., etc., etc. »

Il n'est pas sûr que ces sentiments et ce langage, qui nous font sourire, n'aient pas contribué à faire bien accueillir le jeune Hédelin dans une partie de ce grand monde où il entrait. Heureusement pour son élève, il y apportait des mérites plus sérieux que cette facilité à *frémir*, à *admirer* et à *s'égarer*. Il sut être plus qu'un courtisan respectueux; il fut un maître pénétré de l'importance de sa mission, en remplissant de son mieux tous les devoirs et même les dépassant.

Il mit au service d'Armand de Brézé non seulement le meilleur de son temps et de ses forces, mais encore sa fortune personnelle (1). Ce fut pour lui qu'il commença un grand ouvrage de morale qui devait être le couronnement et le résumé de son enseignement; pour lui qu'il consentit à vivre quelque temps de la vie des camps, et qu'il y contracta des infirmités dont il ne put jamais se guérir; pour lui, enfin, qu'il abandonna ses travaux les plus aimés et le soin de ses propres intérêts et qu'il se fit intendant des biens et administrateur de la maison de Brézé (2). Tous ces sacrifices, tous ces efforts, toutes ces peines ne reçurent d'abord d'autre récompense que l'affection de son élève; mais le précepteur s'en contentait. Il aimait lui-même de toute son âme ce jeune homme timide et froid, mais plein de rares qualités. Il l'excitait à les mettre au jour, il en encourageait toutes les manifestations. Il se faisait le ministre complaisant de ses libéralités et de ses charités secrètes. Plein de ménagements et de tact pour la délicatesse farouche de cette jeune âme, et usant habituellement de douceur, il ne reculait pas devant des mesures sévères quand il les croyait nécessaires; il faisait d'ailleurs accep-

(1) *Macarise*, préface, *passim*, et 4ᵉ dissertation.
(2) *Ibid.*

ter ses reproches avec la même reconnaissance que ses éloges. Il semble donc qu'il a été un maître intelligent et utile, et qu'une part honorable lui revient dans la formation de ce gentilhomme généreux et brave, dont la vie irréprochable a désarmé la médisance de Tallemant, et dont la mort prématurée, en pleine jeunesse et en plein triomphe, a obtenu l'admiration attendrie de la postérité (1).

Dix-sept ans après cette mort glorieuse, en 1663, son précepteur, tout ému encore à son souvenir, se laissait aller à parler longuement de lui, à vanter ses vertus et à rappeler tous les détails de son éducation (2). S'il est possible de découvrir quelque vanité dans cette affection tenace et bavarde que l'abbé garde à un élève qui était, dit-il, « un des plus grands seigneurs du royaume, » on peut y voir aussi la preuve de son succès comme précepteur. La maison de Brézé est douce à sa mémoire et il aime à s'en entretenir. C'est probablement qu'il en était sorti n'ayant rien à oublier ni à faire oublier, n'ayant de torts à pardonner à personne, ni aux autres ni à lui-même, — bonheur souvent refusé aux précepteurs, à ceux-là surtout qui apportent dans leurs délicates fonctions les prétentions et les douloureuses inquiétudes de la vanité. La vanité de d'Aubignac, qui fut plus tard si aigre et si folle, était surtout une vanité littéraire. Comme homme du monde, il ne manquait ni de souplesse, ni de tact.

---

(1) « Avant que d'aller à Orbitelle, où il fut tué faisant sa charge d'amiral, il voulut voir de quoi on paierait ses créanciers s'il mourait; et, s'étant satisfait sur cela, il partit content. On trouva, après sa mort, qu'il donnait près de 50,000 livres tous les ans. » Tallemant, t. III.

« M. le duc de Brézé, que nous avons vu de notre temps, avait l'âme grande et généreuse. Benserade, qui le savait et qui en avait ressenti les marques, pleurait toutes les fois qu'il entendait parler de lui. M. de Brézé qui l'aimait à cause de son bel esprit, le menait avec lui sur mer et le faisait de moitié de ce qu'il gagnait au jeu; et, sous ce prétexte, il lui donnait quelquefois de bonnes sommes, quoiqu'il n'eût rien gagné. » Segrais, *Mémoires, anecdotes*, p. 41. Cf. Godard-Faultriers, *L'Anjou*, page 111.

(2) *Macarise*, préf., p. 176 à 183

Il le prouva par la manière à la fois habile et noble dont il sut se tirer des difficultés nouvelles et particulièrement délicates que lui créa, après la mort de son élève, le mauvais vouloir des héritiers. Il s'agissait de questions d'argent. Depuis 1644, le duc lui avait assuré une pension, non par un acte de générosité gratuite, mais en reconnaissance et en paiement d'une dette personnelle et même d'une dette paternelle : « Ce qui semblera à peine » croyable, » nous apprend d'Aubignac (1), « c'est que » j'ai dépensé mon patrimoine au service de mon élève, » sans avoir jamais reçu de gratification ni reconnaissance » quelconque. » ... « Je n'ai jamais reçu de pension de » feu M. le maréchal de Brézé, » écrivait-il encore en 1664 (2). Tout ce qu'on lui avait donné ou fait donner vers le commencement de son préceptorat, c'était l'abbaye de d'Aubignac du diocèse de Bourges. Elle lui rapportait de 680 à 700 livres (3), plus le titre nouveau qu'il écrivit désormais à la suite de son nom et qui servit à le désigner. Le duc, dès qu'il sut voir et compter, trouva que ce n'était pas assez ; il s'empressa d'y ajouter une rente viagère de 4,000 livres (4). Cette rente, l'héritier du duc, le prince de Condé, avait refusé de la servir, bien qu'elle fût garantie par toutes les formalités légales. Il s'agissait donc de décider ou de forcer le vainqueur de Rocroy à revenir sur ce refus. L'abbé aurait pu s'adresser aux juges ; il préféra s'adresser au prince lui-même, et il le fit dans une requête où la vigueur de l'argumentation et la noblesse des sentiments sont à peine compromises par les allures déclamatoires du style. Il n'ose aborder son sujet qu'après des précautions de toute sorte. Mais il finit par le saisir pleinement et par l'exposer ainsi en quelques phrases aussi nettes que dignes : « Monseigneur, laissez

---

(1) *Requête à M. le Prince.*
(2) *Quatrième dissertation*, p. 125.
(3) Livet, *Précieux et précieuses*, p. 156. Baillet, III, 304.
(4) *Requête à M. le Prince.*

» aller cette affaire au cours des procédures, vous per-
» drez la moitié d'une bonne œuvre en souffrant que
» d'autres me fassent justice... Non, non, Monseigneur,
» en cette rencontre il ne doit point y avoir de juge, ou
» bien il n'en faut pas d'autre que Votre Altesse... Vous
» jugerez par les maximes des grands hommes... Vous
» ordonnerez ce que demandent les lois, mais par un
» motif digne de vous (1). »

Tel est le ton ferme et élevé avec lequel il pose la question. Viennent ensuite les habiletés ordinaires et les flatteries indispensables. « Il m'arrivera sans doute qu'au lieu de
» parler pour moi je me laisserai ravir aux mérites de ma
» partie, et j'irai faire votre panégyrique au lieu de dé-
» fendre ma cause... Ainsi, vous pourriez gagner une
» mauvaise cause parce que vous êtes un prince merveil-
» leux, et j'en pourrais perdre une fort bonne parce que
» je respecte infiniment votre mérite....... Comment atta-
» quer un si grand vainqueur ? Vous allez me traiter
» comme un habitant des villes que vous assiégez ! etc., etc. »

Mais voici qui est plus original et plus digne d'attention : « On pourrait soutenir que les princes doivent la
» justice à tout le monde sans que cette obligation en af-
» faiblisse le mérite. Il y a des vertus libres et d'autres
» qui ne le sont pas... La justice est inséparable de la
» dignité des princes, non pas qu'ils soient contraints
» quand ils la font, mais *il ne leur est pas libre de ne pas*
» *la faire, s'ils veulent conserver cette illustre grandeur*
» *dans sa pureté*... Les princes sont dans un état con-
» forme à celui de Dieu, en ce qu'ils ne peuvent refuser
» la justice à personne *parce qu'ils ne le doivent pas*. Je
» vous la demande donc, Monseigneur. »

La leçon est directe, sous l'exagération continue de l'éloge.

---

(1) *Requête à M. le Prince.* — Cette requête, qui avait échappé à M. Livet, se trouve aujourd'hui à la Bibliothèque nationale.

La justice que demandait d'Aubignac lui fut-elle accordée? Au dire de Tallemant « le pauvre abbé, » aurait perdu sa peine et son éloquence, et n'aurait pu recouvrer sa pension qu'après l'exil de Condé; « il se serait alors accommodé avec les économes (1). » Nous préférons croire, avec Boscheron et Camusat (2), que le prince, éclairé sur le droit du *requérant*, et touché de la générosité de son procédé, ne refusa plus d'exécuter les formelles volontés du duc de Brézé.

Nous en aurions la preuve, au besoin, dans les bons rapports que d'Aubignac garda depuis avec le prince et sa famille, et même, sous la Fronde, avec son parti. Il ne fut pas certainement un frondeur militant, mais il appartenait à la Fronde par toutes ses relations et ses amitiés. « Rien dans ses écrits, » a dit M. Livet, « ne laisse percer son opinion (3), » mais tout y trahit des sympathies, qui plus tard, après la victoire de la cour, purent le rendre suspect. On dut se rappeler alors qu'il avait prononcé l'oraison funèbre de la marquise de Meignelay, tante du cardinal de Retz (4) (1650), celle du maréchal de Rantzau, que Mazarin avait gardé onze mois en prison (5) (1650), celle de Marguerite Charlotte de Montmorency, princesse de Condé, mère du grand Condé (6) (1651), et qu'enfin, ayant eu à haranguer officiellement, au nom de la congrégation de la Propagande, l'ancien coadjuteur qui venait d'être promu au cardinalat, il l'avait félicité d'avoir pu « confondre la mauvaise joie de ses ennemis (7). » Tout

---

(1) D'après Tallemant, Condé eût été âpre au gain, avide, sinon avare. Mlle de Scudéry loue, au contraire, sa libéralité, « qualité requise, au dix-septième siècle, de l'honnête homme et du héros » (Cousin, *La société au dix-huitième siècle*, tome I, p. 174).

(2) Boscheron, Sallengre, *loc. cit.* — Camusat, *Mélanges de littérature*, tirés des papiers de Chapelain, 1726.

(3) *Précieux et Précieuses.*

(4) *Essais d'éloquence.*

(5) *Ibid.*

(6) *Ibid.*

(7) *Compliment fait à Mgr l'éminentissime cardinal de Retz*, par

cela n'était pas bien grave (1), mais ne dut pas le recommander auprès d'un roi qui garda toujours un levain de rancune contre tout ce qui avait eu part à la Fronde. « Il y a plus de dix-sept ans que je n'ai pas paru à la cour, » écrivait en 1663 l'ancien précepteur du duc de Fronsac (2); il attribuait son éloignement à ses occupations et à ses infirmités ; ses amitiés devaient y être pour quelque chose.

M. Hedelin, abbé d'Aubignac, portant la parole pour la congrégation de la Propagation de la Foi le 18 mars 1652.
(1) Il n'en est pas de même d'un sonnet qu'on trouve à la fin d'un ouvrage de d'Aubignac, Les portraits égarés (1660) :

A Mgr le Prince sur son retour.

Prince, je ne viens pas, d'un esprit téméraire,
De tes fameux destins expliquer les ressorts;
. . . .
De deux Etats rivaux j'ignore le mystère.
. . . .
Voici ce que l'Europe a dit de tes exploits :
Les Français ont sous lui triomphé de l'Espagne,
Et l'Espagne a sous lui triomphé des François.

Cette indifférence en matière de patriotisme était déjà une complicité. On pardonna au principal coupable, on tint rigueur au complice et au complaisant dont on n'avait rien à craindre ni à espérer.
(2) Quatrième dissertation.

CHAPITRE II.

I. — Diverses occupations de d'Aubignac. — Sa vie dispersée.
II. — Ses succès dans la Société précieuse. — Sa théorie de la galanterie honnête.
III. — Ses relations littéraires. — Liste de ses amis et de ses adversaires. — Sa vanité.
IV. — Pourquoi il ne fut pas de l'Académie française. — Son Académie. — Ses membres, d'après le *Mercure galant*. — Son programme, d'après le *Discours au Roy*. — Son esprit, d'après les écrits de son secrétaire général, Gabriel Gueret.
V. — Dernières années de d'Aubignac.

I

Nous venons de mentionner les oraisons funèbres de l'abbé d'Aubignac. Il prêchait en effet, trouvant au milieu de ses occupations le temps de faire acte de prêtre. Un carême prêché par lui chez les religieuses du Calvaire en 1637 avait attiré de nombreux auditeurs ; le prédicateur, à la fin de la station, les avait félicités de leur « fidèle assistance, » en termes pleins d'humilité personnelle, mais de fermeté sacerdotale : « Mes ouvrages sont faibles,
» je le sais bien ; mais des coups d'essai ne peuvent pas
» être des chefs-d'œuvre... Si néanmoins, par une sainte
» docilité chrétienne, vous avez reçu quelques satisfactions,
» rendez grâce à Jésus-Christ aussi bien que moi, car c'est
» à lui seul que nous en sommes redevables : si je n'ai
» pas contenté vos curiosités et vos souhaits, ne pensez
» pas que je vous en veuille faire des excuses : au con-
» traire, je vous avertis que vous n'aurez point d'excuses

» vous-mêmes devant Dieu, si vous n'en avez tiré quelque
» parti (1). »

Ce n'est pas le superbe accent de Bossuet déclarant à ses auditeurs que « son discours les jugera, » mais c'est le même sentiment, digne d'un orateur chrétien. Aussi quand l'abbé d'Aubignac nous dira plus tard qu'il occupa la chaire avec autant de succès que le barreau (2), nous pourrons presque justifier la première moitié de son assertion. Il nous reste de lui en effet un volume de sermons qui prouve qu'il aurait pu, en se développant dans le sens de ses qualités, devenir un prédicateur utile. Il se contenta d'être le « prédicateur ordinaire de Sa Majesté, » titre purement honorifique, aussi facile à acquérir qu'à garder (3).

Pourquoi cependant ne s'appliqua-t-il pas plus au ministère de la parole, et se réserva-t-il presque entièrement pour d'autres travaux moins conformes à son caratère sacerdotal et moins avantageux même pour sa vanité littéraire, avide de succès faciles et immédiats? La cause en fut sans doute à son « esprit tout de feu qui se jetait à tout (4), » mais principalement à sa souplesse et à sa complaisance d'homme de cour et d'homme du monde qui se laissait pousser à tout. Richelieu le poussa à « travailler pour la scène » et fit de lui un auteur et un critique dramatiques. Son élève, nommé grand amiral, le poussa à « travailler dans les affaires de la mer (5), » et à prendre part « du cabinet des ministres » à des « négociations politiques importantes; » il le fit nommer conseiller du roi et faillit faire de lui un homme d'État. Le monde

---

(1) *Essais d'éloquence.*

(2) 4ᵉ dissertation.

(3) Il prend ce titre en 1656, dans le *Térence justifié*, en y ajoutant ceux de « conseiller et d'aumônier ordinaire. » Le privilège les lui confirme tous.

(4) Chapelain, *Liste des pensions.*

(5) *Roman des lettres.* « Vous ne savez donc pas qu'Ariste a travaillé longtemps dans les affaires de la mer, et que sur le fait des armées na-

enfin, les ruelles et les alcôves le poussèrent à travailler à des bagatelles et, qui pis est, à les publier. Et voilà pourquoi l'abbé d'Aubignac, homme du monde, homme d'Etat, homme de théâtre, et même homme d'affaires, puisqu'il était régisseur du duc de Fronsac, n'eut pas le temps de devenir l'orateur sacré qu'il promettait d'être.

Rien ne nous manquera pour étudier plus loin l'homme de théâtre, familier de Richelieu, et le prédicateur. Quant au « conseiller du roi, » il nous échappe entièrement, malgré l'importance « des négociations politiques » auxquelles il dit avoir été mêlé, attendu qu'il a eu soin « de tenir cachés » tous les documents qui s'y rapportent (1). « Il aurait craint de ne pouvoir les mettre au » jour sans être accusé d'imprudence et peut-être de pré» varication (2). » Que n'a-t-il eu les mêmes scrupules comme homme du monde, et pourquoi nous a-t-il laissé tant de renseignements sur ses relations et distractions dans la société Précieuse !

II

Il a recueilli en effet et publié, à diverses époques, une foule de compositions aimables en vers et en prose qu'il avait adressées aux dames « du grand monde ». Quelques-unes de ces publications ne se retrouvent plus, grâce à Dieu ! Mais il en reste encore beaucoup dont nous aurons à parler bientôt, et notamment le *Roman des Lettres* (1666) dont il nous faut dire un mot tout de suite, à cause de son importance biographique. C'est un recueil de lettres écrites ou reçues par un personnage nommé

---

vales, de la fabrique des vaisseaux, de la clôture et de l'ouverture des ports..., il a beaucoup de lettres qui sont parties, non seulement de son esprit, mais du cabinet des ministres et pour des négociations importantes. » Page 493.
(1) *Ibid.*
(2) *Ibid.*

Ariste, dont on sait, dès la deuxième page, que le vrai nom est Hédelin d'Aubignac. Ces lettres, reliées entre elles par un commentaire sur leurs divers auteurs et sur la nature de leurs relations, constituent de véritables mémoires sur la vie de d'Aubignac homme du monde, — mémoires un peu romanesques, comme leur titre l'indique et comme le sont tant d'autres mémoires qui ne veulent pas en convenir, — mais contenant, au milieu de « quelques rêveries (1) » avouées, assez de faits authentiqués pour qu'on en tienne compte (2).

Une de ces rêveries, et des plus naïves, c'est le récit de la résistance opposée par Ariste à la communication de sa correspondance. Il a fallu le violenter pour arracher ce trésor de ses mains et il n'a cédé qu'à la prière « de la plus aimable personne de notre siècle. » Mais comme Ariste ne fait jamais les choses à demi, il cède avec une parfaite bonne grâce. C'est lui-même qui écrit la préface du livre, en forme de dédicace à Son Altesse Royale Mademoiselle, et il le fait en termes exempts de fausse modestie. « Mon style, » déclare-t-il, « a quelquefois été assez
» heureux pour exciter beaucoup de jalousie par l'odeur et
» la beauté de ses fleurs; et, dans les occasions sérieuses,
» j'ai fait quelquefois paraître une érudition nullement
» agréable à ceux qui ne la pouvaient imiter. » Cette manière franche de parler de soi permet de penser que d'Aubignac n'est peut-être pas étranger à la rédaction du commentaire dans lequel Ariste est comblé d'éloges et appelé à tout instant « grand homme! beau génie! »

Quoi qu'il en soit, il est évident, d'après toutes ces pu-

---

(1) *Roman des lettres.*

(2) Une lettre d'Ariste à Chapelain, que nous citerons plus loin, p. 36, se trouve placée chronologiquement entre deux lettres de Chapelain, publiées pour la première fois par M. Tamizey de Larroque; elle répond à la première et provoque la seconde. Cette publication de la correspondance de Chapelain a apporté ainsi une présomption de plus à l'authenticité de la plupart des lettres du *Roman.*

blications, que François Hédelin avait retrouvé à Paris, dans la Société précieuse, les succès qu'il avait obtenus à Nemours auprès *des dames de la province*. Jeune, l'air vif et spirituel (1), érudit et aimant à le paraître, empressé au compliment et capable de rimer un madrigal, et d'ailleurs « honnête homme, » il devait se plaire et être bien accueilli dans les *ruelles* et les *alcôves*. L'abbé d'Aubignac s'y acoquina. Il y perdit son temps ; mais il tient à nous faire savoir qu'il n'y perdit pas sa vertu. L'abbé Cotin, un autre favori de la Société précieuse, disait aussi à la fin de sa vie : « L'heureux commerce que j'ai eu avec les dames dès mes jeunes ans... ne me laisse rien à reprocher. » L'abbé d'Aubignac se rendait le même témoignage.

(1) *Roman des lettres* : « Sa conversation étant agréable, et ayant l'esprit vif, l'humeur enjouée et beaucoup de connaissances, les plus vertueuses sont ravies d'acquérir et de conserver son amitié. » Ajoutons que, au témoignage Tallemant, l' « abbé Hédelin avait deux bons yeux » fort vifs et même méchants. Son portrait, placé en tête de *Macarise* (1663), nous le représente déjà vieux, aigri par la maladie et surtout par l'oubli public. Le front est bas, le nez long, la bouche pincée. Il a l'air satisfait et mécontent à la fois d'un homme dont on aurait pu dire :

> Cet homme-là s'aimait et s'aimait sans rival.

Il est content de lui et mécontent des autres. Le quatrain explicatif, signé Ancheman, n'est pas pour détruire cette impression :

> Il a mille vertus ; il connaît les beaux-arts ;
> Il étouffe l'Envie à ses pieds abattue,
> Et Rome, à son mérite, au siècle des Césars,
> Au lieu de cette image, eût fait une statue.

En 1663, Ancheman et d'Aubignac devaient être à peu près seuls de cet avis; vingt ans plus tôt, il en était peut-être autrement. — Nous avons vu un autre portrait, obligeamment communiqué par la famille Rathery ; ce n'est qu'une réduction de celui de 1663, avec cette légère différence que la figure est tournée non plus à droite, mais à gauche. Il est accompagné de ces vers de mirliton :

> D'Aubignac, du théâtre antique,
> Connaissant toute la beauté,
> Nous en a donné la pratique
> Avec beaucoup d'habileté.
> 1673.

Jusque dans l'âge le plus avancé, il se plut à la compagnie des femmes; il avait fait sa principale étude de leur être agréable; c'était sur leurs goûts et sur leurs exigences qu'il avait formé son esprit et son style : « J'ai pris, » disait-il, « un genre d'écrire plus convenable à l'entretien des cours et aux conversations des *alcôves* qu'aux disputes des doctes (1). » Et cependant, de cet « heureux commerce, » si assidu et si appliqué, il ne lui restait rien qu'il eût à se reprocher, ni rien qu'on ait songé à lui reprocher. Le ton galant était alors si souvent uni à la gravité des mœurs (2) apparente et même affichée, que d'Aubignac a pu se vanter lui-même, sans être contredit par personne, de sa vertu, de « l'innocence de ses plaisirs, » et même de « l'insensibilité de son cœur (3). » L'Amour, un jour, faillit le surprendre, raconte-t-il, mais en se déguisant; la Raison vint à temps découvrir le stratagème et sauver le trop confiant abbé (4) : « Ce petit fourbe, dit-elle, en désignant l'Amour, éprouve tous les jours le
» mépris que tu fais de sa puissance désordonnée, et que
» l'étude de la belle philosophie t'a rendu le cœur assez
» ferme... pour résister aux charmes de l'incomparable
» Laodamie. » A l'en croire, Laodamie n'est pas la seule aux charmes de qui il ait résisté : il a encore triomphé de « l'illustre Clitie » et de « l'aimable Dorise, » et de « la belle Alminde, » etc. La liste est longue; il la détaille complaisamment; il joue au don Juan honnête, au bourreau des cœurs et il s'attendrit sur ses victimes. Furent-elles aussi nombreuses et aussi malheureuses qu'il veut le faire croire? qu'importe? « Vivez content parmi les vérités ou parmi les fables (5), » disait-il à Benserade, qui se vantait d'in-

---

(1) *Quatrième dissertation*, p. 155.
(2) Cf. M. l'abbé Fabre, *La Jeunesse de Fléchier*, p. 258.
(3) *Roman des lettres* : « Les dames de mérite qui le reconnaîtront dans ces lettres rendront publiquement témoignage de l'innocence de ses plaisirs, » p. 8.
(4) *Portraits égarés*.
(5) *Roman des lettres*, lett. à Sembarède, p. 514.

nombrables bonnes fortunes. Lui aussi vécut content parmi quelques fables probablement et quelques illusions ; mais puisqu'il dit qu'il vécut sage et vertueux, il faut le croire, malgré l'invraisemblance et le léger ridicule de ces protestations. Il écrira plus tard un chapitre sévère sur « la belle amitié » entre un homme et une femme, et il la déclarera à peu près impossible (1). En attendant il écrit une apologie en règle, une sorte de théorie de la galanterie honnête.

Ecoutons-le expliquer à un de ses amis, étonné de la liberté et de la tendresse d'un de ses « poulets, » comment on peut être sensible et coquet sans être coupable. Le morceau vaut la peine d'être cité en entier :
« On, voit bien que vous ne connaissez pas Ariste !
» Vous croyez qu'il ait senti tout ce qu'il a écrit et
» qu'il ait été touché vivement des passions qu'il dépei-
» gnait avec tant de grâce? Mais apprenez qu'il a tou-
» jours été le maître de ses sentiments et que la rai-
» son et l'étude l'ont retenu dans une modération si
» juste, que tous ceux qui savent la vérité de sa conduite
» en ont autant d'admiration que les autres qui l'ignorent
» ont de peine à le comprendre. La vie du grand monde
» qu'il a pratiquée dès ses plus tendres années l'a fort
» bien instruit de l'humeur des femmes. Il sait qu'elles
» sont toutes bien aises d'être estimées belles et que les
» plus sages ne sont pas fâchées qu'on le leur dise; celles
» qui ne voudraient pas être suspectes de la moindre
» faute contre leur devoir sont ravies qu'un honnête
» homme ait pour elles une estime particulière, quand
» même de sa part il pourrait faire quelques extravagan-
» ces ; elles regardent ce défaut comme un effet de leur
» mérite... Mais Ariste fut toujours bien persuadé que
» celui qui se rend à cette belle folie n'est capable d'au-
» cun bien... et que souvent tout ce que cette passion
» peut faire, c'est de servir d'excuse à tous les désordres

---

(1) *Conseils d'Ariste.* Cf. *infrà*, 1re partie, liv. II, ch. III.

» qu'elle cause. Et sur ces deux considérations il a formé
» dès longtemps une conduite assez extraordinaire : il
» garde une extrême civilité pour les dames ; il leur dit
» librement, à sa manière, quelle est la grandeur de leur
» mérite ; il écrit tout ce qu'elles veulent que l'on en
» pense, il les entretient dans une agréable complaisance
» par des louanges qui ne déplaisent jamais et par des
» assurances de respect qui ne peuvent offenser la vertu
» des plus délicates ; mais il leur fait assez bien paraître
» que tout cela n'est qu'un divertissement de sa belle hu-
» meur, et non pas un engagement de quelque frénésie
» ridicule..., que son esprit et son cœur n'agissent pas
» de concert, que le premier est tout pour elles et l'autre
» pour lui... Aussi, les plus vertueuses sont ravies
» d'acquérir et de conserver son amitié (1). » Ces lignes
pourraient servir de commentaire au mot si vif de Saint-
Evremond (2) sur l'amour dans le monde des Précieux et
des Précieuses, amour de tête où l'on apportait plus de
vanité que de sensualité et même de sentiment, et qui of-
frait plus de ridicule que de dangers. L'abbé d'Aubignac,
qui n'alla point jusqu'à l'amour, arriva souvent jusqu'au
ridicule. Nous en avons déjà des preuves ; en voici d'autres : « Il était assis auprès d'Alminde, et après en avoir
» contemplé les yeux... il se plaignit qu'on ne l'avait
» introduit dans cette compagnie que pour l'assassiner, et
» que si on n'en avait pas eu le dessein, on ne l'aurait
» pas mis si près d'Alminde (3). » Mascarille criait :
« Au voleur ! au voleur ! » D'Aubignac, renchérissant,
criait : « A l'assassin ! »

Il paraît que « les plus vertueuses dames » goûtaient
fort ce genre d'esprit, qu'elles « souhaitaient la conversation » du galant abbé et que surtout elles se montraient

---

(1) *Roman des lettres.*
(2) Cf. *Histoire de Molière*, par Taschereau, p. 28.
(3) *Roman des lettres.*

friandes de ses billets. Elles « l'importunaient » si souvent et en si grand nombre, qu'il était obligé d'écrire à plusieurs d'entre elles à la fois pour s'épargner la difficulté et le chagrin de choisir :

Ariste à Clitie ou à Uranie (1).

« ..... Quand j'ai voulu vous envoyer ce poulet pour
» vous ôter de peine, je n'ai jamais pu prendre parti ; je
» ne sais même si c'est que vous avez autant de mérite
» l'une que l'autre, ou bien si c'est que je vous aime
» également. Faites-en donc ce qui vous plaira, n'étant
» pas en état de chercher celle qui me doit bien ou mal
» traiter. »

Clitie avait un mari, Licidan, que les « poulets » reçus par sa femme rendaient jaloux, mais en ce sens que lui aussi « importunait » Ariste « incessamment pour avoir des nouvelles, » ce qui prouverait au besoin qu'Ariste n'était pas seul à croire à « l'innocence » de ses plaisirs. Licidan reçut donc un jour le billet suivant :

Ariste à Licidan.

« Ne me demandez point des nouvelles; vous avez
» appris tout ce que je sais par le moyen d'une certaine
» demoiselle qui court les rues et qui vous visite souvent.
» N'en faites point le fin devant l'aimable Clitie et con-
» fessez que vous avez beaucoup de complaisance pour
» cette cajoleuse... ; elle a le corps blanc et l'âme
» noire ; elle parle de tout..., change d'humeur toutes
» les semaines, etc., etc. (la description dure deux pages),
» en un mot, c'est la gazette. »

Voilà comme on écrivait et comme on parlait dans la Société précieuse! Enfin Molière vint (2) !

---

(1) *Roman des lettres.*
(2) Pas une des lettres adressées à d'Aubignac par ses nombreuses amies, et reproduites dans le *Roman des lettres*, ne m'a paru offrir un

III

Les relations littéraires de d'Aubignac furent aussi nombreuses et l'occupèrent autant que ses relations sociales. « Le grand monde dans lequel il se trouva bientôt répandu le mit en liaison avec les plus beaux esprits de son temps (1). » Cette phrase du biographe est caractéristique ; elle nous apprendrait au besoin que le monde littéraire de ce temps-là n'était qu'une dépendance du « grand monde » et qu'il suffisait, à qui montrait des prétentions littéraires, d'appartenir à la maison d'un grand seigneur Mécène, pour trouver ouvertes devant soi les portes de la « République des Lettres. »

intérêt biographique ou littéraire quelconque. — Il n'en est pas de même de la lettre suivante, que d'Aubignac n'a pas songé à y insérer. — Elle lui fut écrite en 1636, pendant qu'il était « à l'armée » avec son élève :

« *A M. Hédelin, abbé d'Aubignac, à Pontoise, pendant que les Espagnols étaient maîtres de Corbie.*

» Monsieur,

» Les belles choses que vous m'écrivez et les avantages que les en-
» nemis prennent sur nous font bien voir que notre empire est plutôt
» celui des lettres que celui des armes. *Il me semble, à la vérité, que*
» *nous avons plus d'orateurs que de capitaines, et j'appréhende que*
» *nos misères publiques fassent plus de philosophes que de géné-*
» *raux.* Pour moi .... je suis assurée que vos bons conseils
» ne seront pas moins utiles à Monsieur le Marquis que ses belles actions
» le seront à l'Etat ; et si l'on vous donne des forces pour défendre le
» lieu où vous êtes, je crois que nous ne devons rien craindre et que
» nous pouvons espérer de vous revoir bientôt dans Paris, où votre
» conversation est souhaitée par toutes les personnes qui connaissent
» votre mérite, et principalement par... etc., etc. »
(*Recueil des Papiers de Conrart*, à la Bibliothèque de l'Arsenal, tome I, 4110, p. 261.) Due à l'obligeante indication de M. Muller, bibliothécaire à l'Arsenal.

Remarquons que la spirituelle correspondante de l'abbé se plaint de l'abondance des orateurs et de la disette des capitaines sept ans avant Rocroy. Voilà qui pourrait nous rassurer, au besoin, en temps *d'épidémie oratoire.*

(1). Boscheron.

Au moment où François Hédelin y entrait, cette république comptait pour son plus grand homme Jean Chapelain. C'est pourquoi peut-être elle se montrait si peu exigeante et si largement hospitalière pour les nouveaux venus. Elle accordait presque autant d'estime aux mérites à venir qu'aux mérites acquis : Chapelain ne devait-il pas une bonne partie de sa gloire au poème qu'il devait faire ? Autour et au-dessous de ce futur Homère une foule d'écrivains en prose et en vers, qui donnaient aussi des espérances, s'admiraient sincèrement les uns les autres, pour n'être pas en reste le jour où l'un ou l'autre produirait le chef-d'œuvre attendu. L'abbé d'Aubignac profita pour lui-même de ces dispositions accueillantes et en fit profiter les autres. Il fut l'ami de tous, en attendant de n'être plus que l'ami de quelques-uns, les seuls définitivement à qui il trouvât de l'esprit et qui lui en trouvassent. Les espérances qu'il donna d'abord furent grandes ; elles s'augmentèrent dès que Richelieu les eut partagées et qu'il l'eut investi des fonctions presque officielles de conseiller, de réformateur dramatique.

« Il en sait plus que personne (1), » disait alors Tallemant, et Furetière l'appelait, « un intendant de l'armée du royaume d'Eloquence (2). » C'était à qui, parmi les soldats et même les officiers de cette armée, lui témoignerait ses bons sentiments. La liste de ses amis, en dehors de ceux qui composèrent plus tard son groupe et son Académie, est fort longue ; voici quelques noms au hasard : Furetière, qui le mettait au-dessus de Mlle de Scudéry pour la galanterie allégorique (3) : Mlle de Scudéry et son frère, qui lui conseillaient de publier le *Royaume de Coquetterie*, et lui en voulurent ensuite, au moins quelque

(1) Tallemant, t. X, éd. Monmergué.
(2) *Nouvelle Allégorique* : « Il y avait une discipline fort sévère, car il y avait dans l'armée deux habiles intendants de justice : La Mesnardière et Hédelin, qui leur avaient prescrit des règles très étroites, » p. 73.
(3) *Troubles arrivés au royaume d'Eloquence*, p. 36.

temps, de l'avoir publié (1); Ménage, qui perdit son amitié et la regrettait, tout en soutenant avec lui une querelle que nous raconterons plus tard et qui dura plus de trente ans (2); Conrart, que Chapelain félicite d'être « l'ami » de d'Aubignac (3); Costar, qui lui faisait hommage d'une défense de Voiture (4); le P. de Bussières, qui vantait les mérites des *Conseils d'Ariste* (5), l'abbé de Marolles, qui le louait dans son *Dénombrement* et *se dédisait en sa faveur* d'une opinion déjà exprimée (6); d'Ablancourt, qui lui envoyait ses *Belles infidèles* et recevait de lui des conseils d'infidélité (7); Benserade et Colletet, qui mettaient en vers ses pièces en prose (8); l'abbé de Pure, qui, dans son *Idée des spectacles*, le déclare un des « grands maîtres du théâtre, avec M. de Corneille, » mais aussi, hélas ! « avec M. de la Mesnardière, » ce qui diminue la valeur de l'hommage (9); Patru, un ami de la famille Hédelin, admirateur sinon sincère, du moins très enthousiaste de *Macarise*, en tête de laquelle il écrivait : « Illustre Hédelin, que la France ne doit-elle pas à tes illustres veilles ! à un enfant si merveilleux (10) ! » Giry, qui employait la prose et les vers pour louer la même *Macarise* (11); François Ogier, qui la célébrait en vers latins; Richelet, qui devait la railler dans une épigramme, mais

---

(1) *Lettre d'Ariste à Cléante*, fragment cité par M. Rathery dans son *Etude sur M*^{lle} *de Scudéry*.

(2) *Discours sur Térence*, préface.

(3) Lettres de Jean Chapelain, publiées par M. Tamizey de Larroque, lettre du 18 juin 1640.

(4) *Roman des lettres*.

(5) *Ibid*.

(6) Ménage, *Discours sur Térence*, édition d'Amsterdam, à la suite de la *Pratique*, p. 92.

(7) Lettre inédite, citée par M. Livet, *Précieux et Précieuses*.

(8) Cf. 2e partie de cette étude, livre II.

(9) *Idée des spectacles* (1668) : « Il ne s'agit pas ici des règles de l'art; ..... sur ces chefs, je renvoie à M. l'abbé d'Aubignac, à M. de Corneille et à M. La Mesnardière. »

(10) *Macarise*.

(11) *ibid*.

après l'avoir louée dans un madrigal (1); Boileau, qui, à l'âge de vingt-six ans et ayant écrit ses premières satires, composa pour lui des vers élogieux (2); Corneille qui avait presque soumis à son examen sa tragédie d'*Horace* (3); Chapelain enfin, « le prince des critiques, » qui le mettait « au nombre de ses meilleurs amis (4), » et le lui prouvait en le mettant sur la fameuse liste des gens de lettres dignes des bienfaits du roi.

Il serait intéressant, et probablement honorable pour la mémoire de d'Aubignac, de connaître le détail de ses rapports avec tous « ces beaux esprits, » de lire par exemple les lettres qu'il a échangées avec eux. Mais il n'en reste plus que quelques-unes, perdues dans ce *Roman des lettres* dont nous avons déjà parlé, et où elles n'ont trouvé place que parce qu'elles ont paru à l'auteur du recueil les plus littéraires et les plus éloquentes; c'est dire qu'elles sont insignifiantes et vides. En outre, leurs véritables destinataires ou auteurs sont méconnaissables sous les pseudonymes romanesques dont ils sont affublés. Qui est Théopompe? et Otadius? et Orante, et Coriman, et Timante? et le prélat des Ambiens? et celui des Cabiloniens? Il est aussi impossible qu'inutile de le savoir. Ce n'est guère que pour Bisserius, Costaridès, Sembarède, l'illustre Hapelcain qu'on devine qu'il s'agit du père de Bussières, de Costar, de Benserade et de Chapelain, et il n'y a qu'une lettre adressée à Hapelcain qui offre quelque intérêt. Nous allons la reproduire en partie, avec la réponse du grand homme, laquelle, par un inexplicable oubli d'Ariste, ne figure pas dans le recueil (5); elle lui aurait fait cependant plus d'honneur que beaucoup de celles qu'il a

---

(1) *Macarise.*
(2) Epigramme V, 22ᵉ lettre à Brossette.
(3) Cf. *infrà*, 2ᵉ partie, ch. 2.
(4) Lettre du 18 juin 1640.
(5) Elle a été publiée par M. Tamizey de Larroque. — Cf. *Lettres de Chapelain.*

pris soin d'y insérer. Elle ne lui fera pas tort auprès de nous ; nous y verrons la preuve qu'en matière de pédantisme et de préciosité, d'Aubignac avait des égaux et des supérieurs.

« Je vous demande un peu de vous souvenir de moi, » avait écrit Chapelain à Conrart, qui se trouvait avec d'Aubignac aux eaux de Bourbon, « lorsque vous parlerez de vos communes amitiés et de ne me compter non plus pour vous que pour lui entre les médiocres (1). » A ce coup d'Aubignac ne se sent pas de joie ; il veut remercier directement et en personne le grand homme qui l'a appelé son ami, ne trouvant pas suffisant pour l'honneur qu'il a reçu et la reconnaissance qu'il éprouve d'en charger un intermédiaire.

« A tout autre qu'à vous le compliment que votre ami
» Conrart m'a promis de vous faire en mon nom, pour
» celui dont il vous a plu m'honorer par les lettres que
» vous lui avez écrites, pourrait-il être à mon avis un
» paiement bien légitime ; car le mérite de celui qui en
» prend la peine pourrait suppléer à tous mes défauts et
» élever mes faiblesses à la proportion des plus forts de
» notre temps. Mais pour m'acquitter envers vous... j'ai
» pensé que je devais justifier ma reconnaissance en prou-
» vant mon insolvabilité. J'aurai pourtant cet avantage de
» paraître pauvre à faire un paiement pour lequel la Ré-
» publique des lettres a peu de citoyens assez riches : elle
» a des Lucules....., elle a des Crassus... Si je n'avais
» qu'à payer un sentiment ordinaire ou une simple re-
» commandation, j'aurais pu la recevoir et en rendre grâ-
» ces avec tant d'affection et de sincérité que j'en demeu-
» rerais quitte ; mais vous avez passé jusqu'aux éloges et
» jusqu'aux offres d'une amitié que peu de gens méritent
» et que je ne puis mériter... C'est pour moi une gloire
» aussi sensible qu'elle est grande, que vous m'ayez voulu

(1) Lettre à Conrart, 18 juin 1640.

» mettre au rang de vos amis ; c'est me faire entrer dans
» la plus illustre compagnie qui fut jamais et me recevoir
» parmi des gens dont la vieille Grèce était capable autre-
» fois de faire ses dieux, etc., etc., (1). »

Cette hyperbolique pièce d'éloquence, où l'humilité de d'Aubignac est probablement moins sincère que son admiration pour Chapelain, fut mise par celui-ci « à couvert pour la pouvoir montrer (2), » et provoqua aussitôt une réplique aussi emphatique et aussi pédante : « Monsieur,
» je me pourrais plaindre de l'excès de vos civilités si
» elles n'étaient si éloquentes ; mais, comme d'un côté
» j'ai honte de me voir excessivement loué, de l'autre j'ai
» plaisir de voir des paroles si choisies, et à cette fois-ci
» la volupté l'emporte dans mon esprit sur la raison. Il se
» fait, je ne sais comment, que pourvu qu'un homme parle
» bien, il n'importe pas qu'il dise vrai et que la beauté
» de l'art répare la difformité de la matière. Je ne me
» plains point des agréables flatteries dont vous avez
» voulu m'honorer parce qu'elles sont agréables et qu'il
» est encore inouï qu'on soit choqué par ce qui donne du
» plaisir. »

Comme en termes *pesants* ces choses-là sont dites !

Cependant Chapelain n'est pas pleinement satisfait. L'insistance que met l'abbé à le remercier de l'avoir placé « entre ses moins médiocres amitiés » l'étonne et le fâche presque : « Je me plains, » ajouta-t-il, « de ce que, après
» trois ou quatre ans de connaissance, et ce me semble d'ami-
» tié de votre part aussi bien que de la mienne, vous me
» remerciez de ce que à cette heure je vous reçois au nom-
» bre de mes amis. Vous m'avez surpris, je vous l'avoue,
» et m'avez fait faire des réflexions désavantageuses à

---

(1) *Roman des lettres.*
(2) Lettre à Conrart, 28 juin. — *Lettres*, etc., 653.

» tous deux. Si vous aviez douté de mon affection après
» vous l'avoir promise, c'est signe que vous ne l'avez pas
» agréée quand je vous l'eus donnée, et si vous ne m'aviez
» pas voulu pour ami, il y a apparence que vous ne l'avez
» pas été... Croyez-moi, Monsieur, cette matière est un
» peu *délicate et mérite d'être traitée avec considération* (!!)
» Je suis franc, je dirai même noble ! quand j'avoue quel-
» que chose, il est vrai principalement ce qui dépend de
» moi, douter de ma parole c'est me faire tort. Je vous
» ai dit il y a longtemps que je vous honorais ; vous m'en
» pouviez croire, puisque je vous le disais, et si vous
» ne m'en avez pas cru il y a trois ans, qui m'assure que
» vous me croyiez à cette heure, puisque je ne vous en ai
» donné de preuve que ma parole et que je ne suis pas
» plus véritable que j'étais ? »

Ces gronderies ne se prolongent pas plus longtemps ; le front du grand critique se rassérène et s'éclaire même d'un sourire ; c'est à son propre esprit qu'il sourit : « Par-
» donnez à ce petit ressentiment que je ne pouvais dissi-
» muler... et croyez, s'il vous plaît, à l'avenir, que je ne
» suis point votre ami depuis peu : vous faites, il y a long-
» temps, partie de ceux auxquels vous vous réjouissez que je
» vous associe. Ainsi je vous donne vous-même pour
» compagnon dans mon estime, et par là vous voyez que
» vous avez grande raison de vous en réjouir, puisque je
» vous mets en la meilleure compagnie que vous puissiez
» souhaiter ! »

Ce joli trait adoucit la sévérité de tout à l'heure. La lettre se termine ainsi : « Je puis bien me passer encore
» quelque temps de vous voir, mais non de vous savoir
» guéri et en état de nous donner les belles choses que
» le monde attend de vos veilles... !! (1) »

Ce qui nous frappe, dans ces lettres, c'est la politesse obséquieuse de d'Aubignac, aussi grande au moins que

---

(1) Lettre à F. Hédelin, 28 juin 1640. — *Lettres*, 652.

celle du « circonspectissime. » Chapelain ; c'est le soin attentif qu'il apporte à ne paraître ni ambitieux ni vain, à ne contredire personne, pas même en des matières où la contradiction était peut-être obligatoire pour un abbé (1). Tant de facilité et d'humilité semblent le fait d'un homme uniquement appliqué à se rendre agréable à ses confrères en littérature, respectueusement incliné devant les plus grands, bienveillant pour tous les autres et incapable de ces susceptibilités et de ces rancunes si fréquentes parmi la race irritable des écrivains. Malheureusement ces lettres, si artificielles littérairement, ne nous font connaître qu'un d'Aubignac artificiel, assez différent du d'Aubignac, réel, qui avait, paraît-il, un assez mauvais caractère et fut loin d'être un bon confrère.

« Il a toujours de la bile de reste (2), » disait Tallemant. Il se querella en effet et se brouilla avec beaucoup de ses amis, avec Richelieu d'abord, dont il eut la maladresse de blâmer le goût pour *Roxane*, publiquement et dans un libelle (3) ; avec l'abbé de Pure,

---

(1) Benserade lui avait écrit de la Bretagne : « Toutes choses m'ont ri d'abord que j'ai été arrivé, et si j'en puis parler discrètement, je suis venu prendre possession de cent bonnes fortunes. Combien ferait-on de belles perruques de tous les cheveux que j'ai refusés !... » (*Roman des lettres*.) — « Je crains, » répond d'Aubignac (*ibid.*), « que vous ne m'ayez fait une nouvelle Bretagne pour me divertir... Quoi qu'il en soit, » ajoute-t-il avec une indulgence trop polie, sous laquelle transparait à peine un blâme et un conseil, « vivez parmi les vérités ou parmi les fables ; il n'importe que l'on soit heureux comme les sages ou comme les fous (?) Il ne faut pas se mettre en peine en quelle qualité l'on prend les plaisirs quand on les ressent. Encore est-il vrai que l'objet de la félicité des sages étant plus éloigné des sens et plus sérieux, la joie n'en est peut-être pas si vive !... Nous en parlerons à la première entrevue, et, par la diversité de nos deux vies, nous connaîtrons cette différence. » D'Aubignac, on le voit, s'appliquait à ne pas rendre sa propre sagesse pénible aux autres ; cependant il a manqué, dans cette lettre, une bonne occasion de faire plus sérieusement son métier et son devoir d'abbé.

(2) Tallemant.

(3) Lettre de Chapelain à Balzac, 29 juillet 1640.

qui n'avait eu d'autre tort que de le louer dans la *Prétieuse* (1) et qui fut sommé impérieusement d'effacer de son livre ces éloges et jusqu'au nom de Nidhelie, inoffensif anagramme d'Hédelin (2) ; avec Ménage et Corneille, à la suite de débats que nous aurons à raconter ailleurs (3), avec Mlle de Scudéry, qui l'avait accusé, bien à tort semble-t-il, de plagiat (4) et qu'il voulut punir, dans la préface de *Macarise*, en critiquant ses romans. Quiconque lui refusait les hommages sur lesquels il comptait était relevé aigrement et rageusement. On ne devinerait jamais à qui s'adresse la réprimande suivante : « Votre vanité vous
» emporte si haut, qu'en pensant vous élever, vous per-
» dez l'honneur que je vous avais fait. On m'avertit tous
» les jours que cent petits grimelins du Parnasse voudraient
» bien que je prisse la peine de les attaquer pour s'intro-
» duire par là dans le rang des personnes illustres où
» jamais ils n'arriveront par leur propre force ; mais je
» me garderai bien de venir aux mains avec des gens dont
» la défaite me serait honteuse ; et j'en userai toujours en-
» vers eux comme César fit dans Lucain quand il dit à Métel-
» lus qu'il ne doit pas craindre de mourir jamais de sa
» main. Et ce mépris que je fais des autres est un témoi-

(1) Une Précieuse parle d'une de ses amies : « Ce qu'elle dit de meilleur fut un sonnet qu'elle eût possible bien d'abord fait passer pour sien, si elle n'eût appréhendé qu'il eût manqué d'approbation. Mais ayant vu avec quelle attention on l'avait écoutée et l'estime qu'on en avait faite, sa vanité troubla ses esprits et la porta à dire, quoique sous des termes ambigus, qu'elle l'avait fait. Je ne vous en dirai que les trois derniers vers. . . . . » — « Je connais ces vers, l'auteur et le sujet, » répliqua *Gename*. « Ils furent faits par *Nidhelie*, qui est un des plus beaux esprits que je connaisse, etc. » (*La Prétieuse*, Paris, 1656, p. 217-218. Communiqué par M. Livet, qui, lui-même, avait cité une partie de ce passage, *Précieux et précieuses*, p. 175.)

(2) « Otez-moi, s'il vous plaît, ce nom de roman qu'on dit être le mien anagrammatisé (*Nidhelie-Hédelin*), etc. » Lettre inédite, citée par M. Livet (*ibid.*, 176).

(3) Cf. *infra*, 2⁰ partie.

(4) Cf. *infra*, 1ʳᵉ partie, livre II, chap. II.

» gnage qu'il me restait encore quelque estime pour
» vous (1). »

C'est en ces mots que le lion parlait jadis au moucheron

et que d'Aubignac parlait à Corneille. Disons tout de suite qu'à l'âge où il écrivait ces choses, il était vieux et malade. L'amour de soi, qui avait toujours été sa faiblesse, était devenu sa folie. S'il se croyait l'égal et même le maître des plus grands poètes, le bienfaiteur des « petits grimelins, » changeant en gloire toutes les obscurités qu'il daignait toucher, même pour les combattre, — une sorte de Midas littéraire, — il avait deux raisons pour cela : d'abord son talent, et ensuite ses rentes. « Il y a bien de la différence, » écrivait-il, « entre un honnête homme » qui fait des vers comme moi et un poète en titre d'of- » fice (2). » Ce dernier est obligé « de faire son commerce » ordinaire des histrions et de leurs portiers et d'être » dans une vile dépendance des libraires; » il « tra- » vaille pour établir sa fortune, » en quoi il ne réussit guère, le Parnasse « n'étant qu'un rocher stérile qui ne » produit que des lauriers avec peu de fruits (3). » Mais un honnête homme, qui a les revenus d'une abbaye et une pension de Condé, n'a pas besoin de sa plume pour vivre, et ne s'humilie pas jusqu'à vendre ses livres. « Il » n'y a personne au monde qui puisse dire m'avoir donné » un teston pour quelque ouvrage que j'ai fait imprimer, » s'écrie l'abbé d'Aubignac; « s'il le dit, je puis le couvrir de honte (4). » C'est ce qu'il essaie de faire pour le libraire Sercy, qu'il appelle « ce perfide, ce fripon, ce gueux, un idiot, un escroc, etc., etc. (5), » le tout parce qu'il avait

---

(1) *Quatrième dissertation*, p. 112-113.
(2) *Ibid.*, p. 118.
(3) *Macarise*, p. 158.
(4) *Quatrième dissertation*, p. 26.
(5) *Ibid.*

eu l'audace de dire qu'il avait donné douze pistoles du *Royaume de Coquetterie*. L'abbé les aurait reçues; qu'il ne souffrirait pas qu'on l'en blâme ; mais il ne les a pas eues et il veut qu'on l'en loue ; ses livres ne lui ont rien rapporté : donc il est supérieur à Corneille !

Ces prétentions et ces dédains d'un gentilhomme ou d'un abbé de lettres sont bien d'une époque et d'une société où le travail, celui surtout dont on a besoin pour vivre, était moins honoré que l'oisiveté, et où d'ailleurs la profession d'homme de lettres était habituée et même empressée à toutes sortes de dépendances et de servilités, peu propres à la rehausser. Nous en sommes violemment choqués aujourd'hui, parce que cette profession, sans être par elle-même plus noble que d'autres, ne met plus personne au-dessous *d'un honnête homme*, et parce que nous acceptons, — du moins en théorie, — qu'il est aussi honorable de vivre de son travail que du travail des autres. Cependant le bon sens public, même au dix-septième siècle, devait se révolter quand les préjugés sociaux prenaient certaines formes. Il dut, par exemple, faire bonne justice de ces autres paroles de d'Aubignac à Corneille : « On vous connaît pour un poëte qui sert depuis longtemps
» au divertissement des bourgeois de la rue Saint-Denis,
» c'est tout ; mais je ne voudrais pas mettre en compro-
» mis avec cette qualité la moindre de celles qui m'ont
» fait connaître aux personnes de mérite et de condi-
» tion (1). » Il est certain que, dès le dix-septième siècle, il y avait bien des personnes de mérite qui ne mettaient pas en compromis Corneille avec d'Aubignac. Cependant parmi celles que tant de jactance indignait et qui le disaient tout haut, quelques-unes se trouvaient téméraires d'oser s'attaquer à un si haut personnage. « Je suis comme David luttant contre Goliath (2), » s'écriait Visé, le futur

---

(1) *Quatrième dissertation, in fine.*
(2) *Défense de Sophonisbe.*

rédacteur du *Mercure*. D'Aubignac un Goliath ! Si le journaliste Visé eût écrit au dix-neuvième siècle, il aurait peut-être dit tout simplement que cet ennemi de Corneille était le premier des Philistins.

IV

D'Aubignac fit naturellement partie de tous les cercles littéraires de son temps, depuis l'Académie de la vicomtesse d'Auchy jusqu'aux « conférences de MM. Bourdelot, d'Esclaches, de Rohaut, du Champ et de Launay (1). » Il fut probablement, du moins pendant quelque temps, des *Sabbatines* et des *Mercuriales*. Il fut enfin de toutes les académies, excepté de l'Académie française.

On s'en est étonné. « De toutes les exclusions qu'on a
» voulu reprocher à l'Académie française, écrivait-on
» dernièrement, il y en a deux seulement qu'il n'est pas
» facile d'expliquer : nous voulons parler de Mairet et de
» l'abbé d'Aubignac, qui occupait à cette époque une place
» importante dans la République des Lettres (2). » L'ami de Chapelain était en effet un parfait sujet académique, de l'aveu même des académiciens de ce temps-là : Il « eût
» été le premier reçu, » écrivait Chapelain lui-même, « s'il
» n'eût point fait un libelle contre la *Roxane* de M. Des-
» marets, où il blâmait le goût de Son Eminence et de
» Mme d'Aiguillon qui l'avait estimée. Dans ce temps
» M. Porchères d'Arbaud se laissa mourir et plusieurs se
» présentèrent pour remplir cette place, le libelliste entre
» autres. M. Patru, votre ami et très galant homme, l'ob-
» tint d'une commune voix, et le précepteur eut l'exclu-
» sion dont moult dolent fut et plaintif (3). » Il en garda

---

(1) Boscheron.
(2) M. Léonce Pardon, *Notes sur Rotrou*. Paris, 1882. Communiqué par M. Tamizey de Larroque.
(3) Lettre de Chapelain, 29 juillet 1641, citée par M. Livet, dans son édition de l'*Histoire de l'Académie*, tome I, p. 389.

même une telle rancune, qu'il ne sollicita plus les suffrages de l'Académie française. Il se contenta de présider la sienne.

C'est vers 1654 (1) que semble s'être organisée l'Académie de l'abbé d'Aubignac, que lui et ses amis appelèrent l'Académie des belles-lettres, et ses ennemis l'Académie des Allégoriques, — on devine pourquoi. — Le *Mercure galant* de 1672 nous donne sur son organisation et le nombre de ses membres les détails suivants : « Puis-
» que vous souhaitez, Madame, qu'après vous avoir en-
» tretenue de l'Académie française, je vous dise quelque
» chose de celle de M. l'abbé d'Aubignac, dont vous
» avez, dites-vous, ouï parler confusément, je vous
» dirai qu'elle s'appelait l'Académie des belles-lettres
» et que son institution était pour examiner les ouvra-
» ges d'éloquence et de poésie. On y faisait, le premier
» jour de chaque mois, un discours sur la diversité des
» conditions où l'éloquence se trouvait nécessaire. Le
» premier discours échut à M. Blondeau, avocat au Par-
» lement. Il le fit sur l'éloquence du Barreau et s'en ac-
» quitta très bien dans la grande salle de l'hôtel Matignon,
» dans une assemblée composée de plusieurs personnes
» de qualité de l'un et de l'autre sexe. M. le marquis de
» Vilaines se fit admirer, un mois après, sur l'éloquence
» militaire ; l'impression qu'on a faite de ce discours est
» une marque de sa beauté (?) ; c'est pourquoi je n'en
» parlerai point, et je passerai au troisième, qui échut à
» M. l'abbé de Saint-Germain. Les deux autres ayant fait
» des discours qui regardaient leur profession, cet illus-
» tre abbé en voulut faire un sur l'éloquence de la chaire.
» Il eut un succès avantageux. M. Perachon se fit admi-
» rer un mois après ; et les autres académiciens donnè-

---

(1) Le privilège du *Discours au Roy* (cf. *infra*) est de 1656, et, dans le discours, d'Aubignac dit que les réunions de son Académie ont lieu depuis deux ans.

» rent de mois en mois des marques de leur esprit et de
» leur érudition. A la fin de ces discours, on lisait des ou-
» vrages de poésie composés par quelques-uns des messieurs
» de l'Académie. Voici les noms de ceux qui la compo-
» saient :

» M. l'abbé d'Aubignac, directeur ; M. de Vaumorières,
» sous-directeur ; Guéret, secrétaire ; le marquis de Châ-
» telet, le marquis de Vilaines, le marquis d'Arbaux ;
» M. Petit, directeur après d'Aubignac. M. Perachon,
» avocat en Parlement ; l'abbé de Villars, l'abbé de Ville-
» serain, à présent évêque de Senez, directeur après
» M. Petit ; l'abbé Ganaret, M. de Launay, M. Caré, avo-
» cat en Parlement, M. Richelet, du Perrier, Baurin,
» avocat au conseil, Barallis, médecin, M. l'abbé de
» Saint-Germain. » Le chroniqueur ajoute, quelques lignes
plus loin : « On avait eu le dessein d'y faire entrer des
» femmes, et l'on proposait Mme de Villedieu, Mme la
» marquise de Guibermeny et Mme Deshoulières. » Si ce
dessein eût été exécuté, l'Académie de l'abbé d'Aubignac
aurait fait parler d'elle bruyamment et non pas « confusément, » surtout si l'on avait « fait entrer » Mme de Villedieu, cette veuve de deux maris bigames, appelée successivement Mlle Desjardins, Mme de Villedieu, Mme de la
Chatte et enfin Mme Desjardins, une de ces femmes de lettres qui vivent leurs romans et les écrivent ensuite (1).
Comme elle avait fait sur les conseils et avec la collaboration
même de d'Aubignac une tragédie qui avait été applau-
die (2), elle avait des droits et des chances considérables.
Mais elle ne fut reçue ni elle ni les autres, ce à quoi

---

(1) Cf. les notes de P. Paris, dans son édition de Tallemant, à l'article sur d'Aubignac et Mlle Desjardins ; et une longue étude de M. Clo-
genson dans l'*Atheneum* du 2 juillet 1853. — Trompés par un mot de Tallemant, « d'Aubignac, son précepteur, » quelques critiques ont dit que
Mlle Desjardins avait été élevée par notre abbé. Elle n'avait été son élève
qu'une fois et qu'un moment, à l'occasion de la tragédie de *Manlius*.

(2) Cf. *infra*, 2e partie, livre II.

d'Aubignac ne dut pas se résigner sans peine. Il était trop homme du monde pour ignorer le zèle et le pouvoir des femmes en faveur des œuvres qu'elles adoptent ou dont elles sont, et il était trop ambitieux pour renoncer facilement à leur concours.

Il rêvait, en effet, pour son Académie les destinées les plus brillantes, un rôle égal, sinon supérieur, à celui de l'Académie française. Elle avait déjà l'appui de quelques hommes de mérite, les sympathies du grand monde (1); d'Aubignac voulut lui donner la protection du roi lui-même.

Il composa à cet effet un *Discours au Roy*, où il demandait « l'établissement dans Paris d'une seconde Académie, » c'est-à-dire la reconnaissance officielle de la sienne et tous les avantages que cette reconnaissance eût comportés. Il appuyait sa requête de dix-huit arguments, distribués méthodiquement en dix-huit sections, et tirés les uns de l'intérêt des sciences et des lettres, auquel Sa Majesté est si dévouée, les autres de l'intérêt de Sa Majesté elle-même, auquel ses sujets ont le devoir de se consacrer. Et d'abord les sciences et les lettres sont en péril; elles ont une ennemie redoutable, à savoir, la routine qui inspire un attachement obstiné aux opinions du passé et surtout un respect superstitieux de l'autorité des anciens :
« Ceux qui se trouvent engagés à cette nécessité d'in-
» struire le public, ces doctes maîtres en tant de différen-
» tes facultés, se sont relâchés en deux choses qui nuisent
» au progrès des sciences et qui les ont presque toutes
» défigurées. La première est qu'ils s'attachent opiniâ-
» trément aux maximes que les anciens ont laissées dans
» leurs écrits, et se persuadent qu'ils ont la certitude de
» toutes les vérités; ils ne veulent rien chercher au delà.
» Ils condamnent tout ce qui ne s'accorde pas à leurs prin-

---

(1) Signalons une petite erreur de la *Biographie universelle* de Michaud, qui donne le Dauphin pour protecteur à cette académie. Boscheron dit formellement le contraire.

» cipes ; ils prononcent anathème contre tous ceux qui les
» contredisent, et quelques démonstrations dont les nou-
» veautés puissent être appuyées, de quelques expériences
» dont les vieilles erreurs soient confondues, il suffit
» qu'une proposition leur soit nouvelle pour être rejetée. »

C'est contre ces mauvaises habitudes d'esprit que l'Académie nouvelle réagira ; elle se préoccupera moins de conserver les traditions que d'exciter les initiatives ; elle sera novatrice, libérale, « progressiste. » Le mot n'existait pas encore, mais l'idée était dans cet étonnant programme de d'Aubignac, et nous verrons qu'elle est toujours restée dans son esprit. Ce fut toujours en effet son ambition et sa prétention d'être original et novateur, même dans les pages de sa *Pratique du théâtre*, où il suivait le plus docilement Scaliger et commentait le plus superstitieusement Aristote, — ingratitude et vanité d'un esprit passionné, qui avait plus de bon vouloir que de puissance et n'était puissant qu'à se faire illusion. Nous verrons cependant qu'une fois du moins, et précisément dans un de ses ouvrages composé pour son Académie, d'Aubignac réussit à être original, et à l'être plus que les plus novateurs et les plus audacieux de ses contemporains.

Quant à l'intérêt de Sa Majesté, la nouvelle Académie le servira comme l'autre Académie. Ici d'Aubignac ne cherche pas à innover ; il s'applique au contraire à prouver que lui et ses amis seront aussi bons courtisans que les autres savants et académiciens contemporains. — Sire, dit-il, plus vous aurez d'académies dans votre royaume, plus vous aurez d'hommes occupés et obligés à vous louer. — Cette considération tient beaucoup de place dans le *Discours*. C'est par elle que l'orateur commence : jamais il n'aurait osé venir solliciter le roi, si « les empressements d'un
» grand nombre de ses sujets qui se sont unis pour con-
» férer ensemble de leurs études et consacrer à Sa Ma-
» jesté tous les fruits de leurs veilles ne l'avaient forcé
» à parler ; » et c'est par elle qu'il finit. Après avoir

parlé de la science et des Muses qui assurent la gloire des Etats et celle des monarques, défient le temps et la mort, il ajoute : « Les lettres enseignent l'art de bien comman-
» der, mais l'art aussi de bien obéir. Ce sont les savants
» qui connaissent et qui disent que les souverains sont les
» images sensibles du Dieu vivant et que nous n'avons
» pas plus le droit d'examiner leurs volontés que de con-
» tredire leur établissement, qui n'a pas d'autres princi-
» pes que la main toute puissante de l'Eternel. » Ce n'était point maladroit, quoique un peu gros.

Louis XIV, trouvant sans doute que l'Académie française et la « petite Académie » des inscriptions et belles-lettres s'acquittaient fort bien de la tâche de le louer en toutes les langues et tous les styles, refusa les lettres patentes demandées. L'Académie de d'Aubignac ne put s'intituler Académie royale : elle resta une Académie libre, — libre malgré elle, — sans autre appui que celui des amitiés de son fondateur. Elles lui furent fidèles, d'ailleurs, jusqu'après sa retraite et jusqu'à sa mort. Alors que d'Aubignac, succcombant sous le poids de ses infirmités, avait quitté Paris et était allé chercher dans sa ville natale le repos de ses derniers jours, son œuvre vivait encore. Elle ne lui survécut pas. « Je dois vous appren-
» dre, » écrivait le *Mercure galant* en 1673, « que M. l'abbé
» d'Aubignac est mort et que son Académie cesse par son
» trépas. »

Que si maintenant on veut connaître l'esprit et la doctrine de cette Académie, on peut, à défaut de procès-verbaux authentiques de ses séances, consulter les ouvrages de son secrétaire général Gabriel Guéret, un homme aimable, dont le *discernement était fin et délicat*, dit un biographe (1), le commerce agréable, l'humeur égale, la cri-

---

(1) Taisand, *Vie des Jurisconsultes*. Cette biographie contient quelques erreurs, notamment l'affirmation que l'Académie de d'Aubignac avait obtenu les lettres patentes du roi.

tique bienveillante et douce. Il avait, on le voit, la plupart des qualités que n'avait pas d'Aubignac, ce qui ne l'empêcha pas d'épouser toutes les querelles et toutes les inimitiés du *bilieux abbé*. Il ne manque pas une occasion de railler Ménage, qu'il appelle « un fripon du Parnasse, » et Visé, le « petit David, » qu'il montre courant les salons, « les tablettes à la main, » et vivant de l'esprit des autres comme un simple *reporter* (1), et Corneille même, devenu depuis 1663 l'ennemi de d'Aubignac, et chez qui il blâme assez aigrement le mépris des règles, « les préfaces à la Montauron » et l'amour du gain (2). Il n'y a pas jusqu'à la forme de ses ouvrages qu'il n'emprunte ou n'imite de son directeur. La *Carte de la Cour* (3), le *Parnasse réformé* (4), la *Guerre des Auteurs* (5), sont des allégories comme les aimait l'auteur du *Royaume de Coquetterie*. Il est donc probable que les idées littéraires, qui se trouvent exprimées dans ces petits opuscules ainsi que dans la *Promenade de Saint-Cloud* (6), qui les continue et les complète, mais sans fiction allégorique, sont celles de d'Aubignac lui-même et de son groupe.

Elles ne sont pas toujours sûres et justes, mais elles ne sont point banales. Il était de mode, à ce moment du dix-septième siècle, de mépriser Ronsard ; l'Académie de d'Aubignac était moins ingrate envers le véritable ancêtre de la poésie classique ; ses défauts n'y faisaient point oublier ses qualités ; on se gardait surtout de le sacrifier à Malherbe, de qui on parlait comme Régnier, c'est-à-dire comme le petit nombre, alors ; on goûtait la correction et la « juste cadence » de ses vers, qui ravissaient les contemporains, et qui allaient exciter Boileau jusqu'au lyrisme,

---

(1) *Promenade de Saint-Cloud*, p. 201 et 218.
(2) *Parnasse réformé, in fine*.
(3) Paris, 1663.
(4) Paris, 1669.
(5) Paris, 1671.
(6) Publiée à la suite des *Mémoires* de Bruys. Paris, 1751, in-12, t. II.

mais on ne lui pardonnait pas la faiblesse et la sécheresse trop fréquentes de son inspiration (1). Seulement on avait le tort d'y trop respecter Chapelain, et de ne pas souffrir qu'on attaquât « un si brave homme ! » Boileau avait eu cette audace ; Guéret lui en tient rancune. Il ne lui refuse pas « le talent de la satire ; » mais, ajoute-t-il, « il a mal choisi ses gens : sauf deux ou trois, je n'en vois guère qui méritent tous les coups qu'il leur a donnés (2). » Pourquoi donc a-t-il attaqué Chapelain ? « par dépit de n'avoir pas eu part aux gratifications du roi, » et la preuve, « c'est que les *Satires* n'ont paru que depuis qu'on donne des pensions ! » La preuve est aussi mauvaise que l'accusation est odieuse. Boileau, qui n'avait que vingt-sept ans au moment où Chapelain dressait la liste des pensions, ne pouvait guère publier plus tôt ses *Satires* ; comment l'aurait-il fait, puisqu'il n'était pas né, ou du moins qu'il n'était qu'un jeune homme sans autorité (3) ? Je pardonnerais plus facilement à Guéret sa critique du *Tartuffe* de Molière, qu'on lui a beaucoup reprochée ; d'abord elle pouvait être sincère, ensuite elle n'est pas entièrement injuste, et enfin elle ne l'empêche pas de rendre hommage au génie du poëte. Il reproche au dénouement de la pièce d'être fait « par un dieu de machine, » au caractère du principal personnage « d'être mal gardé, » et de

---

(1) Citons ces passages du discours prêté à Desportes, dans le *Parnasse réformé* : « S'il y a quelques mots barbares dans Ronsard, s'il a pris
» des libertés extraordinaires, en récompense il a de l'invention..., et
» l'on voit régner dans ses vers cette divine fureur qui fait les vrais
» poètes. » Et, se tournant vers Malherbe : « Vous, » dit-il, « vos meil-
» leures pièces ne sont, le plus souvent, que des paroles. S'il s'y ren-
» contre quelque belle saillie, elle n'est qu'à moitié poussée ; les forces
» vous manquent dans les grands discours et même aux petites pièces. »
Ainsi parlait Regnier au commencement du siècle :

Nul aiguillon divin n'élève leur courage, etc.

(2) *Promenade de Saint-Cloud.*
(3) Il en avait composé et peut-être publié une avant 1663 ; il est vrai qu'elle était la plus inoffensive.

mêler des locutions pieuses à une déclaration d'amour ; au rôle de la servante d'être trop développé et trop invraisemblable ; la pièce a réussi au théâtre, plutôt par ses tableaux scandaleux que par ses qualités dramatiques ; mais, si elle a enrichi les comédiens, « elle ruine le libraire qui en a donné 200 pistoles, » etc., etc. Voilà bien des critiques ; mais Guéret ajoute aussitôt : « Tout
» ce que nous reprochons ici au *Tartuffe* ne vaut pas le
» bien qu'on doit en dire... Nous n'avons encore vu per-
» sonne qui ait porté le comique si loin que Molière a fait ; il
» s'est acquis dans ce genre d'écrire une réputation qui ne
» cède en rien à celle des tragiques les plus célèbres (1). »
L'éloge est considérable, surtout de la part d'un homme qui savait ou croyait, avec d'Aubignac, que, « dans la cour de France, les tragédies sont mieux reçues que les comédies (2). »

Il ne faut pas croire d'ailleurs que Guéret n'a jamais pu adopter sans dommage les idées de son président. Ses *Entretiens sur l'éloquence*, dont nous parlerons plus loin, sont peut-être son meilleur ouvrage, bien qu'il soit celui qui porte le plus visiblement la trace de l'influence de d'Aubignac. Cette influence se retrouve encore dans le souci de la moralité et de l'honnêteté de l'art, qui anime toutes les œuvres de Guéret. Apollon, dans le *Parnasse réformé*, proscrit la peinture de toute situation immorale, et il rend les ordonnances suivantes : « Nous déclarons
» que nous ne reconnaîtrons pas pour héros de roman »
les maris trop malheureux et les femmes trop coupables.
« Nous supprimons des romans tous les mauvais lieux. »
Enfin, il recommande aux poètes la dignité de la vie et le respect de leur parole. « Défendons de mentir dans les
» épîtres dédicatoires ; ordonnons que les poètes change-
» ront deux fois de linge par semaine et qu'ils feront dé-

---

(1) *Promenade de Saint-Cloud.*
(2) *Pratique du théâtre.*

» crotter leurs chaussures, » ne serait-ce que pour empêcher le satirique Boileau de dire que Colletet

>...Crotté jusqu'à l'échine
> S'en va chercher son pain de cuisine en cuisine.

Ces traits et quelques autres, d'une inspiration élevée et d'une bonne humeur spirituelle, plaident en faveur du secrétaire de l'Académie des belles-lettres, âme honnête, esprit fin, écrivain alerte, critique souvent pénétrant, qui a trop pratiqué l'allégorie, et s'est montré trop sévère pour Boileau et Corneille, mais à qui il faut beaucoup pardonner parce qu'il a beaucoup aimé son directeur. Ce fut la cause, ce doit être l'excuse de ses erreurs.

V

Les dernières années de l'abbé d'Aubignac furent assez tristes. L'ancien familier de la maison de Richelieu, le confident et le rapporteur du cardinal dans les projets de réforme dramatique, le candidat à la direction des théâtres de France, le collaborateur des amiraux et des ministres avait vu peu à peu son importance diminuer. Il ne paraissait plus à la cour, soit qu'il s'en exilât volontairement, comme il le dit (1), soit plutôt qu'il s'y sentît en défaveur. Le chapitre de son roman de *Macarise*, où, « sous le voile de l'allégorie, » il raconte l'enfance et la jeunesse de Louis XIV, célèbre ses vertus et le glorifie aux dépens du pape Alexandre (2), n'est pas d'un homme qui a renoncé

---

(1) Dissertations contre Corneille.

(2) A propos d'un tableau allégorique représentant les amours de « Clodomire et de Dioclée, » c'est-à-dire de Louis XIV et de la religion chrétienne.

Dans un sermon prononcé en 1653, l'abbé d'Aubignac s'était montré partisan dévoué de l'autorité des papes et même de leur infaillibilité. Il y disait entre autres choses : « Cela nous fait espérer, Messieurs, qu'on ne reverra jamais ce royaume chrétien hors de l'obéissance

de son plein gré aux honneurs et aux avantages de la vie de courtisan ; on y sent une ardente volonté de donner des gages, de réparer quelques torts, de triompher de quelque tenace hostilité. Efforts inutiles d'ailleurs ; Chapelain eut beau le porter sur la liste des gens de lettres, dignes d'une pension, le roi ne l'y maintint pas (1); il se souvenait peut-être de sa harangue au cardinal de Retz, — à moins qu'il ne l'eût entièrement oublié, lui, ses torts et ses mérites.

Cependant ses infirmités augmentaient, si son crédit diminuait. Valétudinaire depuis 1640, et écrivant déjà à cette époque « qu'il ne vit plus que par art et non par bénéfice de la nature, » il ne cesse, dans tous ses ouvrages, de parler « de son indisposition et de ses maladies. » Il appelle un jour trois médecins qui ne comprennent rien à cette « indisposition, » mais qui le soulagent cependant :

> De leurs sots discours j'ai tant ri
> Que j'en suis à peu près guéri (2).

Malheureusement, les médecins ne sont pas assez ridi-

qu'il doit au siège de Pierre, et que tous les ordres qui nous en viendront, soit pour la discipline de l'Eglise, soit pour apaiser les contestations des fidèles, etc., etc., seront toujours reçus avec beaucoup de soumission et suivis avec beaucoup de révérence » (*Panégyrique de saint Pierre*, 1653 ; *Essais d'éloquence*, p. 227 à 230 et suiv.) — Cette révérence ne se trouve guère dans l'histoire de Clodomire et de ses démêlés avec Léandre, à savoir avec le pape Alexandre. D'Aubignac s'y montre d'un gallicanisme sans réserve, soutient le pouvoir royal « que la cour de Rome et tous ceux qui sont sous sa dépendance s'efforcent à tout propos de contester et de troubler » (p. 579), et attaque violemment « la présomption des ultramontains » (p. 580). On dira peut-être que, dans le *Sermon*, il faisait de la théologie dogmatique, et qu'ici il fait de la politique. Je crains qu'il ne fasse tout simplement une bassesse, et ne quête une pension. *Macarise* était dédiée au roi. Elle parut en 1663, à l'époque où Chapelain et Colbert dressaient les listes des pensions.

(1) Cf. collection Clément, t. V, p. 468 et suiv., les listes des gratifications royales : d'Aubignac ne figure sur aucune; Visé en tire occasion de le railler dans sa *Défense de Sophonisbe*.

(2) *Trio de la Médecine*. Cf. infrà, 1re partie, liv. II, ch. II.

cules pour le guérir tout à fait, et il reste condamné à une inaction relative, trouvant à peine la force, dans les courtes trêves que lui laisse la souffrance, de terminer et de publier ses ouvrages commencés.

Ce fut toutefois la publication de quelques-uns de ses ouvrages qui lui valut ses plus cuisants chagrins. Le roman de *Macarise*, auquel il travaillait depuis quinze ans et plus, et dont il espérait tant, qu'il l'avait fait imprimer à ses frais, « persuadé, » dit Tallemant, « qu'un libraire deviendrait trop riche s'il imprimait un si précieux ouvrage, » fut loin d'avoir le succès qu'il s'en promettait et que lui avaient promis ses amis (1663). Les trente premières pages du premier volume étaient en effet remplies de leurs prédictions et de leurs éloges; il y en avait de Richelet, de Guéret, du mathématicien Personne, de Patru; il faillit y en avoir de Boileau, qui avait composé à cette intention cette *épigramme*, « à la grecque, » comme aurait dit Mlle de Gournay :

> Lâches partisans d'Epicure
> Qui, brûlant d'une flamme impure,
> Du Portique fameux fuyez l'austérité,
> Souffrez qu'enfin la raison vous éclaire.
> Ce roman plein de vérité,
> Dans la vertu la plus sévère,
> Vous peut faire aujourd'hui trouver la vérité.

« Je fis cette épigramme, » écrivait plus tard Boileau, « avec quantité d'autres que l'auteur avait exigées de ses » amis; mais heureusement je la lui portai trop tard et » et elle n'y fut point mise, Dieu en soit loué (1) ! » Ce « Dieu en soit loué ! » vaut toute une épigramme à la française et complète la série de celles qui accueillirent l'apparition du fameux roman. On connaît celle de Richelet, désireux d'expier ses premiers éloges :

> Hédelin, c'est à tort que tu te plains de moi.
> N'ai-je pas loué ton ouvrage ?

---

(1) 22ᵉ lettre à Brossette.

> Pouvais-je faire plus pour toi
> Que de rendre un faux témoignage ?

Ce fut comme une grêle de traits, sous lesquels dut cruellement saigner l'amour-propre si sensible de l'abbé. Pour comble de malheur, il engagea, à ce moment même, une longue polémique contre Corneille. Il choisissait mal son temps et son adversaire ; il en eut vite la preuve. Nous aurons à raconter ailleurs cette triste querelle ; disons seulement ici qu'elle ne tourna pas à son honneur. Publiquement attaqué, raillé et injurié dans sa personne, ses infirmités, ses prétentions, ses insuccès d'homme de cour et d'homme de lettres, il eut à se défendre, lui qui s'était cru assez fort pour attaquer, et à se défendre, non pas contre Corneille, qui ne prit pas la peine de répondre, mais contre un petit et obscur journaliste qui, se sentant l'interprète de l'opinion publique, poussa l'insolence jusqu'à la cruauté. Le « bilieux abbé » aurait peut-être pu supporter cette dure épreuve, au temps où il avait toute sa santé et l'entier gouvernement de lui-même ; à cette heure, vieux et infirme, il y succomba ; sa vanité éperdue, excitée par l'outrage, se lâcha à des sottises dont le ridicule pèse encore sur sa mémoire (1).

Quelques consolations cependant succédèrent à ces cruels déboires : Son petit livre, les *Conseils d'Ariste à Célimène*, publié en 1666, fut accueilli avec une faveur marquée qui dut lui adoucir l'amertume de l'insuccès de *Macarise*. En outre, la cession de l'abbaye de Meimac (1665), que lui consentit l'abbé de Lévis-Ventadour, compensait, sinon pour l'honneur, du moins pour les revenus, le refus de la pension royale (2). Il ne jouit pas longtemps de ce faible regain de fortune ; obligé, par sa santé de plus en plus déclinante, de se retirer à Nemours, chez son frère, suc-

---

(1) Cf. *infrà*, 2ᵉ partie, livre III.
(2) M. Livet, *Précieux et Précieuses*.

cesseur de Claude Hédelin dans la charge de lieutenant général, il résigna l'une après l'autre ses deux abbayes (1669 et 1670), et consacra ses dernières forces à la préparation d'un recueil de ses sermons; il le publia en 1671 (1) sous le titre d'*Essais d'éloquence*. Après quoi il disparaît; on ne parle plus de lui que pour annoncer sa mort en 1673, bien qu'elle ne soit arrivée probablement que trois ans plus tard, le 20 juillet 1676 (2).

(1) « Il s'y donne encore comme abbé d'Aubignac et de Meimac, quoiqu'il eût résigné ses bénéfices » (M. Livet, *ibid.*).
(2) Niceron dit que c'est la date portée sur les registres de sa paroissse.

LIVRE SECOND

ŒUVRES DIVERSES DE D'AUBIGNAC

Nous avons déjà dit, avec Chapelain, que « l'esprit tout de feu » de l'abbé d'Aubignac « s'était jeté à tout, » et l'on a pu voir, en effet, par la liste placée en tête de ce volume, combien ses œuvres sont nombreuses et disparates.

Celles qui se rapportent, à un titre quelconque, à l'art dramatique seront l'objet de la seconde partie de cette étude ; quant aux autres, elles peuvent se partager en quatre classes :

1° Œuvres d'érudition ;
2° Œuvres de salon ;
3° Œuvres de direction et d'éducation ;
4° Œuvres de prédication.

Nous allons les analyser et les apprécier aussi brièvement que possible.

CHAPITRE PREMIER.

ŒUVRES D'ÉRUDITION.

1° *Les Satyres*. — 2° *Conjectures académiques*.

I

C'est par l'érudition que s'ouvre et se ferme la carrière littéraire de François Hédelin. C'est à l'âge de vingt-trois ans, en 1627, qu'il publia son premier ouvrage : *Les Satyres* ; c'est après sa mort, en 1715, que parurent les *Conjectures académiques*.

A quelle occasion écrivit-il les *Satyres* (1), à quelles préoccupations du public lettré voulait-il répondre ? c'est ce

---

(1) « *Des satyres, brutes, monstres et démons, de leur nature et adoration, contre l'opinion de ceux qui ont estimé les satyres estre une espèce d'hommes distincts et séparés des adamiques*, par F. Hédelin, avocat en Parlement. Paris, 1627. » — Boscheron attribue cette œuvre tantôt à notre auteur, tantôt à son père, — ce qui a induit en erreur quelques critiques qui en ont fait honneur au lieutenant général de Nemours. Mais elle ne peut être que de son fils. L'auteur, dans l'*Epître dédicatoire*, l'appelle « les prémices de ses études ; » l'un des nombreux patrons qui la présentent en vers et en prose, et la recommandent au public, G. Chesneau, avocat, dit aussi :

« Ce livre, le premier enfançon
De son auteur. . . . . . . »

En 1627, le lieutenant général n'en était plus à ses *prémices* et à son *premier enfançon*.

qu'il est difficile de savoir. Son but est de réfuter, dit-il,
« l'opinion de ceux qui ont estimé les satyres être une
espèce d'hommes distincts et séparés des adamiques. »
Qui a soutenu cette opinion? « Paracelse, Pic de la Mirande, Vadian, Prisce, Diodore, » et surtout saint Jérôme.
Cette erreur « du grand œil des Ecritures » l'a poussé à
écrire. On voit que ce n'est pas précisément de l'actualité.
Il faut croire qu'un hasard de lecture (1) lui ayant fait rencontrer cette question de la nature des satyres, le jeune
avocat, frais émoulu de l'école, y vit une excellente occasion d'essayer sa dialectique et sa science toutes neuves.
A défaut d'autres adversaires, il plaidera contre Pic de la
Mirandole et il plaidera sur le ton et dans la forme des
mauvais avocats du temps. Il n'examinera pas comment,
par quelle suite d'idées et de circonstances, des êtres appelés satyres ont pris place dans les croyances et la littérature antiques; c'eût été là faire une œuvre de critique
historique dont personne encore n'avait donné l'exemple
et dont le jeune écolier ne pouvait prendre l'initiative (2);
il se contentera de discuter et d'argumenter, de faire une
thèse avec les deux parties obligées, réfutation et confirmation.

Mes adversaires, commence-t-il, soutiennent que les

---

(1) Cf. la vie de saint Antoine du Désert, par saint Jérôme. Il y est longtemps question, en effet, de la rencontre d'un satyre faite par saint Antoine.

(2) Au livre IV, il explique ainsi la pluralité des dieux et le culte des satyres chez les anciens : « La poésie fut le flambeau nauplien dont la malencontreuse lumière, les faisant égarer du juste cours de la raison, les précipita dans cette erreur où ils ont fait naufrage. Car les doctes du premier âge, ainsi qu'écrit Maxime Tyrien, voyant que le nom de philosophe était odieux au vulgaire et que les merveilles qu'ils enseignaient de Dieu semblaient impossibles, furent contraints de se faire poètes et chanter sous paraboles et conceptions énigmatiques les effets de la Divinité. Ce qui fut cause que les peuples, s'arrêtant à leurs vers et non pas à leur intelligence mystique, reçurent le nombre infini de dieux..... Le diable, par ses maudits artifices, était celui qui les tenait aveuglés. » Comme science et critique historiques, c'est court.

satyres sont des hommes ; on peut leur opposer trois arguments :

1° Si les satyres étaient des hommes, leur nature serait ou bien supérieure ou bien inférieure à la nôtre. Or, dans le premier cas, comme il n'y a pas de degré de l'homme à l'ange, le satyre serait un ange, « chose indigne de notre pensée et qui ne peut tomber en l'imagination des âmes les plus grossières. » Dans le second cas, comme il n'y a pas de degré de l'homme à la bête, le satyre ne peut être qu'une bête, — un singe tout au plus, — et c'est la conclusion qu'il faudra adopter.

2° S'ils étaient hommes, les satyres auraient été créés avant ou après nous. Or la Genèse ne parle pas de cette création. De plus il aurait fallu qu'à l'époque du déluge ils se sauvassent dans l'arche de Noé, et la Genèse est également muette sur ce détail.

3° S'ils étaient hommes, ils seraient ou bien immortels ou bien mortels. Immortels, leur postérité remplirait la terre, nous les rencontrerions partout, et nous n'aurions pas à discuter de leur nature. Ils sont donc mortels. « Toutes les choses de ce monde ont leur fin terminée : tout générable, dit le philosophe, est corruptible. Les plus savants Romains, dit Plutarque, estimaient que la déesse de la mort, Libitina, était Vénus elle-même, déesse de la vie, estimant, etc., etc. » Voilà pourquoi les satyres sont mortels. En outre, l'histoire le prouve : Pausanias a vu des sépulcres de silènes et de satyres : donc ils meurent. Et ils meurent tout entiers, corps et âme. Où irait leur âme, en effet, après la mort du corps ? au ciel ou à l'enfer ? Mais l'un et l'autre sont le lot de la race adamique, la seule rachetée par Jésus-Christ, la seule qui puisse mériter ou démériter.

Que valent à côté de ces trois arguments triomphants ceux qu'allèguent les adversaires ? Ils s'appuient sur ce fait que les satyres avaient la figure, la parole, la raison de l'homme. Mais premièrement, la figure humaine n'est qu'une apparence extérieure ; Metropaustès répondit un jour fort à propos à Démaratus, qui voulait mettre le chapeau royal sur sa tête : « Ce chapeau, ô Démaratus, ne couvrirait guère de cervelle. » *Ergo*, puisque le chapeau ne fait pas le roi, le chef ne fait pas l'homme, pas plus que la parole : « L'ânesse de Balaam, pour avoir discouru si raisonnablement, était-elle autre chose que bête ? » Quant à leur raison, c'est encore une apparence trompeuse. On a vu des singes jouer aux échecs ! Je ne nie pas une certaine intelligence aux bêtes, ni par conséquent aux satyres ; mais vous ne prouverez pas qu'ils aient la vraie raison ; s'ils l'avaient, ils feraient de la philosophie et vivraient en société. Or Juvénal dit que vivre en société c'est le propre de l'homme. Donc les satyres ne sont pas des hommes !

Ici se termine la première partie du plaidoyer, et se terminera aussi notre analyse. Le reste, en effet, a la même portée. C'est toujours l'œuvre d'un écolier préoccupé de faire preuve de lecture et d'habileté syllogistique. Voltaire parle quelque part des esprits minutieux qui pèsent des œufs de mouche dans des balances de toile d'araignée. Ce sont bien des œufs de mouche que pèse ici François Hédelin, mais dans les plus lourdes balances qu'il ait pu trouver. Il met en branle tout l'énorme appareil de la dialectique et de l'érudition pour prouver sa thèse ; il écrase Pic de la Mirandole sous le poids de tous ses livres, qu'il trouve moyen de jeter dans sa démonstration. Tous les auteurs connus ou inconnus de l'antiquité y défilent accompagnés des auteurs modernes ; l'Orient et l'Occident viennent déposer que les satyres ne sont pas des hommes et ils déposent en forme.

Tel fut le début de François Hédelin dans l'érudition. Il y révélait plus d'ardeur à la discussion que de discernement dans le choix de ses thèses et de ses arguments, une déplorable habileté à parler de tout à propos de rien ou de presque rien, un besoin de pénétrer dans le creux des choses, non pour en faire sentir le vide, mais pour s'y étaler à son aise. Il gardera toujours quelque chose de ces premiers défauts.

II

Les *Conjectures académiques* valent beaucoup plus que « ce premier enfançon. » Boileau cependant les trouvait tellement extravagantes, qu'il en concluait que l'auteur « était retombé en enfance. » Conclusion injuste et cependant bien excusable, si l'on songe que d'Aubignac y soutenait que le « nommé Homère » n'a jamais existé ! Cette idée hardie à laquelle la critique allemande nous a habitués depuis, avait, dans sa nouveauté, de quoi étonner et scandaliser le plus dévot des partisans des anciens. Elle avait effrayé leurs adversaires eux-mêmes ! L'académicien Charpentier, chargé par l'auteur d'examiner et de publier le manuscrit des *Conjectures*, n'avait pas osé remplir son mandat et en avait laissé le soin et le péril à ses héritiers. C'est pourquoi l'ouvrage ne parut qu'en 1715, bien qu'il eût été composé vers 1664, pour être lu dans une des réunions de l'Académie des belles-lettres (1). Il satisfaisait d'un seul coup les prétentions à l'originalité qu'avait toujours affichées l'abbé d'Aubignac, et, ce qui vaut mieux, « il révélait un adversaire d'Homère qui n'avait nullement perdu la raison (2). » Le mot est de l'éminent historien de la *Querelle des anciens et des modernes* et il est accompagné des éloges suivants qu'on ne nous pardonnerait pas d'abréger.

« De toutes les critiques d'Homère que nous avons vues
» se produire au dix-septième et au dix-huitième siècle,
» celle de l'abbé d'Aubignac est sans comparaison la plus

---

(1) Boscheron. D'Aubignac y « parle d'un fragment de Pétrone comme d'une découverte faite depuis peu. Personne n'ignore que ce fragment fut imprimé à Paris en 1664, chez Edme Martin. » *Mémoires de littérature*, tome I, page 319.

(2) Hippolyte Rigault, *Querelle des anciens*.

» hardie et la plus neuve. Seul, s'élevant au-dessus des
» chicanes de détail faites aux dieux, aux héros, au plan
» et au style de l'Iliade, il ose aborder la question de la
» formation de l'épopée primitive ; seul, cet admirateur
» d'Aristote déserte l'ornière où, au nom d'Aristote, le
» P. Le Bossu avait traîné le dix-septième siècle, va droit
» à Homère, et le somme de prouver son identité. Ce
» n'est pas que j'épouse le scepticisme de d'Aubignac : je
» crois à l'existence d'Homère comme je crois à son gé-
» nie, et, malgré toutes les objections ingénieuses de
» l'érudition moderne qui souvent m'embarrassent, il me
» paraît plus difficile d'expliquer l'Iliade et l'Odyssée en
» se passant d'Homère que d'accepter Homère comme une
» vérité. Mais je ne veux pas méconnaître la hardiesse et
» la sagacité de l'abbé d'Aubignac ; sur la question homé-
» rique il a vu de plus loin et de plus haut que son temps,
» et il a devancé de plus d'un siècle le scepticisme imita-
» teur de l'Allemagne, car l'originalité de l'Allemagne,
» c'est souvent d'amonceler des nuages autour des idées
» françaises et d'obscurcir ce que nous inventons. Il y a
» sans doute une notable distance entre le paradoxe à
» peine ébauché de l'abbé d'Aubignac et le traité systéma-
» tique de Wolf sur l'origine et les développements de
» l'épopée grecque. Mais que l'on compare les conjectures
» de l'abbé d'Aubignac aux parallèles de Perrault, aux
» réflexions critiques de Boileau sur Longin, ou au dis-
» cours sur l'Iliade de La Motte, et l'on verra que d'Au-
» bignac est encore plus loin de ses contemporains et de
» ses successeurs immédiats que de Wolf et des *Prolégo-
» mènes* (1). »

(1) Hippolyte Rigault, *ibid.* — Quand Wolf se défend, dans la troisième préface de ses *Prolégomènes* (1804-1817), d'avoir reproduit les
inepties de quelques Français, *quorumdam Gallorum ineptias*, fait-il
allusion à l'abbé d'Aubignac en même temps qu'à Perrault et à La
Motte? C'est possible, et A. Pierron le croit. Wolf, qui a peut-être profité des idées de d'Aubignac, trouve plus commode d'en médire que

Les *Conjectures* peuvent se diviser en trois parties. Dans la première, l'auteur, qui a conscience de son audace, prend toutes sortes de précautions pour se la faire pardonner; il fait remarquer qu'il n'apporte pas des conclusions arrêtées, mais de simples conjectures plus propres aux conférences d'une « académie de belles-lettres, qu'aux bancs de nos écoles » où il ne faut enseigner que des opinions sûres. Parcourant ensuite toute l'histoire de la critique, il rencontre des adversaires d'Homère, sinon de sa personne, du moins de son œuvre, derrière lesquels il tient à se mettre à l'abri, sans en excepter Zoïle, un méconnu, « un homme plus considérable » qu'on ne le croit généralement, et qu'on a lapidé mais non pas réfuté. Il aurait pu citer Boisrobert, qui lui avait autrefois donné l'exemple de l'irrévérence envers Homère (1), et surtout Jules-César Scaliger, dont il disait, dans la *Pratique du Théâtre*, « qu'il n'en faut pas perdre une syllabe, » et qui avait écrit contre l'Iliade et l'Odyssée des pages d'une ridicule violence (2). Cependant, parmi les admirateurs de cette œuvre, se trouve Aristote, le maître des maîtres, le « dictateur perpétuel (3) » de la pensée? Comment oser ne pas être de son avis? La réponse de d'Aubignac est curieuse et doit être reproduite textuellement : « Le nom
» de cet illustre philosophe pourrait faire tomber les ar-
» mes de la main de ceux qui suivraient aveuglément

---

d'avouer sa dette. Ç'a été, d'ailleurs, la destinée de d'Aubignac de faire des ingrats; nous verrons que les classiques du dix-huitième siècle les plus imbus des théories et des règles de la *Pratique* ont parlé de son auteur avec la plus cruelle irrévérence.

(1) Cf. Irail, *Querelles littéraires*, et Guéret, *Parnasse réformé*. — Guéret prête à Boisrobert un long discours contre Homère, dans lequel Hipp. Rigault voit la reproduction, en charge, d'un discours véritablement prononcé à l'Académie française, et dont il ne reste plus que les quelques mots cités par Irail. Homère y était comparé aux « chanteurs de carrefour dont les vers réjouissent la canaille. »

(2) *Poetices libri septem*. Cf. *Les gladiateurs de lettres*, de M. Ch. Nisard, qui donne la traduction de ces attaques.

(3) Scaliger.

» l'autorité ; mais d'ailleurs ceux qui ne veulent déférer
» qu'à la raison, sans que les plus grands noms les puis-
» sent engager contre elle, ne se rendent pas qu'ils ne
» soient entièrement convaincus, et j'ai des scrupules qui
» m'empêchent de suivre le sentiment d'Aristote dans le
» sujet dont nous parlons. Premièrement les opinions de
» ce philosophe ne doivent point être reçues comme des
» vérités infaillibles qui nous ôtent la liberté ; il était
» homme capable d'errer... Sa doctrine a eu des contra-
» dictions. Enfin Aristote n'est pas un tyran qui puisse
» violenter nos esprits, contraindre nos sentiments d'obéir
» à ses fantaisies et nous ôter la liberté de parler contre
» ce qu'il a dit... *Nous sommes libres, et quand nous n'au-*
» *rions d'autre prétexte de lui résister que notre volonté,*
» *on ne pourrait pas nous réduire à la nécessité de la chan-*
» *ger!* » Le maître pédant des poètes jette son bonnet et
sa férule de docteur par-dessus les moulins. Si on ne peut
pas dire qu'il soit tombé en enfance, on ne peut nier qu'il
ne parle comme un très jeune homme. Jamais romantique
adolescent n'a dit : « Nous sommes libres ! » sur un ton
plus leste et plus impertinent.

Après ces déclarations d'un cartésianisme agressif et naïf,
et une fois le droit de ne pas admirer Homère bien établi,
l'auteur, dans une seconde partie, passe à l'histoire du
texte « prétendu homérique. » La première recension en fut
faite par Lycurgue, au témoignage de Plutarque. Avant ce
recueil, les différentes parties qui le composent étaient
éparses dans toute la Grèce, et n'avaient d'autre lien entre elles que la communauté de sujet, à savoir, la guerre de
Troie. Cet événement avait inspiré d'innombrables petits
poèmes épisodiques, dont les rapsodes s'emparaient,
qu'ils recousaient bout à bout et colportaient de ville
en ville, les chantant aux « portes des bourgeois. »
La plupart de ces rapsodes devaient être de pauvres
aveugles qui n'avaient pas d'autre gagne-pain que leurs
chansons ; c'est pourquoi on appela ces chansons les

rapsodies de l'aveugle ; OMHPOY, d'où est venu le nom d'Homère — Lycurgue et plus tard Pisistrate rassemblèrent toutes celles de ces rapsodies qui se complétaient l'une l'autre, sans s'occuper si elles étaient du même auteur. Elles ne pouvaient pas l'être d'ailleurs. Leur ensemble forme trente mille vers ; un seul poète n'aurait pu les composer et les retenir sans faire usage de l'écriture ; or, l'usage de l'écriture est de beaucoup postérieur à l'époque présumée de la vie d'Homère, et il n'en est jamais fait mention dans les deux poèmes qu'on lui attribue. Homère n'a donc pas pu écrire « les ouvrages qui » portent son nom. S'il ne les a pas écrits, il ne les a pas » faits, et s'il ne les a pas faits il faut conclure qu'il n'a » pas existé (1). » — « Qu'on écarte, » dit encore ici H. Rigault, « certaines imaginations mêlées à cette théorie, » comme, par exemple, celle des musiciens aveugles chan- » tant aux portes des bourgeois de la Grèce, il est curieux » de rencontrer, dans les conjectures d'un pauvre abbé, » suspect d'insanité d'esprit aux yeux de Boileau, un cer- » tain nombre d'idées adoptées par la science moderne. »

La troisième partie des *Conjectures* est la plus longue, la moins bonne et la moins originale : c'est la critique littéraire de l'Iliade. L'auteur y reproduit et y aggrave les critiques de Scaliger et de Boisrobert ; il devance celles de Perrault et de La Motte sur le style et les caractères de l'Iliade. C'est dans cette partie de son travail qu'on puise les citations ridicules destinées à prouver que d'Aubignac n'était plus qu'un malade.

On pourrait en tirer de pareilles d'ouvrages composés à la même époque par des gens en parfaite santé, mais qui n'avaient pas plus que d'Aubignac la connaissance historique de la littérature grecque, et jugeaient de l'épopée d'après les théories du père Le Bossu. Les erreurs que

---

(1) Cf., dans les *Prolégomènes* de Wolf (XL à LXXVIII), les développements donnés à cet argument de l'écriture.

d'Aubignac partagea avec son siècle ne doivent pas faire oublier les vues si originales qu'il ne devait qu'à lui seul. Il est même regrettable qu'il les ait gardées seul. « Si l'on » eût écouté » vers la fin du dix-septième siècle, dit M. Egger, « les idées qui germèrent dans le cerveau demi-ma- « lade de l'abbé d'Aubignac » (le savant helléniste tient à l'opinion de Boileau sur l'état mental de l'auteur des *Conjectures*, ce qui rend son hommage à l'ouvrage plus méritoire de sa part et plus glorieux pour d'Aubignac), « si » l'on n'eût pas traité de *folies* ses *Conjectures académi-* » *ques* sur l'origine des poèmes homériques et qu'on les » eût soumises à un examen sévère, qui sait ce qui aurait » pu sortir en ces matières d'un effort d'érudition con- » sciencieux et de véritable critique ? Qu'on se figure » Wolff écrivant à Paris les *Prolégomènes* l'année de la » naissance de Voltaire ! Quelle révolution dans les idées » historiques et dans le goût (1) ! » Nous n'aurions probablement pas eu la *Henriade !* Qui aurait jamais cru que Voltaire eût pu être l'obligé de l'abbé d'Aubignac ?

(1) Egger, *L'Hellénisme en France*, tome II, p. 192.

CHAPITRE II.

ŒUVRES DE SALON.

Vers : *Sonnets*. — Le *Trio de la Médecine*.
Prose : *Discours*. — *Portraits égarés*. — *Royaume de Coquetterie*.

I

« Vous avez été un des premiers auteurs de la langue précieuse (1), » disait-on un jour à d'Aubignac. Il en avait été au moins un des plus zélés et des plus persévérants, et il reste, par une notable portion de ses écrits, un des représentants les plus complets de cette société précieuse qui excite toujours nos railleries sans jamais lasser notre curiosité.

Les vers qu'il composa à la prière et en l'honneur « des » dames de la province » ou de Paris, sont, pour la plupart, perdus. Il paraît qu'il les faisait « tout aussi bien qu'un autre (2), » c'est lui qui l'affirme, et Chapelain témoigne qu'il n'était point seul à le penser : « On a vu de lui des sonnets assez approuvés (3). » Où sont-ils ces sonnets ? Leur auteur nous déclare qu'il « les a gardés en portefeuille (4), » car s'il veut qu'on ne doute pas de son

---
(1) Visé, *Défense de Sophonisbe*.
(2) *Remarques sur Sertorius*.
(3) *Liste des gens de lettres*.
(4) *Remarques sur Sertorius*.

talent, il veut aussi qu'on sache qu'il l'a exclusivement consacré au plaisir des « honnêtes gens » et qu'il n'est qu'un poète de société et de salon. Cependant le portefeuille s'est ouvert, et quelques-uns de ces sonnets « assez approuvés » en sont sortis pour aller prendre place dans ses œuvres en prose. En voici un :

Epitidès à Hermesile en lui envoyant des fleurs.

SONNET.

En recevant ces belles fleurs
Où l'ingénieuse nature,
Par une agréable peinture,
A mis ses plus vives couleurs,

Voyez qu'en donnant ses faveurs,
Elle n'est ni fière, ni dure,
Et que sa grâce est toute pure,
Sans épines et sans douleurs.

Ainsi rendez-vous plus facile,
Et ne souffrez pas, Hermesile,
Par l'excès de tant de rigueurs,

Que vos grâces toutes divines
Ne fassent naître dans nos cœurs
Que de douloureuses épines (1).

Il y en a quelques autres, tous de ce ton ; celui-là suffit pour nous donner le droit de ne pas trop regretter ceux qui sont perdus (2).

D'Aubignac a composé un petit poème qui vaut mieux que ces fades galanteries. C'est une satire contre les médecins, intitulée le *Trio de la Médecine*, et adressée encore à une dame, à « une belle malade. » L'abbé y

---

(1) *Macarise.*
(2) On trouve, à la fin de l'*Angélique, ou Traité allégorique des excellences et perfections immortelles de l'âme*, par le P. de la Rivière (Paris, in-4°, 1630 (?), une ode, signée Hédelin, que mon maître et ami, M. Léonce Couture, a bien voulu me signaler. Je la crois d'Hédelin le père ; certains détails de langue et de versification sont d'un homme qui

raconte que, se trouvant lui-même gravement indisposé, il a appelé en consultation trois médecins :

> Ils viennent en pas d'éloquence,
> Font une docte révérence,
> Et, d'un sourire assez niais,
> Se donnent le *bona dies*.

Le malade décrit son mal ; on lui fait montrer sa langue, on lui tâte le pouls et « la région de l'hypocondre. »

> Tout cela fait et eux rassis,
> Chacun médite son avis :
> Le premier tousse et l'autre crache,
> Le dernier roule sa moustache,
> Puis, en disant un grand : or çà !
> Le plus jeune ainsi commença :
> De ce mal la cause est occulte...
> . . . .
> Voyez Hippocrate et sa glose,
> Lisez bien Fernel et Rasis,
> *De occultis rerum causis*,
> Dioscoride, Mathiole,
> Et ceux de l'une et l'autre école
> Averroës et l'Avicenne,
> Et surtout ce qu'en dit Galène ;
> Car ceux qui disent Galien,
> Sur ma foi n'y entendent rien.

Et là-dessus il disserte longuement sur les motifs qui obligent à prononcer *Galène* au lieu de *Galien*; le principal est le besoin de se distinguer « du populaire. »

a échappé, par son âge et ses habitudes déjà anciennes, à l'influence de Malherbe.

> Cède, Apelle, cède, de grâce ;
> Vois-tu pas ton pinceau perclus ?
> Vois-tu pas que tu n'en peux plus,
> N'ayant encor fait que la face
> De ce pourtrait qu'on prise tant
> Où Angélique surmontant
> A fait, avec tant d'excellence,
> Si accompli ce sien tableau,
> Que c'est un miracle nouveau
> De son extrême suffisance.

Il y a soixante et une strophes de ce style,

> Mais s'il faut qu'ici je m'explique,
> Que nous servirait de veiller,
> D'étudier et de travailler,
> S'il fallait encor pour apprendre
> Même jusqu'au peuple descendre?
> Donc, disons tous, pour parler bien,
> Galène, mais non pas Galien!
> Donques, le mal qui vous tourmente,
> Monsieur, est sans cause apparente.
> Tous les jours il faut prendre à jeun
> Une potion anodine,
> Appliquant sur votre poitrine
> Un cataplasme *de bibus*
> Avec la poudre *doribus*.
> J'ai dit!

Le second docteur, naturellement, n'est pas de l'avis de son confrère sur la question Galène; lui, tient pour Galien. Quant à la maladie, il suivra l'avis du plus sage, lorsqu'ils « auront tous opiné; » et il n'opine pas.

> Alors le troisième s'apprête,
> Frotte son nez, gratte sa tête :

et reprend la question Galien de très haut, à l'origine même des sociétés. Il faut conserver les vieux usages; or, dans l'Université, qui est une des plus anciennes sociétés du royaume, « la fille aînée des premiers rois de cet Etat, » on a longtemps consulté en latin.

> Pourquoi consulter en françois?

s'écrie-t-il, avec une sincérité de vieux docteur qui n'a plus d'illusions ni d'hypocrisie,

> Faut-il que notre propre voix
> Découvre nos badineries,
> Nos ignorances, piperies,
> Mensonges, souplesses, fatras
> De vrais crieurs de « Mort aux rats »
> Qu'un beau latin demi-barbare
> Cachait si bien!

Et il regrette l'heureux temps où l'on ordonnait une « cricotomie » et une « phlebotomie » au lieu de dire, comme aujourd'hui, « faire le poil ou bien saigner » ce qui est trop clair et trop simple. En conséquence, il ne faut pas dire *Galène*, ni *Galien*, mais *Galenus* qui est moins populaire :

> Je reviens à monsieur l'abbé,

reprend-il. Et il lui ordonne, après, une description technique et pédante de son indisposition, une diète absolue. Sur ce, tous se lèvent.

> Puis, en faisant la révérence,
> Chacun vers mon valet s'avance,
> Dont recevant un bel écu,
> Tous trois me tournèrent le ...

On avait parfois encore le mot cru, dans certaines réunions du monde précieux.

Je ne donne pas cette caricature de la médecine au dix-septième siècle comme un modèle de verve ni de fine plaisanterie; mais elle acquiert quelque relief par le voisinage des mièvreries sentimentales que nous avons citées et que nous allons retrouver ; c'est un peu froid et artificiel, mais la langue du moins en est franche et saine (1).

II

Ses œuvres de salon en prose s'ouvrent par un autre satire, restée longtemps inédite, mais louée beaucoup par celui qui l'a découverte. « Elle n'a pas, » a-t-on dit, « échappé à Molière (2). » L'éloge est considérable, et doit valoir au morceau qui en est l'objet les honneurs d'une reproduction intégrale.

---

(1) Ne pas oublier que d'Aubignac était, par sa mère, un petit-fils d'Ambroise Paré ; il avait dû entendre railler souvent, dans sa maison, l'ignorance pédante des médecins qui avaient fait un crime à son illustre aïeul d'avoir écrit ses livres de chirurgie en français.
(2) P. Paris, dans son édition de Tallemant.

C'est un discours contre « les orgueilleux » prononcé à une réunion de l'Académie de Mme d'Auchy. L'orateur veut prouver qu'un homme vain ne doit pas faire partie d'une académie. « Je ne sais pas, Madame, si
» ce sont là des gens comme il le faut à d'autres, mais
» je sais bien qu'ils ne pourraient avoir l'entrée de cette
» compagnie sans y être fort ennuyeux et sans en troubler
» les plus nobles exercices. C'est le propre d'un homme
» vain que de parler de soi-même en tout temps et en
» tout lieu. Sans considération de personne ni de l'insti-
» tution des assemblées, il fait à tout propos l'histoire ou
» la fable de ses excellences imaginaires ; il répète dix
» fois à l'oreille et en confidence ce qu'il a dit vingt fois
» tout haut et sans discrétion. Il traite les plus habiles
» comme de petits enfants que cent fois l'on endort avec
» le même conte de fée. On est inquiet, on bâille, on
» parle, on tousse, on pâtit beaucoup, ou par complai-
» sance ou par nécessité. Dans ces rencontres il me sem-
» ble que j'entends bruire à mes oreilles une nuée de ces
» petits cousins qui importunent, qui rompent et qui
» blessent le sommeil de l'été. Or, ne serait-ce pas met-
» tre le trouble dans cette compagnie que d'y admettre
» des gens qui nous divertiraient de nos agréables exer-
» cices en nous faisant un arbre de généalogie dont nous
» ne connaîtrions ni la tige ni les branches, qui ne se-
» raient pas satisfaits de nous compter douze de leurs tra-
» vaux parce que Hercule en fit autant et qui, trouvant
» occasion d'une audience favorable, nous prouveraient,
» par de longues raisons, qu'ils ont exécuté beaucoup de
» nobles desseins et qu'ils ont des prérogatives d'honneur
» qui leur rendent tous les autres inégaux. Combien
» voit-on de ces gens-là, dès lors qu'ils nous montrent
» une épigramme, un sonnet, une lettre, un discours,
» commencer par un : *Voici qui est beau... Cette pensée ne*
» *vous déplaira pas... Vous trouverez ce sujet assez bien*
» *traité... Monsieur un tel ou Madame une telle a goûté cette*

» *pièce merveilleusement et, sans doute, vous serez de son avis.*
» Combien de fois est-on obligé de mentir, si l'on est
» complaisant, ou de les démentir, si l'on est vérita-
» ble ! etc. »

Ce léger « crayon » de la vanité littéraire n'est pas sans mérite, et nous sommes fier, pour d'Aubignac, qu'il ait rappelé à un érudit le portrait vivant qu'en a laissé Molière dans le personnage d'Oronte; mais que Molière s'en soit lui-même souvenu et surtout qu'il en ait profité, nous ne pouvons le croire. S'il y a quelques ressemblances entre les deux images, elles sont nées de la communauté du modèle. La vanité littéraire est de tous les temps; d'Aubignac ne l'avait pas découverte, et le « Contemplateur » avait d'assez bons yeux pour la voir sans le secours de personne.

Le *Discours* était fort à la mode dans les académies mondaines que fréquentait l'abbé ; mais les *Portraits* l'étaient encore plus, et notre auteur nous en a laissé un petit volume. Encore donne-t-il à entendre, par le titre de *Portraits égarés* sous lequel il les publia, qu'il ne livre pas tous ceux qu'il possède. — Citons-en un, celui de Laodamie : il montre suffisamment la manière du peintre.

C'était pendant une sieste d'été; le jeune Cupidon s'offre à la vue de d'Aubignac, endormi sur une pelouse; il tient, au lieu de ses flèches, une palette et des pinceaux. « Prends, » dit-il, « et fais le portrait de Laodamie ; je t'aiderai ; tu feras un chef-d'œuvre, car le modèle est admirable. Peins ces cheveux, ce front,... ces yeux,... ce menton,... ces sourcils « arcs d'ébène semblables à deux
» traits de la nuit qui seraient placés au-dessus de deux
» soleils; je ne puis te donner d'autres modèles de ses
» yeux. »

On voit le procédé : c'est la subtilité laborieuse associée à la galanterie italienne et Marinesque. — Je signale en passant le portrait du *Cours de la Reine*, qui était alors la promenade favorite du beau monde. L'idée de personnifier le *Cours de la Reine* est aussi singulière que le serait celle de personnifier le tour du Lac. « C'est, » nous dit le Peintre, « le plus grand amant des dames, et il en est aimé » quoiqu'il ait le visage terreux ; il reçoit beaucoup de vi- » sites et n'en rend jamais, etc., etc. » C'est désolant !

La *Relation du Royaume de Coquetterie* n'a guère plus de valeur, mais la fadeur en est relevée par une intention didactique.

L'éditeur nous dit que « la solidité de la morale y est jointe à l'agrément de l'invention. » François Hédelin semble du moins s'y souvenir qu'il est abbé d'Aubignac (1).

(1) Il en vante lui-même la morale (4ᵉ dissertation, p. 26), et s'appuie sur cette considération, pour revendiquer la propriété de son œuvre, dans laquelle quelques personnes, et notamment Mlle de Scudéry, avaient vu un plagiat de la *Carte du Tendre*. Le *Royaume de Coquetterie* avait paru en 1654, comme le premier volume de la *Clélie*, qui contenait la fameuse *Carte*; seulement il existait des copies manuscrites de cette dernière « bagatelle, » ce qui donna lieu aux accusations « d'imitation et de larcin. » D'Aubignac reconnaît, dans sa *Lettre d'Ariste à Cléonte*, avoir reçu communication de cette carte, mais il en appelle aux souvenirs de son auteur pour prouver que, le jour même, il lui avait, lui aussi, parlé du *Royaume* : « Mlle de Scudéry, » dit-il, « ne saurait avoir perdu le souvenir que, dès la première fois qu'elle me montra son *Pays du Tendre*, je lui dis que j'avais dès longtemps fait une description de la vie de ces femmes extravagantes que l'on nomme *Coquettes*, mais que ma profession présente m'empêchait de faire voir de quel air je les avais traitées. Elle s'efforça même de me relever de ce scrupule par des considérations que son frère soutint d'une manière fort obligeante, et nous en parlâmes trop longtemps pour avoir oublié cet entretien qui doit fermer la bouche à tous les autres. » *Lettre d'Ariste à Cléonte*. — Cf. *Madeleine de Scudery*, par M. Rathery.

D'Aubignac fait ensuite ressortir les différences géographiques, littéraires et surtout morales des deux ouvrages (fragment de sa lettre, citée par Boscheron), différences qui empêchent de voir, dans le *Royaume de Coquetterie*, une copie du *Pays du Tendre*.

La défense me paraît suffisante. « A mes yeux, » dit aussi M. Livet, « le cas n'est pas douteux. » Il ne le sera pas non plus pour quiconque se souviendra des antécédents de d'Aubignac, des tableaux énigmatiques, de la *Foire d'Amour*, etc., etc., et, surtout, de ce roman de *Macarise*, commencé déjà depuis longtemps, en 1654, et où « tout est allégorique jusqu'aux points et aux virgules, » disait un contemporain. L'auteur du *Royaume de Coquetterie* n'est pas un plagiaire ; ce n'est pas même un imitateur, c'est un semblable.

Cette relation est en effet le tableau de la vie mondaine fait par un mondain qui la pratique, mais qui la juge, une satire peu méchante, moins propre à châtier des coupables qu'à les faire sourire, mais à leurs dépens; c'est un sermon pour alcôve, enveloppé et enguirlandé d'allégories et d'amabilités. L'auteur fait raconter ou raconte lui-même un voyage « dans l'île des Coquets, dont la capi-
» tale est la ville de Coquetterie. Cette île est située vers
» le Cap de Bonne-Espérance ; le sol est fertile, et le cli-
» mat si chaud que le teint des habitants et surtout des
» habitantes est tout rouge; on n'y garde jamais le lit,
» excepté pour tenir ruelle. Quatre places fortes gardent
» le pays : à l'Orient, Oisiveté et Libertinage, à l'Occi-
» dent, Tête-Folle et Courte-Monnaie. »

A l'intérieur de la ville, se trouve la place de Cajolerie, où s'élevait jadis le temple de la Pudeur, aujourd'hui ruiné; sur cette place le palais des Bonnes-Fortunes, qui est la résidence du roi. On y arrive par plusieurs chemins : le sentier de la Reconnaissance, la plaine des Agréments, la route d'Or, la montagne des Avances, le quai de l'Occasion, la vallée de Tolérance. Les Coquets se partagent en Aventuriers et Enjoués; les Coquettes en Admirables, Précieuses, Ravissantes, Barbouillées, lesquelles se divisent en Barbouillées de rouge, de blanc et de gras, et enfin les Mal Assorties, qui sont les plus recherchées.

Les magasins de la capitale ne vendent que des colifichets; la bibliothèque publique contient entre autres ouvrages : le *Cours de Bagatelle* en quatre volumes ; les *Observations du Ciel* pour connaître l'heure du Berger, les *Règles du Cours* avec l'explication des gestes et des révérences qui s'y font, le *Remède des yeux battus*, etc., etc.

Il y a beaucoup d'églises dans ce pays, mais on n'y va point pour prier Dieu ; c'est seulement pour voir et s'y faire voir, railler, sourire, résoudre des parties... et « faire servir les lieux saints aux pratiques de l'iniquité.

» Quand ils font en apparence quelque œuvre de piété,
» ce ne sont que des profanations. »

A une des extrémités de l'île est la chapelle du Saint-Retour, gardée par le capitaine Repentir. C'est le refuge des Coquettes bien avisées ; là « elles jouissent d'un repos
» et d'une satisfaction véritable, qu'elles avaient inutilement
» cherché dans le séjour du trouble et des infortunes ! »

Et c'est la grâce que je vous souhaite ! devait ajouter, en souriant, l'abbé d'Aubignac lisant son œuvre dans une assemblée de coquettes et finissant par ce dernier trait sa satire et son sermon. Les auditrices devaient sourire aussi et trouver en somme bon prêtre ce prêtre galant et coquet, qui savait leur dire la vérité tout en l'embellissant, osait leur parler de repentir au sein même de leurs plus mondains badinages, et semblait leur montrer du doigt, à travers la porte, le confessionnal qu'il venait de quitter et où il allait les attendre (1).

Quelques-unes l'y rejoignaient. L'abbé d'Aubignac, en ces années d'aimable maturité, avant l'aigreur et la

---

(1) Dans une édition de 1655, in-12 (biblioth. de l'Arsenal, n° 14702), le *Royaume de Coquetterie* est suivi de trois autres ouvrages allégoriques, le *Siège de Beauté*, la *Blanque des illustres Filoux*, les *Mariages bien assortis*, qu'on a parfois attribués à d'Aubignac, sans autre raison que le fait matériel de leur juxtaposition dans un même volume. Nous refusons de croire cependant qu'ils soient tous les quatre du même auteur. Je voudrais, du moins, décharger la mémoire de l'abbé de la responsabilité du *Siège de Beauté*, qui est un badinage d'une extrême vivacité et d'une absolue inconvenance, en contradiction avec l'innocence ordinaire *de ses plaisirs* et de ses plaisanteries. La *Blanque* est plus anodine. Les Filoux y vendent « le baume de Fier-à-Bras, l'art d'intriguer, le gros orteil de Pyrrhus qui guérit de la rate, etc., etc., » et d'autres objets. — Dans les *Mariages bien assortis*, une allégorie sans sel, mais sans danger, on voit la Beauté mariée à la Vanité, la Vertu à l'Honneur, le Service à l'Ingratitude, le Pont-Neuf à la Samaritaine, la Volupté à la Douleur, etc., etc. — J'incline à croire que ce volume de 1655 est un recueil de compositions allégoriques de divers auteurs. — Le *Siège de Beauté* figure encore dans un recueil paru en 1644, attribué à Sorel par Barbier. On y voit aussi le *Siège de la ville de Pectus par le prince Rhuma* : le marquis de Pituite et le comte de Catarrhe commandent l'artillerie et manœuvrent le canon de la Toux.

« bile » de la vieillesse, devait être un directeur recherché, du moins par les Précieuses. Il avait assez d'agrément pour les attirer, assez de vertu pour les rassurer, et, quoiqu'on ne puisse guère s'en douter après les ouvrages que nous venons d'analyser, assez de bon sens pour leur être utile.

CHAPITRE III.

OEUVRES DE DIRECTION ET D'ÉDUCATION.

Conseils d'Ariste. — Macarise.

I

Le bon sens, un bon sens encore trop aimable et souriant, mais dégagé des ornements et des déguisements du bel esprit, est la qualité qui distingue un petit livre de direction intitulé : *Conseils d'Ariste à Célimène, sur les moyens de conserver sa réputation dans le monde.*

Il est adressé à une jeune fille (1) qui est sur le point de se marier, et qui, désireuse d'être éclairée et guidée au milieu des devoirs et des périls de la vie mondaine où elle va entrer, a sollicité un règlement écrit et détaillé de celui qui a eu jusqu'à ce jour « la direction de ses plus secrètes pensées. » Le directeur prend au sérieux la mission qu'on lui donne, et il éprouve le besoin de le dire, craignant sans doute qu'on ne se souvienne de ses complaisances et de ses complicités d'homme du monde. Il faut qu'il soit

---

(1) Cette jeune fille, cette Célimène, était-elle une personne réelle? C'est probable. M. Livet pense que c'était peut-être Mlle de Rambouillet, d'Aubignac nommant la mère de sa Célimène Arthénice, et parlant d'elle en termes qui ne convenaient guère qu'à la plus célèbre des Arthénices de ce temps, la marquise de Rambouillet. « Elle a vu, » dit-il, « toute la cour à ses pieds. » Mais ce n'est qu'une conjecture.

bien entendu, déclare-t-il, qu'ici il n'est plus dans un salon et qu'il ne parle pas pour une assemblée mondaine : « Qu'il vous souvienne, Célimène, que je n'écris que
» pour vous, comme je n'ai parlé qu'à vous ; ne me fai-
» tes pas faire une conversation publique de ce que vous
» avez fait vous-même un secret. L'amour que vous avez
» pour la vertu et la docilité de votre esprit vous feront
» bien juger de ce discours dans les endroits même que
» d'autres trouveraient trop austères... Vous savez cepen-
» dant que je n'ôte jamais rien à la vie du siècle que le
» crime, et que je ne dérobe rien aux divertissements
» que ce qui les rend incompatibles avec l'honneur. Je
» m'assure donc que vous approuverez tous mes conseils
» et que vous en regarderez la sévérité comme un remède
» nécessaire. »

Il ne faudrait pas croire cependant, à la lecture de cette protestation d'austérité, que d'Aubignac va écrire un livre d'ascétisme ou même de piété. Ce n'est pas là son dessein ni son devoir; on lui a demandé, non pas des leçons de vertu chrétienne, mais des leçons de prudence mondaine ; il ne s'adresse pas à Philothée, mais à Célimène, une femme du monde qui a dû apprendre ailleurs, dans les *Traités de la perfection chrétienne,* qu'il faut « être dévote et sage. » Mais, comment il le faut être pour rester à la fois vertueuse et aimable, voilà ce qu'elle ne sait pas et ce que d'Aubignac se propose de lui enseigner.

C'est donc une sorte de pratique de la vertu à l'usage des gens du monde, que va faire l'auteur de la *Pratique du théâtre.*

Il sait que la vertu des femmes ne sauve pas toujours leur réputation, et que cependant leur vertu se passe difficilement de leur réputation ; il en connaît qui ne sont tombées que parce qu'on les croyait déjà déchues, victimes de la calomnie plus que de leurs passions, et pour avoir la joie du crime dont elles avaient la honte. Il sait en outre que le monde met tous ses soins à perdre les femmes et que, par une cruelle contradiction, il ne leur pardonne pas de s'être laissées perdre ; que l'amour est confusément mêlé aux relations mondaines, qu'il inspire les hommages des hommes, les tient inclinés sous un servage attentif et empressé, et qu'en même temps il soulève autour de leurs idoles toutes sortes de rancunes et de méchants propos. L'amour, voilà l'ennemi qui attend Célimène, et contre lequel elle doit se défendre avec énergie, mais avec habileté ; car enfin il faut décourager la passion, non la sympathie ; se méfier des hommes, non les rebuter. Comment sortir de cette difficulté ?

Il y aurait un moyen bien simple, qui serait de ne pas s'y engager, de vivre retirée avec quelques amis sûrs et éprouvés, « des gens qui font profession d'honneur. » Mais c'est impossible : Célimène doit « être élevée sur le théâtre du monde, » condamnée à recevoir « toute sorte d'hommes, » de « jeunes coureurs, » des « insolents » présomptueux et dangereux !

Le problème ne peut donc être éloigné ni éludé ; il s'impose à Célimène et à son directeur, et on peut enfin le formuler ainsi : Comment doit se conduire une femme, mondaine par état et par devoir, qui veut être aimable et ne pas faire dire qu'elle aime ou qu'elle est aimée ?

Pour le résoudre, il faut examiner en détail toutes les obligations et tous les dangers que peut comporter la vie mondaine. D'Aubignac s'engage bravement dans cet examen et y consacre une série de piquants chapitres dont voici les principaux :

Des visites : Se montrer difficile dans le choix de ses relations, et, une fois qu'on a reconnu sous son masque d'élégance et d'hypocrisie un homme vicieux, l'éloigner de soi prudemment, mais impitoyablement. Sous aucun prétexte, ne souffrir « d'assiduité, » même de la part du plus vertueux : « Employez, Célimène, toute l'adresse de votre esprit » pour l'éloigner ; « supposez une affaire » précipitée, une visite d'obligation..., etc., etc. ; il

» n'importe qu'il découvre après, que ces excuses ne
» sont pas véritables..., pourvu qu'il n'en voie pas d'au-
» tre mieux traité que lui, il sera tranquille et ne médira
» pas de vous. »

De ceux qui vivent sans cérémonie : se montrer avec eux très cérémonieuse.

Des discours de libertinage contre la religion : se les interdire absolument : « Quelle vertu peut avoir celle qui n'a pas de religion ? » demande d'Aubignac, et demandaient aussi les honnêtes gens de cette époque, moins familière que la nôtre avec la doctrine de la morale indépendante. « Mon-
» trez que vous avez de bons sentiments envers Dieu, et
» l'on croira que vous ne faites que de bonnes actions. »
Si l'on attaque Dieu devant vous, « prenez sa querelle, » mais, « sans emportement, sans dissertation qui sente le
» docteur et le pédant. »

Des entretiens malhonnêtes. Ici d'Aubignac s'indigne, il a entendu, « chez des femmes signalées par leur naissance et leur qualité, » des conversations qui font « d'une alcôve une école publique d'impudence. » Il supplie Célimène de ne pas les imiter, de fuir leur compagnie, ou de protester contre leurs paroles par un silence absolu. Et, à ce propos, il ajoute qu'il n'est pas permis de lire ce dont il n'est pas permis de s'entretenir : « Si vous lisez ces cho-
» ses avec complaisance, vous péchez... Si c'est avec hor-
» reur, pourquoi vous procurer cette peine ? » Quand même le monde devrait ignorer ces lectures, il faut se les interdire par respect pour soi : « Vous auriez toujours blessé la révérence que vous vous deviez à vous-même. »

Comment faut-il parler de son mari ? En parler rarement, mais toujours avec respect. « En ouvrant la bouche une femme ouvre le cœur ; » si on le voit vide, on tentera de le remplir.

Comment faut-il parler des femmes ? Toujours en bien ; on vous croirait jalouse. *Des hommes ?* Avec beaucoup de

prudence : n'en pas dire du mal, ils se vengeraient; ne pas trop les vanter, « parce qu'on ne croit pas que celle
» qui prend trop de plaisir à faire éclater le mérite d'un
» homme n'ait pas quelque complaisance pour sa per-
» sonne : la vertu est trop proche du vertueux. »

Comment faut-il écouter les hommes? Eviter le *tête-à-tête* et le *mot à l'oreille*.

Le chapitre « *sur la manière dont il faut se gouverner avec ses valets* » peut faire éprouver d'abord quelque surprise. Contrairement à l'usage des livres de direction, les valets y sont assez maltraités ; « ce sont des âmes faibles et viles, » dit d'Aubignac ; « ils n'ont que des sentiments lâches et rampants. » Sans doute il est convenable d'être bonne et douce avec eux, mais il est encore plus nécessaire d'être prudente, « car ils sont tous les ennemis de leurs maîtres. » Pas une seule fois d'Aubignac ne les appelle nos frères! On voit qu'il est pratique ; il court au plus pressé, sans s'arrêter aux honorables exceptions qui pourraient en appeler de son jugement sommaire sur la classe entière des domestiques, sans avertir les maîtres qu'ils ont le devoir d'élever leurs inférieurs par leurs leçons et leurs exemples, sans prêcher aux uns et aux autres l'amour fraternel. Ce qui manque à l'amour fraternel, ce n'est pas d'être prêché, mais d'être pratiqué; d'Aubignac le sait, et, s'en tenant aux besoins et aux réalités de la vie ordinaire, il conseille aux maîtres de ne pas compter sur un dévouement et une affection que les domestiques ne ressentent pas toujours, et, aurait-il pu ajouter, que les maîtres ne méritent pas assez souvent. Que Célimène se tienne en garde, si elle est soucieuse de sa réputation, contre ces témoins malveillants et médisants des actes les plus intimes de la vie. « Qui pourrait approuver
» ceux qui parlent indiscrètement de toutes choses en la
» présence des valets, qui font de leur table un bureau
» d'histoires publiques, qui tous les jours y débitent leurs
» affaires, leurs desseins, leurs pensées et jusqu'à leurs

» songes?... Ceux qui les écoutent, sous prétexte de les
» servir, n'en perdent rien ; ils parlent de tout selon leur
» imagination : ils corrompent tout par le changement
» des paroles qu'ils ont mal entendues, et partout ils
» ajoutent des interprétations dangereuses; ils répètent
« en cent lieux par malice ce qu'ils n'ont ouï dire qu'une
» fois innocemment, et font naître de tous côtés des af-
» faires qui n'ont point d'autre source qu'une légère im-
» prudence. » C'est le langage même du bon sens, un
bon sens humain, aux prises avec des réalités qui n'ont
rien de surnaturel. D'Aubignac aurait pu cependant insister un peu plus sur le droit qu'ont les valets à l'affection
de maîtres chrétiens; s'il avait dit qu'on doit les aimer
comme des frères, mais s'en méfier comme de frères ennemis, il eût été aussi vrai et plus édifiant.

Nous ne pouvons que signaler les chapitres pleins de piquants détails de mœurs et d'observations judicieuses, sur les *promenades*, dont Bourdaloue signalera bientôt les dangers ; sur le *jeu*, qui faisait alors tant de victimes dans le monde de Célimène ; les *cadeaux* ou *festins*, qui demandent encore plus de circonspection que les visites ; les *bals* où il ne faut aller que s'ils ne sont pas « suspects de galanterie ; » les *sérénades*, dont les hommes sont trop prodigues, mais qu'il faut refuser ou ignorer ; les *Habillements*, qui ne doivent pas, « se ressentir du libertinage ou de la coquetterie ; » les *lettres galantes*, qu'il ne faut jamais écrire, et qu'il ne faut pas garder, si on en a reçu ; la *comédie*, noble plaisir, épuré par Richelieu, mais en train de se corrompre par « l'ignorance des poètes et l'impudence des histrions, » et où il ne faut se montrer qu'en compagnie, jamais seule, jamais avec un homme seul ; enfin les *airs chagrins*, qu'il ne faut pas apercevoir, et les *déclarations*, qu'il faut repousser, avec gravité ou ironie, mais sans discuter ni raisonner, et dont il ne faut parler à personne.

Le livre se termine par l'examen de ce cas de conscience :

Si une femme peut faire une belle amitié avec un homme.
« C'est la dernière question que vous m'avez faite, » dit Ariste à Célimène, « et que d'autres m'ont souvent proposée. » Combien d'autres en effet, avant et depuis Célimène, ont dû proposer cette difficulté à leur directeur ! combien aussi ont dû employer ce même mot de *belle amitié*, un peu vague, mais si pudique, moins prétentieux et moins compromis que celui d'amour platonique, mais désignant le même sentiment défendu ou suspect ! Je ne sais si quelques directeurs se sont laissés duper par son apparente candeur ; mais d'Aubignac, qui a trop l'expérience du monde pour être naïf, répond nettement, avec une fermeté douce et grave : « Non, Célimène, cela ne se doit pas. » L'amour platonique, cette ambition et ce rêve des âmes féminines, — des deux sexes, — paraît à d'Aubignac, une hypocrisie et une habileté masculines. Du moins il le dit à Célimène : « Quelle espérance que les hommes puissent
» concevoir quelque amitié sans amour !... Ils aiment sans
» aucun sentiment de générosité. » Les hommes sont grossiers, méchants, et, ajoute Ariste sans insister, les femmes sont fragiles ; donc, ô Célimène, reléguez la belle amitié parmi les rêves abandonnés de votre enfance candide, parmi les illusions charmantes et les ignorances saintes d'un âge que vous n'avez plus. Aimez votre mari, vos enfants, votre famille ; une famille est assez étendue pour offrir à vos besoins d'aimer les satisfactions les plus variées ; n'en cherchez pas ailleurs : votre directeur vous le défend. Un moment, toutefois, il est près de céder, et de permettre une exception : « Peut-être... vous pourrez
» faire cette belle amitié, si vous rencontrez un homme
» qui soit dans un âge où les ardeurs du sang soient
» amorties et les vertus de l'esprit plus libres, dont la
» vie passée n'ait souffert aucune tâche, fidèle à ses pa-
» roles, inébranlable en ses résolutions, respectueux...
» généreux... etc., etc., » enfin, un homme parfait et vieux. « En ce cas, » dit d'Aubignac, « je pourrais me relâ-

» cher un peu de mon opinion. » Toutefois, le sévère directeur se repent aussitôt de cette faiblesse, et il maintient sa première décision, dût-elle lui valoir l'animosité de tout le *Royaume de Coquetterie*. « Mais il vous sera
» malaisé de rencontrer un homme tel que je l'ai dé-
» peint, et, pour vous parler franchement, j'estime qu'il
» vous sera toujours plus sûr de n'en rien faire; c'est le
» plus sûr parti que vous puissiez prendre, et le plus
» digne de vous (1). »

Tel est ce petit livre, que nous avons longuement analysé parce qu'il nous semble un des meilleurs qu'ait écrits d'Aubignac. Sans doute c'est une œuvre de préciosité par l'importance donnée à des bagatelles, l'examen trop attentif de certains cas de conscience, qu'une conscience droite et ferme résoudrait sans conseil, et qu'un directeur sérieux ne s'attarderait pas à discuter. Trop austère pour être admis dans la Bibliothèque du *Royaume de Coquetterie*, il ne pourrait entrer dans celle d'une chrétienne qu'à titre de curiosité littéraire. La morale cependant n'en est pas relâchée; tout embesognée qu'elle se montre à de menus problèmes, et toute souriante qu'elle soit dans ses considérants, les conclusions en sont irréprochables. D'Aubignac a su flétrir tout « ce qui est incompatible avec l'honnêteté la plus scrupuleuse : » rester prêtre dans ces fonctions de conseiller de coquettes, et s'élever en outre, par cet effort sincère de sa raison, jusqu'à un style qui paraît net et franc à côté de celui de ses autres ouvrages. Il me semble donc qu'on peut souscrire entièrement à cet éloge qu'en faisait le *Journal des Savants*, le 5 avril 1666 : « Ce livre
» a cela de singulier que sans perdre le temps pour trai-
» ter les maximes qui sont de la connaissance de tout le
» monde et qui se trouvent tant de fois rabattues dans

---

(1) Inutile de faire remarquer de nouveau la contradiction de ce conseil d'Ariste avec *la pratique* de l'Ariste du *Roman des lettres*.

» les auteurs qui ont écrit de la morale, il s'attache aux
» particularités qui concernent la conduite d'une jeune dame
» et règle ses conseils sur les circonstances de la vie
» commune et sur les actions ordinaires du beau monde.
» Ces règles sont fondées sur l'honnêteté, et sont écrites
» d'un style agréable. Si les esprits libres se plaignent
» qu'elles ne tendent qu'à ruiner la galanterie, les sages
» reconnaissent qu'elles retranchent seulement de la so-
» ciété les choses que la modestie n'y peut souffrir. On
» ne connaît pas bien encore le nom de l'auteur ; mais
» il est facile de voir que cet ouvrage sort de la main d'un
» homme qui s'est acquis l'intelligence des bons livres et
» qui connaît parfaitement la vie de la cour (1). »

II

Il semble, au contraire, que *Macarise* soit sortie de la main d'un homme qui n'a jamais connu la vie de la cour ni les hommes en général, et qui est resté confiné depuis l'enfance dans ses livres et ses propres pensées. Il est difficile de parler de cette œuvre dont Tallemant disait : « C'est le diable qui a poussé l'auteur à la mettre au jour (2) ; » et cependant on ne peut pas s'en taire dans une étude complète sur d'Aubignac. Bornons-nous au nécessaire.

Son élève, le duc de Fronsac, avait désiré posséder un

---

(1) Les *Conseils d'Ariste* eurent de nombreuses éditions au dix-septième siècle ; Boscheron dit en avoir vu « 5 ou 6, » dont la dernière était de 1692. J'en ai trois entre les mains la première de 1666, la deuxième de 1667, la troisième de 1685 In-12. Toutes les trois sont anonymes. Le privilège est accordé à S. A. D. C. A. E. P. O. D. S. M., c'est-à-dire, comme l'explique Boscheron, « au Sieur Abbé D'Aubignac, Conseiller, Aumônier Et Prédicateur Ordinaire De Sa Majesté. » — Cf. *Roman des lettres*, p. 409 à 416, et p. 436. On y voit Ariste, qui, dans le cours de l'ouvrage, s'y donne comme le précepteur de Brézé, l'auteur du *Térence justifié* et de *Macarise*, parler des *Conseils d'Ariste* comme du dernier travail « sorti de ses mains. »

(2) Tallemant, tome X.

livre qui résumât toute la science morale, et qui « fût toujours dedans les mains comme un flambeau pour... l'éclairer... et le guider (1). » D'Aubignac entreprit de faire ce livre. Seulement il « s'avisa », d'abord, de « déguiser la morale sous des ornements qui la puissent rendre plus aimable, » c'est-à-dire sous des aventures romanesques ; — en second lieu, de substituer à la morale chrétienne, qu'il ne trouvait pas, lui aussi, « susceptible d'ornements (2), » la morale stoïcienne « qui ne laisse pas d'avoir beaucoup de dogmes fort élevés, » — et troisièmement enfin, de donner à tous ces ornements et à toutes ces aventures un sens allégorique. « Les lettres, les cartels, les devises sont partout allégoriques... ; les noms ont tous rapport au sens allégorique... Il faut entrer dans le sein des allégories pour avoir tout le fruit de mon roman ; » Visé prétendait que même « les points et les virgules y étaient allégoriques ; » il exagérait : les points et les virgules ne sont pas allégoriques, mais il n'y a guère que cela qui ne le soit pas.

Cette passion pour l'allégorie, que l'on croirait contemporaine du *Roman de la Rose*, n'était pas, au dix-septième siècle, particulière au seul d'Aubignac. Souvenons-nous de ce que nous avons déjà dit des tableaux énigmatiques et de la littérature de salon ; souvenons-nous encore que le P. Le Bossu définissait le poème épique : « un récit destiné à faire éclore une moralité, » et Mme Dacier : « un discours en vers, inventé pour former les mœurs par des instructions déguisées sous l'allégorie d'une action générale et des plus grands personnages (3). » Souvenons-nous

---

(1) *Macarise*.

(2) « Je ne puis souffrir qu'on prenne, dans les écritures saintes, le sujet d'un poème épique ou dramatique, car les fictions... donnent un caractère de mensonge à la vérité. » *Macarise*, p. 142. Cf. chapitre inédit de la *Pratique*, dont il est question à la deuxième partie de cette étude.

(3) Préface de l'*Odyssée*, p. 56.

surtout que Chapelain, *le grand et l'illustre Hapelcain*, avait écrit qu'il ne fallait pas « priver la poésie du sens allégorique par lequel elle est faite l'un des principaux arguments de l'Architectonique (1), » et nous accorderons à d'Aubignac et à son roman le bénéfice des circonstances atténuantes (2).

Les deux premiers volumes parurent en 1663 avec ce titre : *Macarise, ou la Reine des îles Fortunées. Histoire allégorique contenant la philosophie morale des stoïques sous le voile de plusieurs aventures agréables et sous forme de roman.* C'est un prospectus ! Il y manque la mention *avec gravures*, car il y en a beaucoup. Celle qui ouvre le premier volume est remarquable. Elle est coupée en deux parties : Dans la partie supérieure, la reine Macarise, assise sur un trône, et entourée de tous les dieux, reçoit les hommages d'un groupe de vieillards, dévotement prosternés ; dans la partie inférieure, à droite, une femme, penchée sur un livre, paraît absorbée dans une lecture peu divertissante : à gauche, une autre femme, le visage illuminé de joie, porte à la main une palme. La facilité que la lecture de d'Aubignac nous a donnée pour deviner les tableaux énigmatiques et allégoriques nous aurait fait comprendre tout de suite que la première de ces deux femmes lit *Macarise*, que l'autre l'a lue et tient la palme du martyre. Mais l'auteur, voulant éviter de trop grands efforts à notre sagacité, a fait inscrire autour de la gravure ce quatrain explicatif :

> Les Dieux nous donnent cette Reine
> Et l'amour la fait adorer ;

---

(1) Préface de la *Pucelle*.

(2) Il avait, en outre, vu représenter chez le cardinal de Richelieu une pièce allégorique, *Europe*, où l'on voyait figurer la ville de Milan sous le nom de *Mélanie*, l'Angleterre sous celui d'*Albione*, et où Nancy s'appelait la « boîte de diamants d'Austrasie. » Cf. Lavallière, tome II, *in fine*, où se trouve la clé des allégories de cette pièce.

> Mais il y faut joindre la peine,
> Vaincre tout et persévérer.

Nous voilà bien avertis ; la lecture des « aventures agréables » de *Macarise* est une peine, et celui qui en est sorti à son honneur mérite une palme !

Passons par-dessus 200 pages de préface, dans lesquelles l'auteur nous fait connaître : 1° son avis sur les romans contemporains, romans historiques, romans d'imagination et romans de mœurs, qui ont le tort, les premiers de fausser l'histoire, les seconds de faire perdre le temps aux lecteurs, les troisièmes d'être avant tout un instrument de médisance ; 2° son « dessein d'éviter en ce roman tous les inconvénients qu'il vient de remarquer, » et notamment celui d'être intéressant et d'attacher le lecteur au sort de ses personnages ; 3° le caractère de « ceux qui doivent lire son ouvrage, » lequel ne s'adresse qu'aux « esprit raisonnables et aux savants du Beau Monde, » 4° enfin, la signification des allégories qu'il a employées et dont il « ouvre le sein » par avance ; et arrivons à l'œuvre elle-même.

Arianax et Dinazel son compagnon, obligés de fuir leurs ennemis, se jettent dans la rivière de Sannatelle et la traversent à la nage... Avant d'aller plus loin, observons que si l'auteur ne nous dit pas quels sont ces deux personnages qui se jettent dans la Sannatelle, c'est en vertu de la règle d'Horace qui recommande d'entrer tout de suite *in medias res*. Décidément ce fut la vocation de d'Aubignac d'appliquer toutes les règles et de les compromettre toutes ! il n'en manque pas une !

Donc, Arianax et Dinazel gravissent un escarpement et arrivent, par un sentier qui traverse une forêt, à un temple vénérable. Ils y entrent et y remarquent une statue, laquelle, pendant qu'ils la considèrent, leur adresse la parole. Survient un prêtre du temple, Callistrate, qui leur raconte l'histoire de cette statue : elle est l'image de Cléarte, tué naguère par Thanate, bourreau d'Olonte ; c'est pour Macarise, dont il était l'amant, que Cléarte a trouvé la mort. Macarise, en apprenant ce malheur, n'en fut affligée que dans la mesure où doivent être affligées les grandes âmes. Callistrate détermine cette mesure dans une dissertation sur l'impassibilité ; puis il mène les étrangers à son cabinet, les prie de remarquer le petit nombre de ses livres, et leur fait une dissertation, — la deuxième de la journée, — sur les bibliothèques. Après quoi, il les quitte pour aller assister au lever de Macarise, la reine de ces lieux.

Arianax et Dinazel, en attendant d'être admis en présence de la reine, vont se promener sur les bords de la Sannatelle. Ils y retrouvent des gens de leur connaissance, parmi lesquels la jeune Hermesile et sa mère Agrippine. On échange de longs compliments, et l'on revient ensemble vers le temple, où l'on retrouve Callistrate et un autre personnage du nom de Malhiane, qui est le chambellan de la reine. Celui-ci fait remarquer aux étrangers un trophée gigantesque, placé devant le palais royal et où est représentée la victoire d'Arianax contre le géant Typhon, en faveur d'Hélimène, cousine de Macarise. Hermesile, pendant que le chambellan va s'informer de l'heure où la reine pourra les recevoir, fait asseoir ses compagnons, « dans une alcôve ornée fort agréablement, » et elle demande à Arianax le récit de sa victoire sur Typhon.

Obligé, raconte alors Arianax, de quitter le pays d'Alogie, à cause de Demalie, sa belle-mère, il allait avec Dinazel, chercher un refuge à la cour de l'impératrice de Morée, lorsque sur le chemin, dans une forêt, ils rencontrent une belle dame qui était sur un char, en compagnie d'un chevalier, et qui les invite à la suivre; la dame s'appelait Agatide, et le chevalier Pythorade. Ils font route ensemble et arrivent au palais d'Agatide, dont Pythorade leur fait longuement les honneurs, et où on leur sert un festin, « qui satisfait plus leurs yeux que leur ventre. » Rentrés, après ce dîner, dans leur appartement, ils entendent des plaintes éloignées; ils vont, avec un flambeau et leurs épées, dans la direction de la voix, et trouvent, au bout d'un corridor obscur, dans une cage de fer, une jeune femme. Ils la délivrent, et lui demandent son nom : « Je suis Hélimène, » répond-elle, et elle leur raconte brièvement ses aventures et les persécutions d'Agatide. Ce récit décide Arianax et Dinazel à s'échapper du palais d'Agatide, avec Hélimène; ils sont assez heureux pour arriver à un port de mer, où ils embarquent leur protégée. Quant à eux, ils reprennent le chemin de la Morée. Mais ils sont rejoints par des gens d'Agatide, parmi lesquels était le géant Typhon, remarquable par l'éclat de ses armes. Une lutte s'engage; Typhon est terrassé par Arianax; mais au moment où le vainqueur s'approche de lui pour voir son visage, il disparaît, ne laissant sur le terrain que son armure vide.

Ici Arianax s'interrompt, pour laisser Hermesile raconter à son tour ses aventures, que j'omets. Après quoi Malhiane vient avertir les nobles étrangers que la reine peut les recevoir. Ils comparaissent devant Macarise, qui les accueille avec la plus parfaite bonne grâce, et demande à Arianax la suite de son histoire.

Nous apprenons alors qu'après la défaite de Typhon, Arianax et Dinazel se sont arrêtés chez l'impératrice Doxane, qui donnait un tournoi en l'honneur de la princesse Cinaïs sa fille. Vainqueur dans ce tournoi du chevalier Pyrachmon, Arianax se trouve en butte aux persécutions de son adversaire humilié. Celui-ci était surtout inconsolable de la perte de ses armes, où le portrait de Cinaïs était gravé; ce portrait, œuvre d'un des plus excellents ouvriers en émaux, portait, « sur le revers une » nuit fort sombre et bien peinte au milieu de plusieurs

» astres, qui paraissaient dans un ciel obscur, avec ces pa-
» roles :

DE L'AUTRE CÔTÉ EST LE SOLEIL.

» ce qui causait une surprise fort agréable à ceux qui la
» voyaient, lorsque ayant considéré cette nuit et ces pa-
» roles, ils venaient à tourner la médaille et trouvaient sous
» leurs yeux la beauté de Cinaïs. »

Un chevalier qui a perdu un si beau et si spirituel portrait est capable de toutes les noirceurs : mais Cinaïs protège Arianax contre les complots et les perfidies de son rival ; elle le comble des témoignages publics de sa faveur ; elle l'aime. Mais lui reste froid. Elle fait donner en son honneur un ballet qui s'appelle le *Ballet des Portraits*, et qui est la représentation chorégraphique de cette idée, à savoir, « que la vie des hommes est une imitation. » Cette fête ne touche qu'à demi le cœur de l'insensible Arianax. Cinaïs use alors des moyens extrêmes ; elle appelle le cruel dans son cabinet, et lui fait subir, pendant de longues heures, l'assaut de sa galanterie précieuse et raisonneuse. Arianax ne cède pas et quitte la belle, en lui disant qu'il ne l'écoutera plus que si Doxane consent à leur mariage. Cinaïs, outrée, devient aussitôt son ennemie ; elle force Arianax à quitter le pays et à se réfugier au delà de la rivière de Sannatelle, dans le royaume de Macarise.

Ici se termine le premier volume de *Macarise*. Nous ne passerons pas à l'analyse du second, d'autant plus que nous n'en avons pas fini avec le premier ; il nous reste encore à pénétrer *sous l'écorce* de l'histoire, dans *le secret* de l'allégorie.

Sachez donc qu'Arianax, « ainsi nommé de deux mots grecs qui veulent dire *roi faible*, » nous représente l'homme né roi, mais privé de son royaume qu'il doit reconquérir ; ce royaume est la vertu ou le bonheur que personnifie la reine Macarise, « d'un mot grec qui signifie *rendre heureux.* » Le passage de la rivière de Sannatelle « de deux mots grecs qui signifient *fin* et *folie*, » nous apprend que notre héros a quitté le pays des vices pour entrer dans celui de la vertu. Quant à Dinazel, « ainsi nommé de deux mots grecs qui signifient *conseil négligé*, » il est le bon génie d'Arianax, et tout le monde sait que les hommes négligent les conseils de leur bon génie ; Cléarte « dont le nom est formé de deux mots grecs, *gloire* et *vertu*, » c'est Zénon, le fondateur du portique, dont la vie fut consacrée au service de la vertu. On a dit qu'il avait été tué par Thanate, bourreau d'Olonte, pour signifier qu'il était mort naturellement. Thanate c'est la mort, Olonte c'est la nature, toujours de deux mots grecs. Et ainsi de suite pour Hermesile qui est la science, « de deux mots grecs *interprète* et *obscur*, » et qui a pour mère Agrippine, c'est-à-dire la veille, « d'un mot grec de même signification en transportant l'*i*, » et pour Hélimène, qui est la vérité, « de deux mots grecs qui signifient *soleil de l'esprit*, » et pour Agatide, qui est *l'apparence des faux biens* et qui donne de faux bons dîners, et pour Pythorade, son chevalier, qui est la *croyance aux fables*, et pour Typhon, qui est « le faste, » et pour Pyrachmon, « le feu de la jeunesse, » et Cinaïs, « la passion, de l'assemblage des premières lettres de deux mots grecs qui signifient *mouvement* et *sens*, etc., etc. » En résumé, tous ces personnages et leurs aventures représentent la victoire qu'il faut remporter sur les faux biens et les passions, pour arriver au bonheur.

Est-il besoin de le dire ? on ne peut rien rêver de plus faux, de plus froid, de plus ennuyeux que cette histoire :

Je bâille en vous contant la chose seulement !

c'est un rêve de pédant, malade de grec et de philosophie. On sort de cette lecture comme d'un cauchemar, avec le besoin de respirer et de se rafraîchir, de lire, par exem-

ple, une page de *Télémaque*, — *Télémaque*, cette œuvre charmante et saine qu'il faut demander pardon de nommer à côté de *Macarise*, avec laquelle elle n'a rien de commun que l'intention pédagogique : « Je n'approuverais pas ceux
» qui, dans leurs romans, jetteraient un long discours...
» décriraient toute une fameuse bibliothèque, feraient in-
» cessamment entretenir leurs héros sur la morale ou sur
» la politique, sans aucune nécessité convenable à l'his-
» toire. On cherche, en ces livres, la surprise des aven-
» tures et non la connaissance des grandes choses ; on
» veut se divertir et non pas s'instruire ; de sorte que
» tout ce qui traverse le plaisir de la lecture peut causer
» quelque chagrin. »

Qui a écrit ces lignes, qui sont la condamnation formelle de *Macarise* ? D'Aubignac lui-même, dans ses *Conjectures académiques*. Elles prouvent que le même homme, qui était un détestable romancier, était en même temps un critique assez perspicace.

Et maintenant, voici une chose invraisemblable : *Macarise* a été imitée ! Il existe, à la bibliothèque de l'Arsenal, un volume, publié en 1747, avec ce titre : *Histoire de la princesse Macarie* ! C'est encore une histoire morale, philosophique, allégorique, avec des noms tirés du grec, une préface explicative et une table analytique, un calque enfin et un abrégé de l'œuvre de d'Aubignac ! Le volume est anonyme. Quel a pu être cet homme étonnant, que les lauriers de l'auteur de *Macarise* ont empêché de dormir ?

CHAPITRE IV.

SERMONS DE D'AUBIGNAC.

I. — Date de leur publication et de leur composition. — Théorie de l'éloquence sacrée, d'après d'Aubignac.
II. — Principaux caractères de ses sermons : comment ils sont composés ? — Quelle est leur valeur historique et littéraire ?

C'est pour nous un soulagement d'avoir à terminer cette première partie de notre travail par l'étude de ce volume d'*Essais d'éloquence*, qui fut la dernière pensée de d'Aubignac et qui reste son œuvre la plus respectable. C'est un recueil de seize sermons dont le plus ancien est de 1636 et le plus récent de 1653 (1) ; de sorte que si, par la

(1) D'après Niceron, il avait laissé d'autres sermons pour un deuxième volume. — Sur ces seize il y en a treize qui sont accompagnés de l'indication de la date et du lieu où ils furent prononcés. En voici la liste : *Panégyriques funèbres du duc de Nemours* (1640), *du duc de Rantzau* (1650), *de la princesse de Condé* (1651), *de la marquise de Meignelay* (1650). — *Eloges de saint Pierre* (1653), *de saint Augustin, de saint Eloi, de saint Ignace de Loyola* (ces trois derniers sans date). — *Discours sur la Parole de Dieu* (1639), *la Vierge mère* (1636), *l'Ascension* (1636), *l'Eucharistie* (1638). — *Instructions sur la Félicité temporelle* (1640), *la Paix du Juste* (1637), *la Pénitence* (1651), *l'Aumône sainte* (1650). — La plupart durent paraître alors pour la première fois. Visé, annonçant la mort de d'Aubignac, en 1673, écrit : « M. d'Aubignac s'était rendu célèbre..., par plusieurs pièces d'éloquence qu'il a données au public, du nombre desquelles sont l'oraison funèbre de l'amiral de Brézé et celle du maréchal de Rantzau, qui sont deux des plus beaux ouvrages que nous ayons en ce genre. » Visé, toujours léger, se trompe sur la première des deux oraisons funèbres que d'Aubignac n'a ni

date de leur publication tardive, 1671, ils appartiennent à un des plus beaux moments de la chaire chrétienne, par celle de leur composition ils appartiennent à cette époque où l'éloquence sacrée n'était pas encore rentrée « dans la bonne voie (1), » et n'était pas dégagée « des ornements bizarres et pompeux (2) » qui tendaient à « l'avilir (3) » jusqu'à l'éloquence laïque et profane. Voilà ce qu'il ne faudra pas oublier en les lisant.

Il est vrai qu'en 1671, d'Aubignac, qui avait entendu Bossuet et peut-être Bourdaloue, aurait pu être tenté de corriger l'œuvre de sa jeunesse. Mais il ne l'a pas fait. Deux oraisons funèbres, déjà publiées en 1650 et 1651, sont reproduites dans l'édition de 1671 ; les deux textes sont conformes, à part quelques modifications de détail, quelques citations supprimées ou raccourcies. D'ailleurs d'Aubignac, à l'heure où il aurait pu avoir la volonté de transformer son premier travail, c'est-à-dire de 1662 à 1670, n'en aurait pas eu la force : c'est à peine si ses infirmités lui permettaient la publication d'ouvrages composés autrefois et restés dans ses cartons ; elles le rendaient certainement incapable d'entreprendre la rédaction d'un gros volume de sermons d'après un idéal et des principes nouveaux.

Son idéal et ses principes anciens nous sont connus d'ailleurs, et ils sont visiblement appliqués dans ces Essais d'éloquence. Au commencement d'un petit livre intitulé : *Entretiens sur l'éloquence de la chaire et du bar-*

---

prononcée ni publiée. Il en avait publié deux, chez le libraire Sercy, celle de Rantzau et celle de la princesse de Condé ; ce sont les seuls de ses discours, imprimés avant 1671, que nous ayons pu retrouver. Y en a-t-il eu d'autres ? Une lettre du *Roman des lettres*, p. 579, parle de l'envoi du panégyrique funèbre du duc de Nemours. Ce panégyrique était-il déjà imprimé ? C'est probable. Mais nous n'avons pas pu découvrir cette première édition.

(1) Fénelon, *Dialog. sur l'éloq.*
(2) Massillon, *Discours de réception à l'Académie*.
(3) Saint-Cyran.

reau (1), Gabriel Guéret raconte qu'une discussion courtoise s'étant élevée, entre lui et deux de ses amis, sur la question de savoir laquelle est supérieure de l'éloquence du barreau et de l'éloquence de la chaire, tous trois prirent pour arbitre Ariste, c'est-à-dire d'Aubignac. « Je
» considérais, » dit Guéret, « que cet illustre abbé avec la
» grande connaissance qu'il a acquise dans les choses qui
» concernent l'exercice de la parole, me semblait un juge
» d'autant plus habile et plus équitable, qu'il avait prati-
» qué lui-même les deux professions dont nous devions
» examiner les difficultés. »

Ariste d'Aubignac expose donc, sur la prière de ses amis, toute une théorie de l'éloquence sacrée. Il déclare d'abord qu'on ne s'improvise pas prédicateur et qu'il y faut une longue préparation. Il s'étonne que cette vérité évidente soit tous les jours oubliée, et qu'on voie paraître dans la chaire de jeunes téméraires qui viennent s'y donner le plaisir de jouer à l'orateur. « Il faut de grands
» avantages du côté de l'art et du côté de la nature pour
» faire un prédicateur parfait ; ce n'est point l'ouvrage du
» hasard et du caprice, et je ne puis souffrir la témérité
» de ces jeunes gens qui se persuadent qu'il ne faut que
» remuer les lèvres pour prêcher, et que c'est assez
» pour cela que d'avoir de la bonne mine et de la har-
» diesse, etc., etc. »

Les prédicateurs ne doivent donc aborder la chaire qu'après une longue formation intellectuelle et un travail immédiat consciencieux. Mais, à la date où d'Aubignac leur faisait ces recommandations si sages, il se trouvait que toute une école de prédicateurs, élèves de Balzac, se trompant sur la nature de cette préparation de la parole sacrée, s'appliquaient à être des rhéteurs laborieux. « Leur leçon est ajustée, pesée, mesurée, » disait un critique du temps ; « pas une période qui n'ait sa cadence, pas un mot

---

(1) Paris, 1666. Le nom de l'auteur est dans le privilège et à la page 132.

qui ne soit trié (1). » A ceux-là, d'Aubignac rappelle gravement que « la sainteté de l'Evangile n'aime point l'éloquence coquette ni celle des déclamateurs, » et que « le prédicateur ne doit se servir de l'éloquence qu'autant qu'elle lui serait nécessaire pour fortifier les maximes qu'il voudrait établir et non pas pour faire une vaine ostentation de son esprit. »

Port-Royal n'aurait pas mieux dit. Mais d'autre part, quelques disciples de Port-Royal, dans leur souci de la sainteté et de la sincérité de la parole, allaient jusqu'à interdire l'art par crainte de l'artifice. D'Aubignac ne va pas jusqu'à cet excès : « l'Evangile s'accorde avec cette
» éloquence que Cicéron appelle une vierge chaste qui
» n'emprunte pas de faux ornements, et ne s'étudie qu'à
» ne paraître point étudiée, qui conserve aux sujets qu'elle
» traite un air naturel, et, sans se rendre suspecte d'aucun
» artifice, sait bien se servir des grandes figures et des
» secrets de l'art. »

Disons-le cependant, Ariste croit trop aux figures et aux secrets de l'art. C'est ainsi qu'il va jusqu'à dire : « l'éloquence est la pièce principale au prédicateur, » se rapprochant par ce mot des rhéteurs qu'il combattait tout à l'heure, et dont il ne reste séparé que par un goût plus sûr ou plutôt des intentions meilleures.

Ce mot est le résumé de sa doctrine ; il la développe et l'appuie par toute sorte de raisons et de raisonnements. Un de ses interlocuteurs, Cléarte, ayant soutenu « que tous les effets de l'éloquence de saint Paul étaient dus à ses miracles, » Ariste répond : « Nous aurions tort néan-
» moins si nous prétendions attribuer aux miracles toute
» l'efficacité de ses prédications ; il ne faut pas s'y tromper :
» saint Paul a eu de l'éloquence... et n'a rien oublié de
» ce qu'on peut employer légitimement pour la défense

---

(1) *Le Prédicateur*, par le P. Sirmond, 1638. Cf. Jacquinet, *Les prédicateurs avant Bossuet.*

» de la vérité : et quiconque examinera soigneusement ses
» ouvrages y reconnaîtra toute la force, même toutes les
» beautés de la véritable éloquence. » Et aussitôt, Cléarte,
» gagné à l'opinion d'Ariste, se met à étudier les « figures »
employées par saint Paul. Cette étude minutieuse, trop
convaincue et trop satisfaite du fragment de vérité qu'elle
contient et étale, choque l'honnête Guéret. Cléarte dit bien,
pour s'excuser, qu'il suit l'exemple de saint Augustin ; mais
il n'ajoute pas, comme celui-ci, qu'en saint Paul la sagesse
« n'a point cherché la beauté des paroles, mais que la
beauté des paroles est allée au devant de la sagesse ; »
que ce ne sont pas les *discours persuasifs de la sagesse humaine* qui ont fait l'*efficace* de sa prédication ni de la prédication chrétienne en général. Bossuet avait déjà indiqué
les causes de cette « efficace. » Mais c'est un bien grand
nom que celui de Bossuet, et il ne faut pas le prononcer
à côté de celui de d'Aubignac. Ce n'est pas à cette mesure
qu'il faut apprécier ces esprits à qui les sommets chrétiens sont inconnus ou interdits, et qui ont déjà assez
de mérite à rester dans les régions moyennes du bon
sens et de la vérité humaine, lesquelles, pour être accessibles à tous, ne sont pas toujours encombrées par la
foule.

C'est encore à une opinion moyenne et conciliatrice que
s'arrête d'Aubignac dans la question des citations profanes : « Nous ne pouvions tomber, » dit-il, « sur une matière
» qui fût plus du temps ; les opinions sont bien partagées
» sur ce sujet ; il y a des tenants de part et d'autre, et la
» victoire n'est encore d'aucun côté (1). » Ariste ne la

---

(1) Les citations étaient tellement à la mode, qu'au témoignage de
Guéret, quelques orateurs en improvisaient à leur gré : « Nous voyons
» même des hommes supposer des pensées aux anciens pour persuader
» qu'ils les ont lus. Il y a un homme que vous connaissez tous, qui
» n'eut jamais Tertullien ni saint Augustin entre ses mains, et qui les a
» toujours à la bouche. Il a même la hardiesse de les citer avec éloge,
» et l'on ne voit dans ses livres que ces façons de parler : Tertullien me

fait pencher ni d'un côté ni de l'autre ; il permet les citations, pourvu qu'elles soient courtes, opportunes et qu'elles ajoutent à l'autorité ou au moins à l'agrément de la parole : « Qu'il vous souvienne des actions célèbres
» dont vous avez été témoins. N'est-il pas vrai qu'un bout
» de vers, qu'un passage d'un ancien heureusement ap-
» pliqués excitaient dans le cœur des auditeurs une émo-
» tion agréable ? N'avez-vous pas observé comme chacun
» redoublait son attention sitôt qu'il entendait prononcer
» le nom d'un auteur célèbre ? Et ne voyons-nous pas en-
» core tous les jours qu'au sortir des audiences l'on ne se
» dit autre chose sinon : Cet avocat a fait une belle appli-
» cation ? »

Une belle application ! Elle caressait, dans leurs plus vives tendresses et leurs plus chers souvenirs, ces lettrés du dix-septième siècle, dont la sensibilité s'aiguisait et s'exaltait dans de longues et admiratives contemplations des modèles antiques. Ils ne pouvaient se décider à en sacrifier l'usage ; il leur fallait tout leur courage pour en interdire l'abus.

En résumé, les théories d'Aristo sont raisonnables ; elles pourraient être plus expressément chrétiennes. Il donne aux orateurs sacrés des leçons de rhétorique laïque ; c'est un disciple de Balzac, qui a plus de bon sens que d'autres disciples du même maître, mais qui a trop de confiance

---

» charme à son ordinaire...; saint Augustin avait bonne grâce quand il » disait... » (*Entretiens*).

D'autres orateurs, plus sérieusement savants, faisaient des citations exactes, mais inopportunes : « Je ne saurais souffrir, » continue Guéret, « ce qu'on a remarqué dans un avocat de la Cour souveraine qui citait tout ce qui lui venait à la mémoire, sans prendre garde s'il s'accommodait à la cause. « Il me vient un souvenir, » disait-il, « d'un bel endroit de saint Ambroise; ce n'est pas qu'il convienne au différend des parties, mais, comme il est beau, la Cour sera bien aise de l'entendre... » Et tout le monde a trouvé plaisant le trait de ce juge qui, voyant qu'un avocat commençait sa cause par ces paroles : « Saint Augustin et Tertullien avaient bonne grâce de dire, » l'interrompit brusquement et lui dit : « Et vous, vous n'en avez guère, de les placer ainsi » (*Entretiens*, 171).

encore en l'éloquence académique. Au lieu de dire aux prédicateurs que « l'éloquence est la pièce principale » de leur ministère, il aurait dû leur rappeler qu'elle est incapable à elle seule, et fût-elle parfaite, de provoquer un acte véritablement surnaturel et de convertir une seule âme; que si l'art est nécessaire, il n'est pas suffisant, et que compter sur lui seul, c'est méconnaître d'abord l'esprit du christianisme, qui a toujours proclamé l'impuissance des moyens humains, et ensuite les besoins et les désirs de l'auditoire qui, s'attendant à trouver un prêtre dans le prédicateur, est désappointé de ne rencontrer qu'un artiste. L'abbé d'Aubignac ne nie pas ces vérités premières, mais il les omet, ou ne les indique qu'en passant. C'est ainsi que, parlant des vertus nécessaires à un prédicateur, il les comprend sous le mot trop laïque de *probité*, et qu'il ajoute : « Mais qu'on ne s'imagine pas que la probité suffise, car, bien qu'elle soit en quelque sorte l'âme du discours et que ce soit elle qui le vivifie, néanmoins ce n'est pas elle qui le fait, c'est la science qui le compose, et c'est *la vertu qui le rend capable de persuader.* » La dernière partie de la phrase est parfaite; l'idée qu'elle exprime aurait dû dominer toutes les considérations d'Ariste; malheureusement on ne la trouve que dans cette phrase. C'est assez pour épargner à d'Aubignac une erreur totale; c'est trop peu pour lui mériter une place élevée parmi les théoriciens utiles de l'éloquence sacrée.

II

Le caractère sacré et surnaturel est aussi ce qui manque le plus à ses sermons. Les citations profanes y figurent dans la proportion indiquée par les entretiens; elles n'y sont pas rares, mais elles ne sont pas non plus encombrantes, comme dans quelques discours du commencement du dix-septième siècle. De temps en temps, au milieu des textes de la Bible et des Pères de l'Eglise, surviennent

quelques souvenirs d'Aristote ou de Sénèque, quelque comparaison inattendue entre l'histoire de notre Seigneur et l'histoire des héros antiques. Ainsi il compare longuement le triomphe de Jésus-Christ dans l'Ascension au triomphe des généraux romains. Il y a beaucoup de ces rapprochements à la fois trop profanes et trop ingénieux dans ces essais d'éloquence ; l'esprit de subtilité qui avait sévi parmi les prédicateurs du moyen âge, et qui n'avait pas épargné les contemporains des précieuses, avait pénétré trop profondément l'auteur de *Macarise* pour que ses sermons en fussent exempts. Cette subtilité se donne carrière principalement dans les divisions. L'oraison funèbre du duc de Nemours a pour texte : « *Plora super mortuum, defecit enim lux ejus.* » L'orateur tire toute sa division de ce *defecit lux ejus*. « Il ne faut pas s'imaginer, » dit-il, « que
» ces paroles sacrées dont j'ai fait l'ouverture de cette
» harangue nous obligent à pleurer les morts seulement
» à cause qu'ils ont perdu le jour ; car, comme il y a
» beaucoup de splendeurs différentes qui peuvent compo-
» ser le mérite des grands hommes, nous devons croire
» que le Saint-Esprit exige de notre compassion, pour la
» rendre parfaite, une plainte générale de toutes ces diver-
» ses lumières, quand elles sont éteintes avec celle de la
» vie ; on les peut toutes réduire à quatre principaux
» chefs pour en parler avec ordre. Ces quatre lumières,
» dont les unes nous sont étrangères, et les autres per-
» sonnelles, dont les unes sont gratuites et les autres mé-
» ritées, sont : la fortune, les qualités de l'esprit, les ver-
» tus de l'âme et surtout la piété chrétienne. » Voilà les lumières qu'il faut pleurer dans feu Monseigneur le duc de Nemours.

La division de l'oraison funèbre du comte de Rantzau est encore plus laborieuse ; elle est de nouveau tirée du texte : « *Libenter gloriabor in infirmitatibus meis, ut inhabitet in me virtus Christi.* » Le maréchal de Rantzau est glorieux par ses infirmités. On avait dit, de ce soldat de la France, tout couvert de blessures, « qu'il ne lui restait que le cœur d'intact. » Son panégyriste prouve donc que ses infirmités doivent faire sa gloire, toutes ses infirmités : 1° celles de son corps, 2° celles de son esprit; 3° celles de sa fortune. Que les infirmités du corps, contractées au service de la patrie, soient glorieuses, on le comprend aisément. Que celles de l'esprit le soient aussi, si tant est que l'esprit du maréchal fût infirme, c'est moins clair. L'orateur va nous expliquer longuement que l'esprit du maréchal était très élevé, plus cultivé que ne l'est d'ordinaire en France l'esprit des soldats et des nobles, que cependant il était infirme, car il était attaché à l'hérésie protestante, et qu'enfin cette infirmité a été glorieuse, parce qu'elle a été guérie par sa conversion au catholicisme. De même, pour les infirmités de sa fortune, dont la prospérité continue n'avait été interrompue qu'une fois, par un emprisonnement de quatorze mois sous la Fronde ; cet emprisonnement cessa par l'ordre même du roi qui l'avait ordonné, et le maréchal sortit de son cachot plus glorieux encore qu'il n'y était entré : *in infirmitatibus gloriabor!*

Toutes les divisions de seize discours sont le résultat du même procédé et du même artifice, et, en outre, elles sont innombrables. L'orateur divise à outrance ; il divise le discours, il divise les parties, il divise les paragraphes ; la dialectique d'école admirerait peut-être ; la logique naturelle trouve à redire, ne serait-ce que pour regretter le temps perdu à de pareils tours de force. « Hé! quelles préparations pour un discours de trois quarts d'heure (1) ! »

Disons-le cependant, s'il y a trop d'artifice dans les sermons de d'Aubignac, il y en a moins que dans la plupart de ses autres œuvres; il y en a moins même que dans certains sermons de ses contemporains, ceux que La Bruyère avait dû entendre et qui l'avaient impatienté.

---

(1) La Bruyère.

Que l'on compare, par exemple, son oraison funèbre de Rantzau avec celle que prononça, en 1650, l'évêque de Belley, Camus, et l'on trouvera d'Aubignac presque simple et naturel. Il ne l'est que par comparaison ; mais pour l'être même si peu, il lui a fallu résister à la fois à son propre goût, à ses habitudes, aux exemples des autres. Il y a eu là un effort heureux dont il serait injuste de ne pas lui tenir compte.

A côté de ces qualités toutes négatives, on trouve encore, dans ces essais, des mérites très réels, et d'abord des préoccupations théologiques élevées, unies à un souvenir toujours présent des besoins pratiques de son auditoire. Ici l'ingéniosité de son esprit le sert bien ; elle sait le faire descendre des hauteurs doctrinales du dogme à l'application morale : le sermon sur la Vierge Mère ou l'*Incarnation du Fils de Dieu* en offre un des plus curieux exemples. « L'incarnation temporelle du Fils de Dieu, » dit l'orateur, « nous est une image de la génération éternelle du Verbe. » Le Père du Verbe incarné était vierge, il fallait que la » mère du Verbe incarné le fût pareillement. » Et il plonge à plaisir dans les profondeurs de ces deux dogmes si abstrus ; un procédé subtil l'en ramène bientôt et le remet en face de son auditoire. « Cette double génération du Verbe est l'image de sa génération dans nos âmes. Il y naît par sa grâce, mais à la condition de trouver nos âmes vierges. » Cette virginité, indépendante de l'état de mariage et de célibat, l'avez-vous, jeunes filles légères qui m'écoutez? etc., etc. On voit le thème. Il en trouve de pareils, soit qu'il traite de l'Ascension ou de l'Eucharistie, soit qu'il fasse le panégyrique de saint Augustin ou celui de saint Pierre (1).

---

(1) Le sermon sur saint Pierre lui donne occasion de prêcher aux chrétiens la révérence et la soumission à l'égard du pape, successeur de Pierre. Il croit à l'infaillibilité du pape, et il donne, de sa croyance, la démonstration suivante, qui est la démonstration traditionnelle : « Quelle révérence ne devons-nous pas concevoir pour la doctrine de cet incom-

Il les développe avec une sûreté de tact digne d'un moraliste et, en même temps, avec une précision de détails qui en font un témoin précieux et intéressant des mœurs de son époque. Dans le sermon sur l'incarnation du Verbe et la virginité des âmes, il nous peint les désordres de certains ménages en termes très vifs, qui sont le commentaire et la confirmation de certaines médisances de Tallemant (1). Dans son panégyrique funèbre de la marquise de Meignelay, « la veuve chrétienne, » il place ce piquant portrait des veuves mondaines :

« Aucun mariage dont elles ne se mêlent ou pour l'avan-
» cer ou pour le rompre. Elles veulent connaître toutes
» les intrigues de la ville et de la cour ; elles s'efforcent de
» découvrir toutes les cabales ou d'en être ; il n'y a point
» de parti dans lequel elles ne veuillent entrer pour savoir
» seulement par quels ressorts on les fait agir. Enfin, il
» faut qu'elles sachent tout, qu'elles troublent tout et
» qu'elles se divertissent de tout. Et que produit cette
» vaine curiosité ? Une vie toujours errante et vagabonde.

parable saint et de tous ses successeurs ?... C'est une vérité constante, parmi tous les docteurs chrétiens des premiers siècles, que Simon fut surnommé Cephas, c'est-à-dire Pierre, par la bouche du Fils de Dieu, parce qu'il en faisait la pierre fondamentale de son Eglise. Et voici la raison qu'ils en ont donnée. Ce serait peu que Notre-Seigneur Jésus-Christ eût pourvu le prince et le chef de son Eglise de tant de parfaites lumières, s'il ne les eût rendues permanentes, si la foi de saint Pierre n'eût été pour jamais inébranlable et incapable d'altération dans son ministère. Car, si le Fils de Dieu s'était réservé le droit de les pouvoir retirer quelque jour, et que le chef de son Eglise pût être privé des splendeurs célestes, que deviendrait le corps de cette Eglise, à laquelle il a promis que les ténèbres de l'hérésie, ni toutes les autres portes de l'enfer, ne la surmonteraient jamais ? Que deviendrait cette épouse à laquelle il s'est lié par un serment indissoluble ?... Non, non, Messieurs, les lumières de saint Pierre lui furent données sans droit de reprise, certaines, immuables, non seulement pour lui, mais pour la conduite de ses ouailles, etc.; etc. » *Essais*, p. 227 à 229.

(1) *Essais*, p. 412-413 : « Tantôt, » dit le prédicateur, « c'est la femme qui, pour entretenir *le pécheur que ses artifices lui ont acquis*, dissipe le bien dont elle n'est pas maîtresse. » Tallemant dit sans périphrase : « Cet homme lui coûtait cher. »

» Ce cœur qui ne peut rester chez soi ne leur permet pas
» de demeurer en leur maison. Il faut qu'elles courent
» incessamment de visite en visite, sans autre nécessité
» que l'impossibilité de s'arrêter : elles suivent tous les
» bals, tous les concerts de musique et toutes les comé-
» dies ; elles vont indifféremment au cours et dans les
» temples ; elles sont de tous les sermons et de toutes les
» promenades, et, pour apprendre toutes choses inutiles,
» il faut qu'elles courent dans tous les lieux où elles n'ont
» que faire. Et quel peut être l'exercice de cette vie sinon
» parler incessamment, médire insolemment, censurer
» tout imprudemment, conter tout indiscrètement, dire
» tout ce qu'elles devraient taire, comme elles savent
» tout ce qu'elles devraient ignorer ? » Le prédicateur se
souvenait de ce qu'il avait vu dans les ruelles et en faisait profiter son auditoire.

Il faut encore citer une page de l'oraison funèbre de Rantzau, où l'orateur ne craint pas de blesser notre amour propre national en comparant « la noblesse de France » à la « noblesse d'Allemagne. » Il montre les gentilshommes français, braves par tradition et par tempérament, mais ignorants par vanité et par oisiveté, laissant aux vilains l'étude des sciences, et ne s'adonnant guère qu'à l'étude du beau langage, lisant seulement les romans que lisent les dames, auprès desquelles il fait bon, entre deux batailles, deviser d'amour et étudier la carte du Tendre ; — victimes d'ailleurs d'une organisation politique et sociale où ils ne sont plus rien que des soldats et des courtisans, et où il leur suffit, pour pousser leur fortune, de bien manier l'épée et de porter avec élégance l'habit brodé. La noblesse allemande a un rôle politique qui l'oblige à connaître d'autres lois que celles de l'étiquette ; elle travaille, elle étudie, et elle ne dédaigne pas la science parce qu'elle en a besoin ; elle vient même la chercher chez nous pour la tourner contre nous : « La
» noblesse de France (il faut le dire ici à notre confusion),

» s'est depuis quelque temps infectée d'une erreur bien
» préjudiciable à sa gloire. On s'est faussement imaginé
» que l'étude des bonnes lettres et l'intelligence des hau-
» tes disciplines étaient incompatibles avec la valeur,
» qu'elles en étouffaient les ardeurs et en émoussaient les
» pointes les plus vives. Et cette erreur s'est fixée si
» avant dans l'esprit des gentilshommes, qu'on n'ose pas
» témoigner devant eux aucune connaissance des langues
» anciennes, sans passer pour barbare et sans leur donner
» matière de raillerie. Ils ne veulent pas qu'un homme
» ait jamais mesuré l'étendue de la terre ni du ciel, ni
» qu'il sache le nom des peuples du levant et du couchant;
» et l'histoire des siècles passés, qui doit être le flambeau
» des suivants leur est bien moins considérable que de ri-
» dicules romans qui n'ont pour instruction que des men-
» songes et pour vertus que des fantômes ; il serait bien
» nécessaire qu'on leur fît savoir franchement que leur
» insuffisance leur fait tous les jours faire et dire des cho-
» ses qui les rendent la fable du peuple et les font passer
» pour des objets dignes de mépris . . . . Les
» peuples de l'Allemagne ont conservé plus soigneusement
» l'étude des bonnes lettres et les nobles y sont engagés
» par une excellente raison de leur politique. Car dans
» les cercles, c'est-à-dire dans les assemblées des Etats,
» les présidents et les assesseurs, qui sont tous princes ou
» des plus grands seigneurs de la province, sont obligés
» d'être jurisconsultes. Et comme c'est le plus haut rang
» qui les met en considération parmi les peuples, il n'y en
» a pas un qui ne travaille pas à se rendre savant pour
» y parvenir. Et c'est pour ce motif que les gentilshommes
» allemands remplissent les Universités de ce royaume où
» ils viennent chercher les lumières de la doctrine parmi
» lesquelles les Français demeurent dans les ténèbres (1). »

(1) Ce portrait de la noblesse française rappelle celui qu'en traçait, au commencement du siècle, Mlle de Gournay, dans son *Discours sur le*

De la part d'un homme qui a écrit la *Requête de M. le Prince* et qui, dans ses relations privées avec les grands, s'est toujours montré des plus respectueux, cette vigoureuse attaque contre un ridicule et une faiblesse de la société aristocratique est presque un acte de courage ; c'est, dans tous les cas, une acte sacerdotal et patriotique.

Voilà les renseigements qu'on trouve dans les *Essais d'éloquence*.

Nous voudrions pouvoir dire enfin qu'on y trouve aussi de l'éloquence. De temps à autre, le prédicateur, qui y vise toujours, semble près d'y atteindre ; il est ému sincèrement, et son émotion, soulevant les lourdes périodes de sa rhétorique, s'efforce de se produire au dehors et de se dégager. Elle n'y parvient pas. C'est, par exemple, un beau mouvement que celui où, après avoir dépeint, dans les tranchées d'Arras, le jeune duc de Nemours combattant à la tête de ses soldats, échangeant son cheval, tué sous lui, contre la monture d'un vivandier, revenant à l'assaut et restant vainqueur sur un champ de bataille jonché de morts, le panégyriste salue ce héros de vingt-sept ans et convoque devant lui ses illustres ancêtres : « Je vous appelle ici, hautes et grandes âmes de Savoie, les Humberts, les Amédées, les Emmanuels ! Voyez si cette action n'est pas bien digne du sang que ce prince généreux avait emprunté de vous ! » Mais ce commencement n'aboutit pas, il se perd aussitôt dans la déclamation et la subtilité.

Combien encore est pieux et touchant le souvenir que lui rapellent les glorieuses infirmités de ce maréchal de Rantzau, devenu sourd, aveugle, amputé d'un bras et d'une jambe, pour le service de la France. « Nous lisons
» que le tyran Maxime porta la fureur contre l'Eglise chré-
» tienne jusqu'au point d'avoir fait crever un œil et

---

peu de prix de la noblesse du temps; la noble demoiselle s'y montre encore plus sévère envers les gentilshommes ignorants et paresseux ; elle les appelle « cavaliers de bouteille et de cabaret. » Du temps des Précieuses, ils étaient devenus des cavaliers du madrigal et de salon.

» rompre une jambe à plusieurs évêques, entre lesquels
» fut ce miraculeux Paphnucius qui résista courageuse-
» ment à sa tyrannie, et qui, par sa grande constance, fut
» si tendrement aimé et honoré de Constantin qu'autant
» de fois qu'il entrait à son palais, cet empereur lui baisait
» les restes de l'œil qui lui avait été crevé, mais avec tant
» de respect qu'il semblait toucher des lèvres de la foi la
» religion et toutes les vertus dont il ne touchait que les
» tristes mais glorieuses images. Qu'il me soit permis ici
» de dire, ô France, que M. le maréchal de Rantzau fut
» ton martyr ! ce fut pour toi qu'il souffrit la perte non
» seulement d'un œil, mais encore d'une oreille, d'une
» jambe et d'un bras, et si tu n'as pas baisé durant sa vie
» tant de vénérables reliques de sa force et de sa fidélité,
» tu dois au moins après sa mort en concevoir des pen-
» sées de respect et reconnaître publiquement que ses
» plaies sont dignes d'une gloire immortelle... »

L'intention y est ; mais quelle lourdeur d'exécution !
et quelle langue ! celle de Balzac paraît légère et alerte en
comparaison !

Voici enfin un dernier passage qui n'aurait besoin, lui
aussi, pour nous communiquer l'émotion de l'orateur que
d'un style plus souple et moins symétrique. C'est dans
l'oraison funèbre de la princesse de Condé. L'illustre et
infortunée mère du vainqueur de Rocroy a connu pendant sa vie de nombreuses et terribles épreuves. La plus
cruelle de toutes a été réservée par Dieu à ses derniers
moments. Elle va expirer, elle appelle ses enfants, et ses
enfants ne viennent pas. Où sont-ils ? En prison, en exil ;
la colère du roi les a frappés, — légitimement, ajoute le
prudent orateur. — Le roi, cependant, ne se laissera-t-il pas
toucher ? « Mais à ce dernier et funèbre moment n'aura-
» t-elle pas la consolation de voir ses enfants, ou pour le
» moins ces petits innocents qu'ils lui ont donnés ? Ne
» pourra-t-elle point les embrasser et leur dire le dernier
» adieu ? Non ! Ne pourra-t-elle point répandre sur leurs

» têtes les bénédictions dont Dieu rend les pères et les
» mères dépositaires, dont la privation est le dernier fou-
» dre qu'il leur a mis entre les mains et que les plus re-
» belles enfants viennent quelquefois demander avec des
» pleurs? Non!... Et ne pourront-ils au moins rendre au
» corps de cette bonne mère le dernier devoir, en le con-
» signant à la terre? C'est une charité qu'on ne refuserait
» pas aux abandonnés, aux inconnus, aux naufragés. Non!
» et si quelques amis généreux ou quelque serviteur affec-
» tionné ne lui fait cette miséricorde, ce noble corps de-
» meurera sans sépulture! Ah! mon Dieu! quand votre
» sévérité touche l'homme, rien ne peut le défendre, et
» de toutes les plus hautes faveurs temporelles dont vous
» l'environnez, vous en faites, quand il vous plaît, des
» tourments imprévus et des calamités publiques! »

Ces trois ou quatre « Non! » si secs, coupent, hachent presque le mouvement oratoire commencé; mais le retour final à Dieu, dont la mystérieuse Providence dispose des biens et des maux et donne aux princes, *quand il lui plaît, de grandes et de terribles leçons,* le termine heureusement et chrétiennement.

De tout ce qui précède nous pouvons conclure que les sermons de d'Aubignac « ne sont pas des pires (1). » Ils portent la marque de leur temps, qui était un temps de transition, mais ils annoncent un temps meilleur; ils donnent à leur auteur le droit d'être mentionné, dans une histoire de la prédication au dix septième siècle, entre les orateurs apostoliques dont il n'a pas l'onction ni la simplicité, et les élèves de Balzac, dont il condamne la « coquetterie » et l'esprit « de vaine ostentation; » il est évidemment plus près de ces derniers par l'usage qu'il fait encore d'un art trop profane et trop laborieux; mais il entre sincèrement, par quelques-uns de ses désirs et de ses efforts, dans

---

(1) « Sa prose n'est pas des pires. » Chapelain, *Jugement sur d'Aubignac.*

ce mouvement réformateur qui prépare, sous Louis XIII et la Régence, « le glorieux épanouissement de la prédication sous Louis XIV (1). »

(1) Jacquinet.

SECONDE PARTIE

D'AUBIGNAC THÉORICIEN, AUTEUR ET CRITIQUE
DRAMATIQUE

LIVRE PREMIER

D'AUBIGNAC THÉORICIEN DRAMATIQUE

Au moment où d'Aubignac entrait dans la maison de Richelieu, on s'y occupait avec passion d'art dramatique. Le cardinal voulait régénérer le Théâtre ; il y travaillait de sa personne, et il y faisait travailler ses employés littéraires. Il avait des théoriciens et des poètes *à gages*, les uns chargés d'enseigner les Règles, les autres de les appliquer. Parmi les premiers, d'Aubignac acquit bientôt une situation considérable ; bien avant la publication de la *Pratique*, il passait pour un des maîtres les plus savants de notre théâtre, pour un des interprètes les plus fidèles et les plus zélés de la saine doctrine.

Cette doctrine, lui et ses collègues la donnaient volontiers et la faisaient prendre pour une nouveauté, empruntée sans doute aux Anciens et aux Italiens, mais encore inconnue à la France : « Rien ne surprit tant que cette doctrine (1), » nous dit l'historien de l'Académie ; « elle n'était pas seulement nouvelle pour le cardinal, elle l'était pour tous les poètes qu'il avait à ses gages. » Or, cette nouveauté était déjà vieille de près d'un siècle ; elle était un héritage de la Pléiade, dont on croyait avoir tout oublié et tout répudié, et dont on allait cependant reprendre et consommer l'œuvre dramatique.

En conséquence, avant d'exposer l'enseignement de d'Aubignac, il nous a paru indispensable de résumer non seulement celui de ses contemporains, mais encore celui des théoriciens du seizième siècle. La digression pourra paraître longue, mais elle était inévitable. Si nous ne l'avions pas faite séparément et en une fois, il aurait fallu la faire en détail.

Nous traiterons donc successivement :

1° Des théories dramatiques avant d'Aubignac et au temps de d'Aubignac ;

2° Du rôle de d'Aubignac théoricien, antérieurement à la publication de la *Pratique*;

3° De la pratique du théâtre.

(1) *Histoire de l'Académie*, édition Livet, t. II, 130.

CHAPITRE PREMIER.

DES THÉORIES DRAMATIQUES EN FRANCE AVANT D'AUBIGNAC ET AU TEMPS DE D'AUBIGNAC.

ARTICLE PREMIER.

Des théories dramatiques avant d'Aubignac.
(1550-1625.)

I. — Renaissance littéraire ; les théories régulières dans les Préfaces et les Arts poétiques de l'école de Ronsard.

II. — Leur principe général : les Anciens pour modèles et pour maîtres. — Influence de la *Poétique* d'Aristote.

III. — Influence de ses commentateurs, notamment de J.-C. Scaliger.

IV. — Traces d'indépendance ; opposition à la Règle de l'unité de temps. — Abandon de la Poétique inspirée des anciens ; imitation des Espagnols. — Idées d'Alexandre Hardy.

V. — Daniel Heinsius.

ARTICLE II.

Des théories dramatiques au temps de d'Aubignac.
(1625-1647.)

I. — Seconde Renaissance des Règles sous Richelieu. — Ses promoteurs.

II. — Ses interprètes théoriciens : Mairet, Chapelain et sa dissertation inédite, Scudéry, l'Académie, Sarrasin, La Mesnardière.

III. — Ses adversaires : François Ogier et sa Préface ; l'auteur anonyme du traité de *la Disposition du Poème dramatique* ; Balzac : dans quelle mesure il a été l'adversaire des théories officielles ; Racan ; Durval.

IV. — Rôle de Corneille.

V. — Raisons du triomphe définitif des Règles.

Article Premier.

I

Au théâtre du moyen âge, qui s'était développé librement sans le secours ou la gêne de théories et de règles fixes et raisonnées, avait succédé, vers le milieu du seizième siècle, un théâtre qui afficha tout de suite des prétentions de régularité. Dès la première scène de la première tragédie de Jodelle, un personnage s'écrie :

> Avant que ce soleil qui vient ores de naître,
> Ayant tracé son tour, chez sa tante se plonge,
> Cléopâtre mourra (1) !

C'était la règle des vingt-quatre heures ou de l'unité de temps, destinée à devenir, au dix-septième siècle, « la Règle des règles (2), » qui faisait sa première apparition, et sur la scène même. Elle ne tarde pas à être formulée plus clairement dans les Préfaces et les Arts poétiques de l'époque. Grévin y fait allusion (1561) (3) ; Ronsard la donne comme incontestée (4), et, quelque temps après

---

(1) Cité par M. Breittinger, *Les Unités d'Aristote en Italie, en Espagne, en Angleterre avant le Cid de Corneille*. Genève, Georg, éditeur, 1879, opuscule de 45 pages in-18, — et par M. Adolf Ebert, dans son livre : *Entwicklungs, Geschichte der Französischen Tragödie*, etc. — A consulter encore pour cette partie de l'Histoire des théories dramatiques la courte mais si pleine étude d'Edelestand du Méril, sur *le Développement de la tragédie en France*, et la remarquable thèse de M. Emile Faguet, sur *la Tragédie au seizième siècle*, dont le premier chapitre a précisément pour sujet : *La théorie de la tragédie au seizième siècle*. — Mais, de tous les livres qu'il faut lire pour bien connaître la renaissance dramatique du seizième siècle, le plus utile reste encore celui de M. Egger sur *l'Hellénisme en France*. Nous l'avons eu perpétuellement sous les yeux en écrivant ce chapitre.

(2) Corneille, *Examen de Clitandre*.

(3) Grévin, *Brief Discours sur le théâtre* (p. 9). Il blâme ceux qui « font un discours de deux ou trois mois ès jeux de l'Université. »

(4) *Art poétique* (1565), où il dit que l'épopée a le droit de durer *une*

(1572), Jean de La Taille y ajoute celle de l'unité de lieu :
« Il faut toujours représenter l'histoire ou le jeu dans un
même jour, en un même temps et en un même lieu (1). »
Il en est de même pour les autres règles de la Poétique
classique, les plus importantes comme les plus minutieuses : elles sont presque toutes contenues dans les quelques écrits théoriques des premiers disciples de Ronsard :
la *Poétique* de Pelletier (1555), le *Brief Discours sur le théâtre* de Grévin (1561), l'*Art de la Tragédie* de Jean de La
Taille (1572). La règle de la distinction des genres est exprimée aussi formellement que possible par Pelletier :
« La comédie et la tragédie ont de commun qu'elles contiennent chacune cinq actes, ni plus ni moins ; au demeurant, elles sont toutes diverses (2). » Elles le sont
par le sujet (3), les personnages (4), le style (5), le
dénouement (6) ; ceux qui les confondraient ne sauraient
point l'art. La règle de l'unité d'action est dans Jean de

année, et que la tragédie ne peut prendre *que vingt-quatre heures.* —
Cf. la *première Préface* de la *Franciade* (1572) : « La tragédie et la comédie... sont bornées de peu d'espace, c'est-à-dire d'un jour entier. Les plus excellents maîtres de ce métier les commencent d'un minuit à un autre, et non point du jour au soleil couchant, pour avoir plus d'étendue et longueur de temps. »

(1) *De l'art de la tragédie*, en tête de *Saül le Furieux* (1572), page 3, au verso.

(2) *Art poét.* de Pelletier, p. 71. — Cf. Jean de La Taille, qui bannit de la tragédie « les choses qui arrivent chaque jour naturellement et par raison commune. »

(3) « La matière d'icelle (tragédie) sont occasions, exils, malheureux dénouements de fortune » (Pelletier, 72) ; celle de la comédie, « amours et ardeurs de jeunes enfants de maison..., vanterie et bravade d'un soudard retiré de la guerre, la diligence des nourrices, l'indulgence des mères » (Pelletier, 70). — Cf. Jean de La Taille : « Son vrai sujet (de la tragédie), ne traite que de piteuses ruines de grands seigneurs, » p. 2.

(4) « Au lieu des personnes comiques qui sont de basse condition en la tragédie, s'introduisent rois, princes et grands seigneurs » (Pelletier).

(5) « La comédie parle facilement et populairement ; la tragédie est sublime » (*Id.*, p. 72).

(6) « En la comédie, les choses sont de joyeuse issue ; en la tragédie, la fin est toujours luctueuse » (*Id.*).

La Taille, qui l'accompagne d'une recette pour en assurer l'observation : « Ne pas commencer à déduire par le commencement, mais vers le milieu ou la fin, ce qui est un des principaux secrets de l'art (1). » C'est ce secret que d'Aubignac exprimera ainsi : « Il faut ouvrir le Théâtre le plus près possible de la catastrophe, » et c'est cette recette qui a rendu tant de drames si peu dramatiques, en condamnant quatre actes sur cinq à n'être qu'un récit de tout ce qui précède la catastrophe. Jean de La Taille formule une autre règle, chère aux classiques, celle des convenances dramatiques : il défend d'ensanglanter la scène, « car chacun verrait que ce n'est que feintise (2). » Tous ces écrits sommaires et rapides ne sont guère, — de la part des poètes, que des confidences sur leurs intentions, plus régulières que leurs œuvres ; — de la part des théoriciens proprement dits ; que de simples notes, des extraits de leurs lectures. L'*Art poétique* de Vauquelin de La Fresnaye (3) a plus de valeur ; il exprime avec plus de détails et plus d'élégance toutes les volontés et tous les désirs de la Renaissance, les règles déjà acceptées par les poètes ; il formule, en termes dont s'est souvenu Boileau, la règle de l'unité de temps :

> Le théâtre jamais ne doit être rempli
> D'un argument plus long que d'un jour accompli.

Il traite surtout avec beaucoup de netteté, la question de savoir si l'on peut emprunter à la Bible et aux traditions chrétiennes le sujet de la tragédie. Là-dessus, les sentiments des contemporains étaient partagés ou confus : Grévin avait interdit de faire « le jeu » avec les lettres

---

(1) *De l'Art de la tragédie*, p. 4.
(2) *Ibid.*, p. 3.
(3) 1575-1605.

saintes (1); Jean de La Taille l'avait permis (2); quant aux poètes, ils ne s'en abstenaient pas (3); mais ils avaient, — les poètes réguliers surtout, — une préférence marquée pour les sujets profanes et païens. Vauquelin ne comprend ni ces préférences des poètes ni ces interdictions des théoriciens. Il semble avoir le sentiment de ce que perd une littérature à n'être pas l'expression complète de la vie d'un peuple, de sa vie religieuse principalement. « Puisque vous voulez imiter les Grecs, » dit-il aux poètes, imitez-les dans leur culte pour les dieux nationaux :

> Si les Grecs, comme vous, Chrétiens, eussent écrit,
> Ils eussent les hauts faits chanté de Jésus-Christ ;
> Donques à le chanter ores je vous invite.

Et l'on sait quel tableau pittoresque il trace des représentations dramatiques inspirées de « nos mystères » et façonnées au moule du « tragique ancien (4). »

(1)
> Car ce n'est pas notre intention
> De mêler la religion
> Dans le sujet des choses feintes ;
> Aussi jamais les Lettres saintes
> Ne furent données de Dieu
> Pour en faire après quelque jeu.
>
> (*Avant-jeu de la Trésorière.*)

(2) *De l'art de la tragédie.* — La Taille se borne à interdire les longs discours et raisonnements de théologie. A remarquer que Jean de La Taille était protestant et pratiquait les « Lettres saintes » plus que Grévin.

(3) Cf. les deux tragédies de La Taille, *Saül* et les *Gabaonites*, et les *Juives* de Garnier.

(4)
> Oh ! quel plaisir serait-ce à cette heure de voir
> Nos poètes chrétiens les façons recevoir
> Du tragique ancien ? et voir, à nos mystères,
> Les païens asservis sous les lois salutaires
> De nos saints et martyrs ? Et du Vieux Testament
> Voir une tragédie extraite proprement !
> Et voir représenter, aux fêtes du village,
> Aux fêtes de la ville ou quelque échevinage,
> Au saint d'une paroisse, en quelque belle nuit
> De Noël, où naissant un beau soleil reluit,

On n'a plus de peine, aujourd'hui, à être de l'avis de Vauquelin et à comprendre soit le plaisir qu'aurait eu une société chrétienne, comme l'était encore celle du seizième siècle, à retrouver ses croyances et ses sentiments dans des œuvres d'un art perfectionné, — soit le profit qu'aurait trouvé un théâtre moderne et français à s'inspirer davantage des sentiments modernes et français. Au temps de Vauquelin, il y fallait un certain effort, que l'habitude de demander des opinions toutes faites aux maîtres anciens rendait véritablement méritoire.

II

Répéter et recommencer les anciens, c'était d'ailleurs la seule originalité ambitionnée par les théoriciens et les poètes. « J'ai cette œuvre apprêté, » disait Vauquelin,

> ..... Suivant les pas du fils de Nicomache,
> Du harpeur de Calabre, et tout ce que remache
> Vide et Minturne après.

Dans le prologue de la première comédie « en langage françois, » Jodelle avait affirmé son dessein de suivre

> ..... La voie des plus vieux
> Vainqueurs encor du port oblivieux,

c'est-à-dire la voie des Grecs et des Latins. Jacques Grévin déclarait que les bonnes tragédies doivent être « faites selon les préceptes qu'en ont donnés Aristote et Ho-

> Au lieu d'une Andromède au rocher attachée
> Et d'un Persé qui l'a de ses fers relâchée ;
> Un saint George venir, bien armé, bien monté,
> La lance à son arrêt, l'épée à son côté,
> Assaillir le dragon qui venait, effroyable,
> Goulûment dévorer la Pucelle agréable.

race. » Ronsard terminait son *Art poétique* par ces paroles :
« Je te dirais ici particulièrement les sujets d'un chacun poème, si tu n'avais déjà vu l'Art poétique d'Horace et d'Aristote. » Enfin, Jean de La Taille excluait tous les poèmes dramatiques qui n'étaient point « faits selon le vrai art et au moule des anciens. »

Ainsi, les anciens pour *modèles* et pour *maîtres*, tel est le double principe et le sommaire des nouvelles théories littéraires et par suite des théories dramatiques.

Il faut en la mer grecque et latine voguer (1) !

Répéterons-nous, après tant d'autres (2), qu'il y eut là une double erreur, inévitable peut-être, mais funeste, au moins pour quelque temps, à la liberté de notre génie national ? « Notre naturel, » écrivait Thomas Sibilet vers 1548, « est de prendre aux choses étrangères non tout ce que nous y voyons, ains seulement ce que nous jugeons faire pour nous et être à notre avantage (3). » Au moment

---

(1) *Art poét.* de Vauquelin.
(2) Notamment M. Egger : *Hellénisme en France*, passim ; et Cousin : *La société française au dix-septième siècle*, II, p. 101, note 2 : « On ne peut dire le mal qu'a fait à la poésie nationale l'admiration dont se prirent les pédants d'alors, à la suite de ceux d'Espagne et d'Italie, pour cet ouvrage d'Aristote (*la Poétique*), qu'ils ne comprenaient pas... Il est heureux, pour le Dante et Shakespeare, que leurs contemporains n'aient pas connu *la Poétique* d'Aristote, car ils n'auraient pas manqué d'enchaîner le génie de ces deux grands hommes avec des règles empruntées à un autre monde. Notre Corneille n'a pas eu ce bonheur, etc., etc. » A remarquer cependant que les contemporains de Shakespeare connaissaient la *Poétique* et ses commentaires, notamment celui de Castelvetro, puisque, dans son livre *An Apology for Poetry*, composé vers 1580 et publié en 1595, sir Philip Sidney reproduit quelques raisonnements et quelques exemples de Castelvetro, et formule nettement la règle des deux unités : « Tandis que la scène ne devrait présenter qu'un seul et même lieu et que le temps, selon Aristote et le bon sens, ne devrait excéder l'espace d'un jour. » Cf. Breittinger, *Les unités d'Aristote*, p. 35, et *Revue critique*, 27 décembre 1879, p. 480.
(3) *Art. poét.* (1548).

où notre naturel recevait cet hommage, il cessait de le mériter, « par la prise de possession téméraire et tumultueuse de l'art antique (1). » Les périls de l'imitation, toujours si grands, s'augmentaient alors de l'ignorance où l'on se tenait des conditions historiques dans lesquelles se développe toute littérature et s'était particulièrement développé le théâtre grec. On n'étudiait les tragédies que dans leurs beautés littéraires; on croyait à « un modèle idéal, qui est de tous les temps et de tous les lieux, et qui peut se reproduire dans toutes les langues (2). » Erreur naïve, qui nous fit si longtemps nous escrimer à cet ingrat labeur d'adapter des formes antiques à nos sentiments modernes, et qui fut peut être une des causes du décret de proscription porté par quelques théoriciens, logiques jusqu'au bout, contre les « mystères » et les sentiments chrétiens : on les bannit de la poésie et du théâtre, parce qu'ils ne paraissaient pas « susceptibles d'ornements égayés, » et aussi parce qu'ils paraissaient gênés et travestis dans les « moules » renouvelés des Grecs.

Quant aux leçons des anciens, elles auraient pu nous être profitables, si nous les avions moins écoutées en écoliers, si nous leur avions demandé une direction générale de l'esprit, des vues nouvelles sur le principe et les diverses manifestations du beau, une excitation et un encouragement à tenter chez nous des œuvres aussi belles que celles d'autrefois, mais différentes; nous leur demandâmes des recettes. L'apprentissage d'un art personnel et original est long, et les ambitions de nos poètes étaient impatientes. Ils voulaient savoir vite et produire aussitôt. Ils crurent posséder la science parce qu'ils avaient lu et retenu Aristote et Horace; ils avaient appris une leçon, mais ils n'en avaient pas reçu. Ce furent ces impatiences et ces besoins d'écoliers qui donnèrent tant d'autorité

---

(1) *La Tragédie française au seizième siècle*, par Emile Faguet, p. 24.
(2) *Hellénisme en France*, de M. Egger, II, 114.

à l'*Epître aux Pisons* d'Horace, et surtout à la *Poétique* d'Aristote.

Par un contraste étrange et souvent remarqué, ce fut à l'heure où l'autorité d'Aristote diminuait en philosophie qu'elle s'établit en littérature. Au moment même où Ramus soutenait en Sorbonne cette thèse tapageuse, intitulée : *Que tout est faux dans la philosophie d'Aristote*, tout devenait vrai et vénéré dans sa *Poétique*. C'est que ce petit livre, connu seulement depuis un demi-siècle, répondait à la fois aux espérances nouvelles et aux habitudes anciennes de l'esprit français : espérance d'égaler un ancien en obéissant aux leçons d'un ancien, — habitude d'être enseigné en forme, d'être élevé à la formule comme d'autres le sont à la baguette. La méthode aristotélique et scolastique avait présidé depuis des siècles à l'éducation nationale ; les philosophes mettaient leurs efforts à s'en affranchir ; mais l'esprit public en avait gardé le pli et le goût. Bien loin d'être rebutés par le ton dogmatique, les divisions et les définitions qui font ressembler la *Poétique* d'Aristote à un chapitre de la *Logique* (1), les écoliers du seizième siècle y virent une garantie de son utilité et le signe de sa valeur absolue.

III

Pour comble de malheur, Aristote ne fut pas seul à s'imposer à notre respect : il traînait avec lui une escorte innombrable de commentateurs et glossateurs italiens auxquels s'étendirent les sentiments qu'il inspirait lui-même. Trissino, Muzio, Victorius, Castelvetro, Robortello (2) furent nos maîtres en même temps que le Maître et même avant lui. Car ce fut à travers leurs traductions et inter-

---

(1) Cf. Egger, *Hellénisme en France* et *Essai sur la Critique chez les Grecs*.

(2) *La Poetica*, de Trissino, est de 1529, augmentée en 1563 de deux

prétations que nous lûmes le texte de la *Poétique*, et que nous crûmes y voir, entre autres règles qui n'y sont pas, celle des deux unités.

Car, il importe de le constater à notre honneur ou du moins à notre décharge, cette règle que nous nous sommes appropriée depuis par notre habileté à l'appliquer et notre ardeur à la défendre, nous ne l'avons pas inventée. Elle nous vient d'Italie, et elle lui vint, non pas d'Aristote, mais des habitudes raisonneuses et superstitieuses de ses écoles. Aristote constatait que la tragédie s'efforce de se renfermer dans un tour de soleil ; les commentateurs italiens firent de cette constatation un ordre ; Aristote ne dit rien de l'unité de lieu ; les aristotéliciens déduisirent cette seconde règle de la précédente par analogie (1). C'est dans Castelvetro qu'on en trouve la première trace (2),

---

chapitres posthumes sur la poésie dramatique. — *Tre libri di Arte Poetica*, del Mutio. Venise, 1551. — *Petri Victorii Commentarii in primum librum Aristotelis de Arte poetarum.* Florentiæ. 1560. — Cf. Breittinger, p. 4 et seq. *La Poetica d'Aristotele vulgarizzata et sposta*, de Castelvetro, est de 1570. — Robortello avait publié une *Poétique d'Aristote*, accompagnée de dissertations, en 1548.

(1) Egger, *Hellénisme en France*, t. I, 318-319.

(2) L'unité de temps est formulée par Trissino, mort en 1550 : « La tragédie diffère de l'épopée, en ce que la première se termine en *une seule journée*, ... tandis que l'épopée n'a pas un temps limité, comme cela se faisait à l'origine même pour la tragédie et la comédie, et *se fait encore aujourd'hui pour les poètes ignorants.* » Trissino, dans les deux chapitres posthumes de *La Poetica*. Cf. M. Breittinger, p. 6, *op. cit.*

Pour l'unité de lieu, voici un texte formel de Castelvetro, antérieur de deux ans à celui de Jean de La Taille, cité plus haut, p. 117 : « L'épopée, racontant par la parole seule, peut embrasser une action arrivée en beaucoup d'années et en divers lieux, sans inconvenance aucune, la parole présentant à notre intellect les choses distantes de temps et de lieu ; ce que ne peut faire la tragédie, qui doit avoir pour sujet une action arrivée en un mince espace de lieu et de temps, c'est-à-dire *dans ce lieu et ce temps où les acteurs accomplissent leurs opérations. ..... Le lieu étroit est la scène .....* » Cité, dans le texte italien, par M. Breittinger (*Revue critique*, 27 décembre 1879), qui reconnaît s'être trompé dans son opuscule sur les *Unités* à l'étranger, en attribuant à Sir Philip Sidney la première formule bien nette de l'unité de

et c'est de Castelvetro probablement qu'elle passa chez nous au seizième siècle.

Mais parmi ces commentateurs et ces sous-maîtres, il y en eut un qui tint bientôt le premier rang, immédiatement après Aristote : ce fut Jules-César Scaliger. Arrêtons-nous un moment devant ce théoricien, dont le livre, publié en France en 1561 (1), est le témoin le plus complet des idées qui dirigèrent, au seizième siècle et même au dix-septième, le théâtre savant et l'éducation de nos poètes. D'Aubignac déclarait, en effet, « que Scaliger en dit, à lui seul, plus que tous les autres, et qu'il ne faut pas en perdre une parole ; » La Mesnardière l'appelait « le plus merveilleux esprit qui ait paru aux derniers siècles, » et Gabriel Guéret faisait dire par Apollon, dans son *Parnasse réformé* : « Je veux que ceux qui se mêlent de poésie sachent par cœur Aristote, Horace et Scaliger. » Scaliger égalé à Aristote ! L'éloge est considérable. Il n'est pas sûr qu'il eût paru suffisant à Scaliger, qui déclare, dans sa Préface, qu'avant son livre il n'y a pas eu de véritable Art poétique : « ... Quam parum fuerit vera ars, ex nostris disputationibus manifestum est. » Aristote et Horace ont fait des écrits qui portent ce nom ; mais l'un et l'autre manquent d'ordre : « Ordinem... neglexit Aristoteles, Horatius vitiavit ! »

Jules-César Scaliger était un Italien de Padoue, qui s'était établi à Agen, au centre de la Gascogne. Il méritait d'être naturalisé Gascon celui qui se vantait d'avoir plus d'ordre qu'Aristote, le contredisait d'un ton rogue, et le traitait d'égal à égal : « Ita censuit Aristoteles, neque vero aliter sentimus nos. » Et cependant, oubliant son rôle charlatanesque, — un peu tard il est vrai, à la fin de son livre, — il avoue qu'il n'est, comme tous

---

lieu. M. Breittinger paraît ignorer le texte de Jean de La Taille, antérieur de huit ans au moins à celui de Sidney.

(1) *Poetices Libri septem.*

ses contemporains, qu'un disciple d'Aristote. « C'est lui, » dit-il, « qui est notre maître, notre général et notre dictateur » : Aristoteles imperator noster, omnium bonarum artium dictator perpetuus (1). » Ce disciple d'Aristote, en effet, est encore un scolastique ; son livre est une espèce de *Somme* poétique, analogue aux Sommes philosophiques et théologiques du moyen âge ; inutile d'ajouter que cette analogie s'arrête aux formes et aux procédés extérieurs. Dégageons de l'énorme et encombrant appareil de ses divisions et classifications sa doctrine sur le but, les espèces, les parties, le sujet, l'étendue et le style du poème dramatique.

I. Le but de la poésie dramatique et même de la poésie en général, c'est l'utilité morale. Le théâtre est une école, le poème dramatique un enseignement en action, destiné à nous inspirer l'amour du bien et l'horreur du mal : « Docet affectus per actiones ut bonos amplectamur et imitemur, malos aspernemur (2). » Quant aux moyens que

---

(1) 2ᵉ partie du livre VII.

(2) Il est probable que cette doctrine vient de la phrase fameuse d'Aristote « sur la purgation des passions, » par la tragédie. Scaliger reproche à Aristote de n'avoir parlé de l'utilité morale de la poésie que dans cette phrase. Il entend évidemment la κάθαρσις d'une purification et réformation de l'âme en général, et il ne tente pas d'ajouter son commentaire à ceux, déjà nombreux, qu'avait inspirés ce « mot mystérieux, » comme dira Bossuet. D'Aubignac fera comme Scaliger ; il mettra Aristote parmi les théoriciens du théâtre moral et utile ; mais il ne commentera pas *la purgation*. On ne s'étonnera pas, en conséquence, de nous voir négliger cette question dans cette étude. Tout au plus pouvons-nous dire ici que des commentateurs modernes, notamment M. Egger, ont nié qu'Aristote ait voulu parler, même dans cette phrase, de l'utilité morale de la poésie, et rappeler que les interprètes de la κάθαρσις peuvent se partager en trois grandes classes, dont les deux premières se subdivisent en groupes nombreux : 1° ceux qui y voient un précepte de morale ; 2° ceux qui y voient un précepte d'art ; 3° ceux qui n'y voient aucun précepte, mais simplement une constatation métaphorique de l'effet produit sur l'âme par la représentation de la terreur et de la pitié, effet purement agréable et analogue à celui que produit, dans le corps, un purgatif. L'homme a besoin d'émotions ; il a besoin d'éprouver de la terreur et de la pitié ; la tragédie le *purge* de ce besoin.

le théâtre emploie pour enseigner, il y en a deux : les sentences d'abord, qui donnent directement la leçon morale, et le dénouement, qui la donne indirectement, en nous montrant le vice toujours puni et la vertu toujours récompensée : « La joie des méchants doit se changer en deuil et la tristesse des bons en joie. » Cette théorie du théâtre moral ou du théâtre utile, qui a été depuis deux siècles et qui est encore la préoccupation et un peu la « marotte » de l'esprit français, d'Aubignac essaiera de la faire passer dans la pratique ; nous la jugerons lorsque nous aurons à raconter ses tentatives.

II. Toutes les espèces du poème dramatique ont attiré l'attention de Scaliger ; il n'a pas tenu à lui que les *Mimes* et le *Drame satyrique* n'eussent leur renaissance sur la scène moderne : il les a définis, divisés, classés, et leur a donné des lois. Mais il s'est particulièrement attaché à la comédie et à la tragédie ; il définit la première : « Poema dramaticum, negotiosum, exitu laetum, stylo populari, » et la seconde : « Imitatio per actionem fortunae illustris, exitu infelici, oratione gravi, metrica. » Il préfère de beaucoup cette dernière définition à celle d'Aristote, qu'il trouve trop longue et incomplète. La sienne contient une règle nouvelle : celle du dénouement malheureux. Aristote, qui ne parle pas du dénouement dans sa définition, dit quelque part (chap. XIII) que, « dans une bonne fable, le changement a lieu du bonheur au malheur. » C'est évidemment de cette préférence d'Aristote que sort la règle nouvelle ; mais c'est parce qu'Aristote ne l'a pas formulée que Scaliger le traite de mauvais logicien. Nous avons ici toute la mesure de cet esprit ; il n'a d'idées que celles qu'il reçoit ; il érige en lois les moindres indications et les moindres désirs du Maître, mais il prend le besoin d'exagérer les idées d'un autre pour de l'originalité, et il se vante d'être un philosophe indépendant alors qu'il n'est qu'un écolier superstitieux et naïf.

III. Les parties du poème dramatique sont de trois espèces : essentielles, accessoires, concomitantes. Les concomitantes comprennent le titre de la pièce, le mètre du vers, le chant, la danse, les décors ; les accessoires : l'argument, le prologue, le chœur, les mimes ; les parties essentielles : la *Protase*, l'*Epitase*, la *Catastase* et la *Catastrophe*.

De ces quatre derniers grands mots, il y en a trois, — les deux premiers et le dernier, — qu'on peut comprendre et traduire simplement par ceux-ci : le commencement, le milieu, la fin, ou, plus spécialement : l'exposition, le nœud, le dénouement. Quant à la *Catastase*, c'est plus difficile. Ce mot et cette chose sont de l'invention de Scaliger, et il ne veut pas nous le laisser ignorer. Il avait pris les trois autres mots à Donat et les trois autres choses à tout le monde. Mais c'est lui qui a toujours aimé à subtiliser, comme il nous le confie : « Nos autem ad subtiliora semper animum appulimus; » — c'est lui qui a trouvé la *Catastase*. Et il la définit ainsi : « Catastasis est vigor ac status fabulae in
» qua res miscetur in ea fortunae tempestate in quam sub-
» ducta est. » Ce qui est à peu près intraduisible, mais ce qui doit signifier le moment le plus aigu de la crise dramatique, la résultante de toutes les intrigues et de toutes les combinaisons précédemment nouées. La Catastase serait alors le dernier période du nœud, et n'aurait avec la Péritase qu'une différence de degré. Chacune de ces espèces et de ces parties du poème dramatique a ses règles, toutes renouvelées d'Aristote et d'Horace, formulées en passant, à la hâte, en phrases sibyllines, sans verbe ; rien que des substantifs impérieux et brefs, des oracles !

Les Grecs avaient un chœur ; l'avaient-ils introduit sur leur théâtre dans une intention formelle d'intérêt dramatique, ou bien l'y avaient-ils gardé en vertu de traditions plus puissantes et plus respectées que les lois mêmes de l'art ? Scaliger ne se le demande pas. Ils avaient un chœur, il faut un chœur. Il le définit : « Pars inter actum et actum. » D'où il conclut que le chœur qui suit le cinquième acte n'est pas un vrai chœur, puisqu'il n'est pas compris entre deux actes. Tous les préceptes qu'il déduit de cette manière de comprendre le rôle du chœur se réduisent à ceux-ci : Son sujet doit être tiré de la fable dramatique, il faut qu'il ne soit pas trop long : « Est modus choris apponendus. » — S'il pense à le diminuer, c'est que probablement il a lu dans Donat que le chœur ennuyait les spectateurs et les faisait fuir (1) ; mais comme il n'a lu dans aucun ancien qu'on l'ait supprimé, il le maintient.

IV. Nulle part d'ailleurs ne se révèle la véritable intelligence des temps anciens ni le souci des temps présents. Scaliger semble oublier tout ce qui nous sépare des civilisations païennes ; il propose au théâtre moderne les mêmes sujets que traitait le théâtre grec ou latin ; à notre tragédie, les aventures des héros fabuleux, des combattants de la guerre de Troie, les métamorphoses d'Alcyoné et de Céyx ; à notre comédie, les fourberies des esclaves, les hasards courus par des jeunes filles vendues et reconnues libres, etc., etc.

Sur la question de l'étendue du sujet, Scaliger se sépare nettement de son « maître et dictateur. » Aristote, en effet, n'entend pas qu'on mesure cette étendue au *clepsydre*, mais sur les proportions naturelles et nécessaires de l'action. Il dit même que « la meilleure action quant à l'étendue, est la plus longue, pourvu qu'on en puisse bien saisir l'ensemble (2). » Scaliger, au contraire, détermine, montre en main, les limites de l'action, et il ordonne qu'elle soit très courte ; « argumentum sit quam brevissimum. » Et il donne de ce précepte la raison suivante, qui a pesé, plus que toute la *Poétique* d'Aristote, sur l'esprit des théoriciens du dix-septième siècle, et déterminé le caractère de la plupart de leurs prescriptions.

---

(1) Donat, cité par d'Aubignac, *Pratique du théâtre*, livre III, ch. v, p. 202, édition 1715.
(2) Chapitre VII, édition Egger.

Les poèmes dramatiques, dit-il, doivent être conformes le plus possible à la vérité : « quam proxime accedant ad veritatem. » Or, si le sujet était trop étendu, il ne pourrait pas tenir dans les limites de la représentation, qui dure à peine sept ou huit heures, « quum scenicum negotium totum sex octove horis peragatur; » il y aurait contradiction entre le poème et sa représentation, ce qu'il faut éviter avant tout. Ce raisonnement contient en germe la règle des trois unités et toute la démonstration qu'en donneront Chapelain et d'Aubignac (1).

VI. La tragédie oratoire et élégiaque, telle que la concevait Scaliger et la pratiquaient alors les poètes, se préoccupait principalement du style. « La beauté du langage est le plus grand souci de nos contemporains, » avoue Scaliger, qui semble s'en affliger. En réalité, il partageait lui-même cette préférence, et il l'augmenta. Il poussa la tragédie vers la rhétorique ou plutôt il l'y arrêta. Sénèque le tragique, le plus rhétoricien des tragiques, était déjà en faveur avant 1561; mais quel encouragement à l'étudier et quelle émulation à l'imiter devaient produire ces éloges de Scaliger : « Sénèque n'est, à mon avis, l'inférieur d'aucun poète grec, et il est supérieur à Euripide par l'élégance et l'éclat du style. » Rien n'est difficile sans doute comme d'établir avec précision l'influence d'un critique sur le public, ou celle du public sur le critique; le critique est aussi souvent le témoin que le maître de son temps; mais on peut croire ici que Scaliger rendit à son siècle plus qu'il n'en reçut; il en avait reçu le goût, un goût très vif, pour Sénèque, il lui en inspira le culte.

(1) Cf. *infrà*, ch. Ier, art. II, et ch. II. — Scaliger donne un *scenario* de tragédie « peu chargée de matière; » le premier acte se compose d'un monologue et d'un chœur; le deuxième, d'une scène dialoguée et d'un chœur; le troisième, d'un récit et d'un chœur; le quatrième, de nouveaux récits du même évènement et d'un chœur; le cinquième, d'un monologue et d'un chœur. Voilà un modèle de tragédie, conclut Scaliger. « Il ne reste plus qu'à ajouter d'autres personnages »; — c'est-à-dire qu'il ne reste plus qu'à ajouter une tragédie pour en avoir une.

De même pour les sentences ; elles étaient déjà une mode, elles durent devenir un devoir lorsqu'il eut dit : « Sententiae sunt quasi columnae aut pilae quædam universae fabricae illius. »

Traduisons *fabrica* par fabrication. Aussi bien, ce mot résume exactement les idées de Scaliger, celles qu'il avait et celles qu'il inspire : tout poème est une œuvre de métier qu'on peut exécuter et fabriquer d'après des recettes fixes et infaillibles, presque mécaniquement. L'essentiel, pour un poète, c'est de connaître ces recettes.

> Qui, selon cet art, du tout se formera,
> Hardiment peut oser tout ce qui lui plaira,
> Ecrivant en françois... (1).

Ainsi parlaient les maîtres ; ainsi pensaient les disciples. Les uns et les autres avaient une égale foi en la toute-puissante vertu des règles.

IV

Cependant, il y avait quelques incrédules : les poètes irréguliers d'abord, qui continuaient à user des vieilles libertés du moyen âge, et, en outre, quelque partisans eux-mêmes de l'art nouveau, du « vrai art. » Malheureusement, les premiers n'ayant pas cru nécessaire d'écrire des préfaces pour se justifier, c'est dans les écrits des seconds que nous sommes réduits à chercher les traces de l'esprit d'indépendance.

Ainsi, Grévin lui-même, l'auteur du *Brief Discours*, s'étant, en un point, écarté de l'usage des Grecs, n'hésitait pas à déclarer que le « vrai art » n'est pas, en tout et toujours, l'art des Grecs ; « que diverses nations requièrent diverses manières de faire » et qu'il faut imiter la nature plus encore que les anciens (2).

(1) Vauquelin de La Fresnaye.
(2) Voir aux appendices.

Un autre régulier, Pierre Delaudun, sieur d'Aigaliers, auteur d'une Poétique inspirée de Scaliger (1598), « argumente formellement contre l'unité de temps (1) » dans un chapitre spécial intitulé : « De ceux qui disent que la tragédie doit être des choses faites en un jour. » — Il repousse cette règle pour cinq raisons qu'il énumère dans l'ordre suivant : 1° En admettant qu'elle vienne des anciens, elle n'est pas obligatoire pour les modernes dont l'art diffère, sur tant de points, de celui des anciens ; — 2° elle enferme l'action dramatique dans un cadre trop étroit, où elle ne peut pas se développer ; — 3° elle a été inconnue de la plupart des anciens ; — 4° elle est incompatible avec la définition de la tragédie, qui « est le récit de la vie des héros ; » — 5° les tragédies qui s'y sont conformées ne valent pas mieux que les autres (2).

De ces cinq raisons, il y en a bien quatre qui ont une certaine valeur. Malheureusement, Delaudun, qui écrit vite, « à la cavalière, » qui dit à tout propos qu'il est pressé, ne tire aucun parti des vérités qu'il rencontre. Il « remet tout à la seconde impression, » laquelle n'eut jamais lieu.

Aussi bien, à l'époque de la publication de cette poétique, il n'était plus nécessaire d'argumenter contre les règles : elles étaient brusquement passées de mode ; elles avaient au moins perdu leur caractère obligatoire. Les poètes eux-mêmes, qui avaient prétendu les appliquer, les avaient probablement compromises par leurs œuvres. Ni Jodelle, ni La Taille, ni Garnier lui-même ne nous avaient donné assez de plaisir, ne nous avaient inspiré assez de fierté pour fixer nos goûts (3) : nous acceptâmes de nouveaux

---

(1) Sainte-Beuve, *Seizième siècle*.
(2) Voir aux appendices.
(3) On a dit longtemps que les tragédies savantes du seizième siècle n'avaient été représentées que dans des collèges et des théâtres privés, jamais devant la foule dans les théâtres publics ; M. Emile Faguet (*La Tragédie au seizième siècle*), sur la foi d'un *Journal* manuscrit du Théâ-

-maîtres et de nouveaux modèles dès qu'ils se présentèrent. Aux Italiens succédèrent les Espagnols, et à la *Poétique régulière* de Trissino celle de Lope de Vega.

Alexandre Hardy, le représentant des nouveaux goûts dramatiques, disait : « Tout ce qu'approuve l'usage et qui plaît au goût public devient plus que légitime. » C'était là toute sa poétique ; on sait que c'était celle de Lope de Vega, qui avait déjà dit, avec plus de gaieté et d'ironie :
« Lorsque j'ai à faire une comédie, j'enferme toutes les
» règles sous de triples verrous, j'éloigne de mon cabinet
» Plaute et Térence,... et j'écris suivant l'art qu'ont in-
» venté ceux qui ont voulu obtenir des applaudissements
» de la foule. Après tout, comme c'est le public qui paie
» ces sottises, il est juste qu'on le serve à son goût (1). »

Malheureusement, il ne suffit pas de dédaigner et de violer des règles, même des règles fausses, pour avoir du génie, fonder ou renouveler un genre littéraire. Hardy amusa, il ne domina pas les esprits. Aucune de ses œuvres ne fut assez puissante pour imprimer à l'art dramatique une direction nouvelle et définitive. Imitateur des Espagnols, sans cesser de l'être des Italiens, des Latins et des Grecs, toute son originalité fut d'avoir un modèle de plus que ses prédécesseurs du seizième siècle. Cet élève de tout le monde ne prétendait pas, d'ailleurs, à la gloire d'être lui-même un maître. Dans les préfaces des quarante et une pièces qu'il a publiées, on ne rencontre rien qu'on puisse prendre pour l'exposé d'un système dramatique réfléchi et personnel. Il n'a pas de théories, il a des besoins et des devoirs : il est fournisseur d'une troupe de comédiens ; il travaille et produit, selon les exigences de ses clients et le modèle qu'il a sous la main, sans perdre le temps à professer ou à plaider. S'il émet parfois quelque

---

tre *Français*, datant, il est vrai, du dix-huitième siècle, constate que des représentations de ce genre avaient lieu à l'Hôtel de Bourgogne.

(1) *Nouvel Art*, traduction de M. Damas-Hinard.

idée générale ressemblant à une théorie, c'est pour combattre « ces critiques, ces frelons du temps qui châtrent le parterre de la poésie de ses plus belles fleurs » et imposent des lois sévères au style. C'est Malherbe qui est son ennemi et non pas Scaliger. Il veut bien avouer, d'ailleurs, que la tragédie demande certaines qualités particulières ; il les énumère : « La grâce des interlocutions,
» l'insensible douceur des digressions, le naïf rapport des
» comparaisons, une égale bienséance adaptée aux dis-
» cours des personnages, un grave mélange de belles
» sentences qui tonnent en la bouche des acteurs et ré-
» sonnent jusqu'en l'âme des spectateurs, voilà selon ce
» que mon faible jugement a reconnu, depuis trente ans,
» pour *les secrets de l'art* interdit à ces petits avortons,
» aveuglés de la trop bonne opinion de leur suffisance ima-
» ginaire (1). » Voilà tous les secrets de l'art, chez Alexandre Hardy et ses émules contemporains. Ils n'étaient pas faits, avouons-le, pour remplacer le « vrai art » célébré par Jean de La Taille, ni pour empêcher sa prochaine renaissance.

V

Pendant qu'elle était négligée en France, la *Poétique* dite aristotélique était cultivée à l'étranger : en Italie, avec Beni (1613) ; en Espagne même, avec la *Philosophia antiqua poetica* du docteur-médecin Lopez Pinciano (1616) (2), devancier du médecin français La Mesnardière ; enfin, en Hollande, par Daniel Heinsius, dont le petit traité latin sur la tragédie (3), plus facile à lire que la *Poétique* d'Aristote, et surtout que l'énorme Somme de Scaliger, allait devenir, en France, le manuel des poètes et mériter les éloges de Scudéry, de l'Académie et de La Mesnardière. Dans

---

(1) *Œuvres de Hardy*, tome V.
(2) Cf. Breittinger, *Les Unités d'Aristote*, p. 16.
(3) *De Tragediæ constitutione*, 1610.

ce livre cependant, se trouvent quelques déclarations qui auraient pu le compromettre auprès de ces fervents disciples de Scaliger. Heinsius condamne, par exemple, l'abus des sentences et ne craint pas de traiter d'*inepties* certains passages de Sénèque. Chose plus étonnante encore et véritablement nouvelle, il n'a qu'une confiance limitée dans la vertu des règles : « Il ne suffit pas, » dit-il, « de savoir les règles pour faire une tragédie; » enfin, — et ceci est le comble, — il croit à la liberté du poète : « Je suis loin de penser, » déclare ce rare interprète d'Aristote, « que la liberté du poète doive être mise à la gêne dans » les étroitesses des lois forgées par les grammairiens et » les philosophes. » La liberté du poète! C'est la première fois que nous la rencontrons dans les poétiques aristotéliques ; nous ne la reverrons plus.

Rien que pour avoir écrit ces lignes, Daniel Heinsius mériterait une place élevée parmi les théoriciens de son temps. S'il ne l'a pas obtenue, c'est qu'en dehors des passages que nous venons de citer, son traité n'est qu'une glose de la *Poétique* d'Aristote, continuant et aggravant la tradition des commentateurs ordinaires. On y rencontre bien une autre nouveauté, mais, cette fois, dans le sens de la règle et de la réglementation, c'est à savoir l'indication du moyen suivant pour rendre le théâtre moral et atténuer l'impression de la peinture du vice : « Que, du moins, » dit Heinsius, « la majorité appartienne aux personnages vertueux : *Plures sint bene morati*. » Cette recette naïve explique suffisamment que son auteur ait été placé, par l'estime de Scudéry et de La Mesnardière, presque au même niveau que Scaliger, et qu'il ait présidé avec lui au retour et à l'établissement définitif du « vrai art. »

[Article II.

I

Il y a longtemps que Schlegel a remarqué que notre littérature classique avait grandi « sous la tutelle de la société. » Ce fut à cette tutelle que les Règles du théâtre durent leur seconde renaissance.

La première avait été sans doute préparée par les relations de la France et de l'Italie, et bientôt encouragée par les puissances sociales et politiques ; mais c'étaient des gens de lettres et des poètes qui l'avaient spontanément décrétée et officiellement commencée. Encore même trouvèrent-ils que le concours « de la société » était trop froid et trop peu généreux. Les rois couronnaient Ronsard et donnaient des rentes à Desportes ; mais les courtisans restaient railleurs pour les poëtes et indifférents pour les lettres : « Nos jeunes courtisans, » disait Jean de La Taille, « voulant honnêtement dire quelqu'un fol, ne le font qu'appeler poëte ou philosophe (1). » Aussi le même Jean de La Taille n'osait-il pas espérer en l'avenir de l'art dramatique français, à moins que les rois ou les grands seigneurs ne prissent en main sa cause, et n'assurassent aux poèmes les moyens de se produire avec éclat, sur un théâtre bien bâti et bien décoré, avec des acteurs intelligents et bien formés (2). Vauquelin, tout confiant qu'il fût dans la puissance des Règles, demandait le concours d'une autre puissance :

> . . . . la Muse françoise
> Aisément passerait la Romaine et Grégeoise,
> S'elle avait eu l'appui d'un grand roi pour soutien.

(1) *De l'Art de la tragédie.*
(2) *Ibid.* — Joachim du Bellay avait, lui aussi, appelé les rois au secours du théâtre : « Quant aux comédies et tragédies, si les rois et républiques les voulaient restituer en leur ancienne dignité..., je serais d'avis que tu t'y employasses. »

Le théâtre attendit l'appui d'un grand roi jusqu'à Louis XIV. Mais dès 1630, il eut l'appui d'un grand ministre, et dès 1625 il avait eu celui des grands seigneurs et des salons. Ce fut leur influence qui décida cette fois de sa forme et de ses destinées; le goût des Mécènes devança et dirigea celui des poètes.

Le goût et les idées de ces Mécènes venaient encore d'Italie; comme la première Renaissance, la seconde eut son point de départ et son origine de l'autre côté des monts (1). L'arrivée en France d'une autre reine italienne, amie des lettres et des arts, les conversations de la famille Pisani de Rambouillet, le succès du cavalier Marin, avaient dégoûté la société polie de la littérature espagnole, et remis à la mode la littérature et les théories italiennes.

Vers 1624, le comte de Carmail et le cardinal de La Valette allèrent trouver un jeune poète, Jean de Mairet, déjà connu par quelques pièces qui n'avaient rien de régulier, et l'engagèrent « à composer une pastorale avec toutes les rigueurs que les Italiens ont accoutumé de pratiquer (2). » — C'est la première fois qu'on parle en France des rigueurs des règles; on ne parlera bientôt plus d'autre chose. — En même temps qu'on embauchait ou qu'on éclairait les poètes, on agissait sur les comédiens, obstinément fidèles au système ou plutôt au répertoire de Hardy et de ses disciples; on députait auprès d'eux le comte de Fiesque, qui sut les persuader et obtenir leur concours.

(1) L'Italie, remarquons-le en passant, n'a pas été non plus étrangère à la réaction romantique contre les Règles du dix-septième siècle. Victor Hugo ne parle guère, dans sa *Préface de Cromwell*, que de Shakespeare; en réalité, les écrits de Baretti et de Métastase, et surtout la belle lettre de Manzoni sur les Deux Unités, publiée en 1822, à Paris, avaient dû avoir leur influence sur les théories nouvelles.

(2) Mairet, *Préface de Silvanire*. — Cf. la thèse de M. Bizos, sur Mairet.

II

Les arguments employés par le comte de Fiesque et par le comte de Carmail ne nous sont pas parvenus. Mais il nous reste ceux que leur premier disciple, Mairet, crut devoir exposer publiquement pour gagner de nouveaux adhérents à la doctrine qui l'avait conquis lui-même. Il les développe en tête de la pastorale de *Silvanire*, « composée selon les rigueurs italiennes » et publiée en 1625. Cette préface n'est qu'un exposé de théories déjà anciennes et toutes empruntées à Heinsius et à Scaliger. Il n'y a de nouveau que l'importance qu'y prend la règle de l'unité du temps et du lieu; importance qui est, il faut le noter, un des principaux caractères de ce mouvement doctrinal d'où devait sortir la *Pratique* de l'abbé d'Aubignac; tout l'effort des Réguliers se porte à défendre cette règle et celui des Indépendants à l'attaquer. Aussi Mairet ne se borne pas à la formuler, comme avaient fait Ronsard et Jean de La Taille; il plaide en sa faveur, au nom de la vraisemblance, de la commodité des spectateurs, de l'exemple des anciens et des Italiens. Cependant il ne va pas jusqu'à la déclarer nécessaire et à condamner ceux qui la violent. Il se borne à les accuser d'imprudence.

Mairet, on le voit, manque de pédantisme, quoique Corneille lui ait reproché d'avoir eu « l'effronterie de prendre la chaire (1). » C'est pourquoi, sans doute, sa Préface passa à peu près inaperçue; Segrais ne semble pas l'avoir connue, puisqu'il fait honneur à Chapelain d'avoir été « la cause que l'on commença à observer la règle des vingt-quatre heures dans les pièces de théâtre (2). » Chapelain fut en effet le principal instrument de cette seconde renaissance des règles dramatiques : « S'il a été dit avec raison, » s'écriait

---

(1) *Avertissement au Besançonnois Mairet.*
(2) *Segraisiana*, p. 107.

Balzac, « qu'Aristote était le génie de la Nature, nous pouvons dire, aussi justement, qu'en cette matière Monsieur Chapelain est le génie d'Aristote (1). » Il était « l'oracle (2) » consulté par tous les poètes débutants, et l'homme de confiance du comte de Fiesque. Ce fut lui qui indiqua à Mairet le sujet de la *Sophonisbe*, et l'aida à y observer les Règles, lui encore qui eut l'idée éminemment pratique d'envoyer aux comédiens « un homme de qualité » plutôt qu'un homme de lettres pour les décider à ouvrir les portes de leur théâtre aux poèmes réguliers, lui enfin qui gagna aux Règles le cardinal de Richelieu et, avec le cardinal, tous ses poètes *à gages*. « Un jour, » raconte le continuateur de Pellisson, « il démontra en présence du cardinal, qu'on
» devait indispensablement observer les trois fameuses
» unités de temps, de lieu et d'action. Le cardinal donna
» dès lors une pleine autorité sur eux à M. Chapelain (3). »

Qu'avait pu dire le grand critique pour inspirer au cardinal une conviction aussi soudaine et aussi enthousiaste? A défaut d'un procès-verbal authentique de cette conférence, qui nous l'indiquerait au juste, nous avons un document qui nous permet de le conjecturer. C'est une dissertation manuscrite (4) datée du 29 novembre 1630;

(1) *Discours sur le caractère et l'instruction de la comédie, in fine.*
(2) *Id., ibid.*
(3) Il lui donna aussi une pension (*Hist. de l'Acad.*, II, 130, édition Livet), « et cela au sortir de cette conférence. » La date de cette conférence est difficile à fixer. M. Livet croit qu'elle eut lieu vers 1636, la pension, « dont il a plu à Son Eminence de gratifier » Chapelain, semblant n'avoir été servie qu'à la fin de cette année 1636.
(4) Cette dissertation, signalée d'abord par M. Rathery dans sa liste des œuvres inédites de Chapelain, ensuite par M. Kerviler dans son *Etude sur Jean Chapelain*, et enfin par M. Tamizey de Larroque dans son édition des *Lettres de Chapelain*, n'a encore été publiée ni analysée par personne, du moins à ma connaissance. Elle est inscrite sous le n° 12847 du F.F. de la Bibliothèque nationale. Deux autres dissertations l'accompagnent, mais beaucoup plus courtes et moins importantes. Elles ne sont guère qu'une table de matières d'une Poétique dramatique complète. On ne peut y relever que la permission de mettre plus de trois personnages sur la scène, — mais « seulement dans les dernières scènes du dernier

et adressée par Chapelain à un de ses amis qui lui avait écrit « trois grandes pages » contre la règle des vingt-quatre heures. Chapelain déclare qu'il pourrait invoquer, contre son correspondant, « la Poétique des anciens » et « le consentement unanime de tous les Italiens; » mais qu'il préfère s'en tenir à sa raison seule et « parler de son chef. » Nous connaissons ces protestations d'indépendance et d'originalité; c'est un air de bravoure que Scaliger a enseigné à Chapelain et que Chapelain enseignera à d'Aubignac. N'en soyons pas dupes. Alors même qu'ils déclarent et croient peut-être *parler de leur chef*, ils sont, comme disait Corneille, « *tout blancs d'Aristote* » ou de Scaliger.

C'est à Scaliger en effet que Chapelain emprunte à la fois ses prétentions et sa démonstration : « Je pose pour fondement, » dit-il, « que l'imitation en tous poèmes doit être si parfaite qu'il ne paraisse aucune différence entre la chose imitée et celle qui imite. » On reconnaît la doctrine de Scaliger : « Quam proxime accedant ad veritatem. » Mais il faut être juste : Chapelain se l'approprie par la manière dont il la développe et par la rigueur qu'il lui donne. L'identité absolue entre l'imitation et le modèle n'est pas exigée par Scaliger, qui se contente de la conseiller ; lui, en fait le *fondement* de sa théorie de la vraisemblance et de sa poétique en général. Cette identité doit aller, dit-il encore, jusqu'à « ôter aux regardants toutes les occasions de douter de la réalité de ce qu'ils voient... ; » car c'est d'elle que vient « tout le fruit que la poésie peut produire en nous. » En conséquence, la chose imitée, dans la poésie représentative, étant l'action, et la chose qui imite étant la représentation, il ne doit y avoir aucune différence entre l'une et l'autre, leur durée doit être la même. Or la représentation

---

acte, » — et celle de ne pas lier les scènes. « Quelques-uns ont désiré que les scènes fussent liées, — ... il est vrai que cela fait beauté ; — mais cela n'est point nécessaire. » A noter encore l'énonciation formelle de l'Unité de Lieu ou « Unité de Scène. » (Voir aux appendices.)

dure quatre heures ; donc l'action doit durer... vingt-quatre heures ! O triomphe de la logique !

Nous reviendrons plus tard, à propos de d'Aubignac, qui reprend et développe cet argument, sur les inconséquences de la conclusion et surtout sur la fausseté de son principe, qui est plutôt la ruine que « le fondement » de la poésie représentative. — Chapelain, qui ne doute pas de la « force de son raisonnement, » l'appuie cependant d'une comparaison : « Il en est, » dit-il, « de la poésie représentative comme de la peinture : l'œil est son juge, auquel on ne peut en faire voir que selon son étendue ; » et de même « qu'un tableau serait faux pour être supposé représenter deux temps et deux lieux différents, » de même un poème dramatique serait faux si son action s'étendait dans des temps et des lieux multiples.

Cet argument métaphorique, sorti du mot fameux d'Horace « Ut pictura poesis, » dont Magnin a dit « qu'il fut le pivot ou plutôt la béquille des Poétiques du seizième siècle, » n'échappe à l'absurdité que par l'inconséquence. En partant, en effet, de ce principe qu'un drame est un tableau, qui ne peut pas représenter plusieurs moments d'une action, ce n'est pas à vingt-quatre heures ni même à quatre heures qu'il faudra borner son étendue, mais à quelques minutes ! Personne d'ailleurs, à cette époque, ne semble s'être avisé de dire que la poésie dramatique était non pas un seul tableau, mais une succession et comme une galerie de tableaux représentant divers moments d'une même action ; ce qui eût tout concilié, et le respect d'Horace et le bon sens.

Chapelain, « estimant » qu'il en a assez dit et qu'il a clairement prouvé que « cette doctrine est tirée de la nature même, » passe à la réfutation des objections faites par son correspondant. Elles semblent être au nombre de huit :

1° « La Règle des vingt-quatre heures est nouvelle ; les anciens ne l'ont pas connue. »

« Je mets en fait, » répond Chapelain, « qu'il ne nous est demeuré aucune pièce dramatique de l'antiquité qui ne soit dans cette observance. » C'est une affirmation qu'il ne songe pas même à justifier, tant elle lui paraît inattaquable. Nous la retrouverons chez d'Aubignac, qui, lui du moins, condescendra à expliquer les quelques difficultés qu'offrent à ce point de vue certaines pièces grecques et latines.

2° Le but du poème dramatique, avait dû dire l'ami de Chapelain, n'est pas de nous donner l'impression d'un certain temps écoulé, mais bien de nous émouvoir de certains faits placés dans le temps. Que ce temps soit plus ou moins long, les spectateurs ne s'en aperçoivent pas, n'attachant d'importance aux conditions extérieures d'un fait que lorsqu'elles sont capables de le modifier. Or « le temps ne fait rien à l'affaire. »

Chapelain répond que le temps a une importance capitale ; que s'il n'est pas le même dans l'action et dans la représentation, il y a invraisemblance, et que sans vraisemblance il n'y a pas d'intérêt ni d'émotion dramatique. Cette réponse est une récidive de l'argumentation de la première partie.

3° « La meilleure tragédie, d'après Aristote, est celle dont l'action a le plus d'étendue. Comment faire tenir une action étendue dans le cadre de vingt-quatre heures ? »

On connaît, en effet, la phrase d'Aristote, qui a, sur tant d'autres passages de la *Poétique,* l'avantage d'être fort claire, et de pouvoir se passer de commentaire. Elle contient en germe la condamnation d'une règle qui s'était d'abord présentée sous le patronage d'Aristote. Cette remarque, que fera plus tard Schlegel et que fait déjà le correspondant inconnu de Chapelain, n'embarrasse point le logicien qui a déclaré vouloir s'en tenir à sa propre raison. Il répond sans se troubler : « Je nie que le meilleur poème dramatique soit celui
» qui embrasse le plus d'action. Je dis, au contraire, qu'il
» n'en doit contenir qu'une, et qu'il ne la faut encore que de

» bien médiocre étendue. » Et le principal motif de cette révolte contre l'autorité d'Aristote, c'est qu'une longue action « embarrasserait la scène, » c'est-à-dire n'entrerait pas dans le cadre des vingt-quatre heures.

4° Le rétrécissement de l'action dans l'espace de vingt-quatre heures oblige à n'en représenter qu'une partie et à raconter le reste. Or, les récits sont ennuyeux.

Pas du tout, répond Chapelain : « Pour moi, je ne puis comprendre pourquoi un probable récit d'une chose passée est plutôt ennuyeux sur la scène que dans les conversations ordinaires, principalement lorsqu'il est ordinaire au sujet, et que le poète l'a accompagné de traits et de figures, et enrichi de magnifiques descriptions. » Chapelain ne se doute pas que c'est peut-être parce que les récits dramatiques sont enrichis de figures et de descriptions qu'ils sont ennuyeux.

5° Mais le spectateur se prête à tant de fictions au théâtre qu'il se prêterait facilement à une de plus. De même qu'il se croit transporté à Rome ou à Thèbes, aux lieux ou aux temps les plus éloignés de lui, de même il croirait que, dans ces trois heures de la représentation, il s'est écoulé le temps nécessaire à l'action représentée.

Réponse : S'il le croyait il aurait tort ! « Celui qui re-
» garde le spectacle *ne le doit* pas regarder comme une
» chose feinte, mais véritable... Quiconque va à la co-
» médie avec cette préparation que vous dites de n'enten-
» dre rien que de faux... abuse de l'intention de la
» poésie. » Ainsi, s'amuser au théâtre sans le secours de la règle des vingt-quatre heures, c'est abuser de la poésie, c'est offenser l'art ! Chapelain protège la dignité de l'art comme les médecins de Molière protégeaient la médecine lorsqu'ils défendaient au malade de guérir sans les remèdes de la Faculté.

6° « Je suis plus touché, » ajoute Chapelain, « de ce que
» vous objectez ensuite, qu'il est aussi malaisé de s'imagi-
» ner que l'on soit demeuré vingt-quatre heures à un

» spectacle auquel l'on n'a été que trois heures au plus
» que de penser qu'une histoire de dix ans se soit passée
» durant une séance de trois heures. » Il est touché, en
effet, car il s'embarrasse et ne sait comment excuser cette
flagrante contradiction avec son grand principe de l'identité absolue du portrait et du modèle. Il perd de sa belle
assurance, il plaide les circonstances atténuantes tirées
de l'énorme différence qu'il y a entre dix ans et vingt-quatre heures, de la facilité d'illusion qu'offrent les entr'actes, « qui doivent tenir lieu du temps qu'on peut
s'imaginer à rabattre sur les vingt-quatre heures. » Enfin
il conclut que la mesure des vingt-quatre heures n'est pas
obligatoire, qu'elle est facultative, en ce sens toutefois
qu'on n'est pas obligé de la prendre toute. « D'ordinaire
l'action se termine entre deux soleils (il revient ici au texte
d'Aristote), c'est-à-dire un peu plus ou un peu moins que
la moitié de vingt-quatre heures, ce qui raccourcit d'autant l'espace et facilite l'illusion. »

7° « Le théâtre d'à-présent n'est plus que pour le plaisir et le plaisir du théâtre sera de beaucoup plus grand
toutes les fois qu'on se dispensera de cette règle de vingt-quatre heures comme on a fait pour les chœurs, les messagers et les flûtes. »

Chapelain divise la réponse en deux points. Il dit d'abord
« que les changements ne sont louables que du bien au
mieux et non du bien au mal, » que la suppression des
chœurs et des messagers est déplorable, et qu'aux « établissements qui ont leur fondement en la nature, l'altération est toujours pernicieuse et que c'est *pécher contre le
genre humain que de s'y abandonner.* » Voudrait-on, à
l'heure « où tous les arts reprennent leur premier lustre...,
où chacun renonce au gothisme après l'avoir reconnu et
où l'on imite les vertus anciennes en toutes choses, rebuter celles du théâtre seul... et demeurer barbare de ce
côté-là seulement? » Il ne faut donc pas obéir au goût du
public, « de ces idiots et de cette racaille qui passe en ap-

parence pour le vrai peuple et qui n'est en effet que sa lie et son rebut. » Voilà pour le premier point. Quant à croire que la suppression, de la règle des vingt-quatre heures augmentera le plaisir du théâtre, c'est une autre erreur : « cette correction opérerait un effet contraire ; » car la production du plaisir, comme de toutes choses, se fait par l'ordre et la vraisemblance, c'est-à-dire par la règle même dont il s'agit, et hors de laquelle il n'y a ni ordre ni plaisir. C'est toujours la même pétition de principe !

8° La vraisemblance, lui disait son correspondant, est si peu nécessaire au théâtre, qu'on y parle en vers, c'est-à-dire dans une forme de langage différente de celle qu'on emploie dans la réalité.

C'est ici que le logique de Chapelain va se montrer dans toute sa rigueur et toute sa beauté. Il sacrifie sans hésiter les vers à la vraisemblance, et sur un ton encore inouï : « Je suis très d'accord avec vous et l'absurdité m'en sem-
» ble si grande, que cela seul serait capable de me faire
» perdre l'envie de travailler jamais à la poésie scénique
» quand j'y aurais une violente inclination... Nous seuls,
» les derniers des barbares, sommes encore en cet abus
» et, qui pis est, je ne vois pas comment nous le pour-
» rons quitter. »

Chapelain, il le rappelle, n'est pas le premier à protester contre cet abus ; il avait eu des prédécesseurs, en Italie, en Espagne et même en France : Charles Estienne, Le Jars, Pierre Larrivey, tout récemment Honoré d'Urfé, dans la préface d'une pastorale, appelée aussi comme celle de Mairet, *Silvanire*, avaient plaidé pour l'admission soit de la prose soit du vers blanc au théâtre. Mais personne encore n'avait osé appeler *barbares* les partisans et les amis des vers. Chapelain n'aimait pas les vers ; ils lui paraissaient déplacés dans la poésie dramatique et d'une importance très secondaire dans l'épopée ou toute autre forme de poésie : « Quant aux vers, » écrivait-il dans la préface de la *Pucelle*, « ce sont des instruments de petite considération (1). »

Il n'y a rien à dire, sinon que les « derniers des barbares, » ce ne sont pas les poètes qui s'obstinent à écrire en vers, mais ces logiciens à outrance qui exigent que l'art ne dépasse en rien la nature. Vossius, dans son latin peu courtois, devait dire bientôt de l'un d'eux, Paul Beni : « Non animadvertit se jugulum petere poeseos... conatur ostendere ut comedia et tragedia metri sit expers : quod nullis persuaserit nisi surdis aut auritis Midis (2). » — « Il veut étrangler la poésie ; mais il ne persuadera que des sourds ou des ânes. » Un poète moderne, qui n'avait probablement lu ni Chapelain ni Beni, leur répond cependant à tous deux dans un français aussi vif que le latin de Vossius :

> « J'aime surtout les vers, cette langue immortelle ;
> C'est peut-être un blasphème, et je le dis tout bas ;
> Mais je l'aime avec rage ; elle a cela pour elle,
> Que les sots d'aucun temps n'en ont pu faire cas,
> Qu'elle nous vient du ciel, qu'elle est limpide et belle,
> Que le monde l'entend et ne la parle pas (3). »

On se demande pourquoi Chapelain, qui déclarait cette langue digne des barbares, s'escrima à la parler et s'exposa à s'entendre dire par Boileau, un débutant qui ne demandait pas des conseils, mais qui en donnait :

> Il se tue à rimer ; que n'écrit-il en prose ?

Tels étaient les arguments par lesquels Chapelain dé-

---

(1) « On les abandonne à la fureur de la nation grammairienne sans qu'on s'estime plus ou moins pour l'approbation qu'ils recevront d'elle, ou pour les coups de bec qu'elle pourra leur donner... Le poète doit se souvenir que la pureté de la diction et l'harmonie des vers ne sont que l'habillement du corps poétique, qui a les sentiments et l'action pour membres et, pour âme, l'invention et la disposition. »
(2) *Poétique* de Vossius, chap. IV, § 12.
(3) Musset.

montrait la nécessité absolue de la règle des vingt-quatre heures. Je voudrais être sûr qu'il en trouva d'autres pour convaincre Richelieu ; mais, à vrai dire, je n'en crois rien, les livres des poètes et des théoriciens sur lesquels « il eut pleine autorité » n'en contenant pas d'autres, et contenant tous ceux-là.

Ce qui est certain, c'est que Richelieu fut convaincu ; naturellement sa brigade le fut aussi, et avec elle l'armée presque entière des poètes. Une satire de La Piralière, parue en 1635 (1), nous montre les jeunes auteurs dramatiques, colportant de tous côtés leurs œuvres et disant, pour les recommander, « qu'ils les ont mises dans toutes les règles. » Le souci de paraître régulier était devenu si grand, que l'auteur d'une pièce dont l'action se passait « au Ciel, en Sicile et aux Enfers, » écrivait, dans la préface, cette phrase souvent citée et caractéristique de l'état des esprits à cette époque : « L'imagination du lecteur se peut représenter une certaine espèce d'unité de lieu, la concevant comme une ligne perpendiculaire du Ciel aux Enfers (2). » A des élèves aussi bien disposés, il ne fallait pas une conviction, mais une consigne.

Richelieu cependant était jaloux de leur donner une conviction et de rendre leur obéissance raisonnable. Il leur cherchait partout des leçons et des maîtres. Il fit insérer dans les statuts de l'Académie un article enjoignant à la docte compagnie « de composer un dictionnaire, une grammaire, une rhétorique et une poétique. » Et, en attendant, il « commandait » une poétique dramatique à La Mesnardière, un supplément et comme une manière de s'en servir à l'abbé d'Aubignac (3). Sur ces entrefaites éclatait le succès du

---

(1) *Frères Parfaict*, V, 163.
(2) Claveret, Préface de *Proserpine*.
(3) Il faisait aussi insérer, dans la comédie des *Visionnaires* de Desmarets, une petite conférence sur les Unités :

> Il faut poser le jour, le lieu qu'on va choisir.
> Car ce qui l'interrompt ôte tout le plaisir.

Cid ; le chef de la brigade applaudissait aussitôt aux *Observations* de Scudéry et forçait l'Académie à en dire son *sentiment* : c'était une occasion qu'il ne fallait pas laisser passer de proclamer les vrais principes.

Les principes de Scudéry sont courts. Il se pose en fidèle disciple des anciens, et spécialement d'Aristote, « dont nous suivons, » dit-il, « le jugement autant que nous nous moquons de ceux qui ne le suivent pas. » C'est cependant à Scaliger plus qu'à Aristote qu'il emprunte ce qu'il dit sur le but de la poésie, qui est l'instruction, sur l'étendue du sujet, qu'il mesure au clepsydre et arrête à vingt-quatre heures. Il constate, en passant, « l'excellence » de cette règle de l'unité de temps et fait allusion à celle de l'unité de lieu ; mais il insiste principalement sur « la règle fondamentale » de la vraisemblance. Toutefois, il en parle plus longuement que clairement. Qu'est, à ses yeux, le vraisemblable ? Ce n'est pas certainement ce qui est conforme à la vérité, puisque c'est quelquefois ce qui lui est contraire ; c'est peut-être ce qui est possible, peut-être ce qui est conforme aux règles tout simplement. Scudéry n'est pas un philosophe, il cite Aristote et Heinsius, et il est tellement fier de les connaître qu'il n'éprouve pas le besoin de les comprendre.

L'Académie ne se contente pas si facilement. Elle invoque « l'autorité d'Aristote, » mais en même temps » l'autorité de la raison, » et ne suit le « jugement » du philosophe qu'à la condition de le comprendre ou du

> Tout changement détruit cette agréable idée
> Et le fil délicat dont notre âme est guidée.
> Si l'on voit qu'un sujet se passe en plus d'un jour,
> L'auteur, dit-on alors, m'a fait un mauvais tour.
> Il m'a fait, sans dormir, passer des nuits entières ;
> Excusez le pauvre homme : il a trop de matières.
> L'esprit est séparé ; le plaisir dit adieu.
> De même arrive-t-il si l'on change de lieu.
> On se plaint de l'auteur : il m'a fait un outrage !
> Je pensais être à Rome ; il m'enlève à Carthage.
> Vous avez beau chanter et tirer le rideau,
> Vous ne m'y trompez pas : je n'ai point passé l'eau.

moins de l'examiner. Elle s'applique consciencieusement en effet à « *juger les sentiments d'Aristote* » sur le vraisemblable. Elle le divise d'abord en vraisemblable *commun* et *extraordinaire*, le distingue ensuite du possible, puis en définit les effets sinon la nature : « Il en résulte, » dit-elle, « que lorsque le poète l'expose aux spectateurs, *ils se portent à croire sans autre preuve qu*'il (le poème) *ne contient rien que de vrai.* » Le vraisemblable serait donc, pour le docte corps, ce qui est accepté facilement et sans *preuve* par les spectateurs. D'Aubignac dira plus tard que c'est ce qui est conforme aux sentiments et à l'état d'esprit des spectateurs. La différence entre ces deux notions est assez petite pour qu'on puisse croire que l'une est sortie de l'autre. L'Académie tire d'ailleurs de la première des conséquences analogues à celles que d'Aubignac déduira de la seconde : « Il faut, » dit-elle, « préférer le vraisemblable » au vrai, toutes les fois que le vrai est contraire à la » raison, au bien de la société, à la bienséance, aux rè- » gles de l'art. » Toutes les prescriptions de la *Pratique du Théâtre* sur le droit de violer l'histoire et le devoir de conformer le sujet aux mœurs des spectateurs, sont contenues en germe dans cette page des Sentiments de l'Académie. Laissons le système se développer avant de le juger.

Sur tous les autres points, l'Académie, tout en relevant quelques mauvaises applications ou démonstrations des principes, confirme purement et simplement la doctrine de Scudéry, — notamment en ce qui concerne les deux unités, dont elle constate la nécessité, se réservant de « traiter cette question, une des plus curieuses de la poésie dans l'art poétique, qu'elle a le dessein de faire. »

Sarrasin avait aussi le « dessein » de faire une poétique dramatique dans son *Discours sur le Théâtre* publié en tête de l'*Amour tyrannique* de Scudéry (1639). Il devait traiter à fond des « quatre parties de la tragédie ; » malheureusement « un voyage au delà des mers » l'obligea à se bor-

ner à la première partie. Ce quart de poétique, emprunté presque intégralement de Daniel Heinsius, n'offre d'autre nouveauté (1) que d'insister particulièrement sur l'unité du temps et de la distinction des genres. Sarrasin y tente aussi une histoire sommaire du théâtre ou plutôt de la tragédie en France. Mais il ne trouve rien à dire des poètes de l'école de Ronsard, sinon qu'ils n'avaient pas encore une suffisante « connaissance de la poétique. » Ce qui domine, dans les discours de Sarrasin, c'est le respect profond et superstitieux d'une double autorité, celle d'Aristote d'abord, qu'il égale à « l'autorité de la raison et de la science » et qui défie « les envieux et le calomniateurs, » et ensuite et surtout celle de « ce grand génie de notre
» siècle, la honte des siècles passés, et la merveille de
» ceux qui sont à venir, le divin cardinal de Richelieu...
Ce grand esprit avait été charmé de l'*Amour tyrannique* et avait défendu à Scudéry de répondre aux critiques qu'on pourrait faire de son œuvre ; si bien, conclut Sarrasin, « que, par cette raison, nous jugeons que cette
» tragédie est au-dessus des attaques de l'envie et par son
» propre mérite, et par une protection qu'on serait plus
» que sacrilège de violer, puisque c'est celle d'Armand,
» le *dieu tutélaire des lettres.* » Aristote n'est que le maître, Armand est le dieu.

Hippolyte-Jules de La Mesnardière fut son prophète, à défaut de Sarrasin, empêché pour cause de voyage : « Notre singulier ami, M. de La Mesnardière, » disait obligeamment ce dernier en cédant la place, « a divine-
» ment traité, dans le grand ouvrage qu'il va mettre au
» jour, ces trois autres parties de la tragédie, » celles qu'il avait lui-même négligées. La moitié seulement de ce grand ouvrage parut en 1639, et voici quel jugement en

---

(1) Ce qui n'empêche pas Pelisson d'appeler ce discours « un savant et agréable ouvrage, » et Balzac de traiter son auteur de « docteur excellent. » — Cf. Goujet, tome III, 192.

portait le critique autorisé de cette époque, Chapelain (1) :
« Je ne sais si vous avez amitié... avec le médecin M. de
» La Mesnardière. J'ai reçu le dernier imprimé (de ses
» ouvrages) avant-hier... Il traite de l'Art poétique, selon
» la doctrine d'Aristote, qu'il a recueillie de ce qu'il a lu
» dans Scaliger et dans Heinsius. C'est une chose assez
» merveilleuse qu'un médecin qui n'entend pas trop bien
» le latin,... qui n'abonde point en jugement, et qui ne
» songe aux vers que depuis qu'il a vu que c'est une
» porte pour avoir entrée auprès de Son Eminence du-
» cale, soit devenu tout d'un coup poète..., et maître des
» poètes, par les conseils qu'il leur donne plus agréable-
» ment et plus solidement qu'aucun n'ait fait en France
» jusqu'ici... Ce n'est pas qu'au fond nous ne voyons
» bien ce qu'il y a de bon d'autrui et ce qu'il y a de
» mauvais de lui ; néanmoins, cela ne laisse pas d'être
» admirable, et la France lui a obligation de sa témérité,
» même de ses fautes, puisqu'il lui a donné un corps
» qu'elle n'avait point et qui était si nécessaire. »

Il y a des sentiments bien divers et presque contradictoires dans cette page du judicieux Chapelain : de l'éton-
nement qu'un médecin ait entrepris de faire la leçon aux
poètes et qu'il y ait moins échoué qu'on ne pouvait le
craindre ; de la sévérité pour l'homme « qui n'abonde
point en jugement ; » de l'indulgence et presque de la reconnaissance pour « le corps » de doctrine agréable et
solide, quoique emprunté, que la France lui doit. Ce
dernier sentiment eût été vite, pour peu que l'œuvre de
La Mesnardière s'y fût prêtée, celui du public littéraire de
ce moment, celui surtout des soutiens et des guides de la
renaissance dramatique, décidée et décrétée depuis quinze
ans ; ils étaient tellement humiliés de n'avoir pas une Poétique nationale, au moins de langue, et de rester, sur ce
point, tributaires des Italiens et des Hollandais, qu'ils

(1) Lettre à Balzac, novembre 1639.

étaient prêts à proclamer grand homme et bienfaiteur des lettres un théoricien français ; on ne ménageait pas les éloges, dans l'entourage de Richelieu, — aux protégés de Richelieu ! On continua cependant à l'appeler le médecin, malgré l'admiration de Sarrasin, l'estime de Furetière et même celle de d'Aubignac (1). Et, en 1662, Chapelain ayant à juger officiellement l'homme et l'œuvre, les exécute l'un et l'autre d'un seul mot, qu'il emprunte à sa lettre de 1639, mais en l'isolant de toutes les réserves élogieuses qui l'accompagnaient : « Sa *Paraphrase* du panégyrique de Pline et sa *Poétique* le font paraître depourvu de jugement (2). »

Nous n'avons pas à interjeter appel de cette condamnation. Cette *Poétique*, incomplète d'ailleurs et restée inachevée par suite de la mort de Richelieu qui l'avait commandée, n'est qu'un long et diffus commentaire d'Aristote, de Scaliger et de Heinsius. L'auteur trouve moyen d'écrire, sur la *définition* de la tragédie et ses *parties de qualité*, un gros volume in-4° d'environ cinq cents pages, sans compter le *Discours préliminaire*, qui en a près de cent. Je relève, dans ce *Discours*, les deux passages suivants, qui portent bien la marque du temps. La Mesnardière déclare d'abord qu'il va commenter Aristote et combattre comme « ennemis tous ceux qui l'ont contredit, » et ensuite qu'il ne s'adresse pas à la foule. La foule, il la méprise ; il l'appelle déjà « la vile multitude. » « Le destin des belles-lettres serait sans doute fort
» étrange s'il fallait que la tragédie, qui est le chef-d'œu-
» vre des poètes, fût réduite à cette misère d'être le
» jouet d'une bête incapable de bonnes choses. Le sort
» de cette reine serait bien malheureux, si elle devenait
» la proie d'une multitude brutale. » Chapelain avait déjà

---

(1) Furetière dit brièvement qu' « il a bien traité son sujet. » D'Aubignac trouve « son livre fait avec jugement…, docte, raisonnable. » Il ajoute qu' « il a réussi. »

(2) *Liste des pensions*.

appelé la multitude « la racaille, » et Scudéry « un animal incapable de goûter les bonnes choses (1). » Le peuple, a-t-on dit, ne comptait plus en littérature depuis le seizième siècle (2) ; en voilà une preuve, d'une espèce particulière, à joindre à toutes les autres.

Dans les douze chapitres qui suivent ce *Discours*, il n'y a guère à mettre au compte de La Mesnardière, — je n'ose dire à son honneur, — que sa longue dissertation sur la différence de l'horreur et de la terreur, louée par M. Egger, et la manière assez large dont il explique la règle des deux unités. Il étend en effet l'unité de temps à plus de vingt-quatre heures, « si c'est nécessaire pour attraper quelque incident qui mérite d'être acheté par une infraction si légère. » Quant à l'unité de lieu, après avoir dit, au chapitre des Stances, que tout le théâtre ne doit représenter qu'un même lieu, il explique, au chapitre suivant, que « l'unité de scène doit être bornée, pour la
» plus grande étendue, par celle d'un petit pays de qui
» les divers endroits communiquent en peu de temps. »
Corneille n'en aurait pas tant demandé.

Terminons par une citation qui justifiera le jugement de Chapelain. Il s'agit des reconnaissances, dont La Mesnardière distingue six espèces. La sixième, « la plus
» obscure de toutes et que pas un des interprètes n'avait
» encore expliquée, se tire d'un faux raisonnement,
» comme si quelqu'un disait : Tous ceux qui aiment sont
» pâles ; cette dame a le teint blême, donc cette dame a
» de l'amour. On voit bien que cette preuve est jolie et
» ingénieuse, mais qu'à la bien examiner elle n'est pas
» assez forte pour faire croire que cette dame est amou-
» reuse. Car, encore que les amants aient pour la plupart
» le teint blême, à cause des inquiétudes qui échauffent

---

(1) *Apologie des spectacles*, 1639.
(2) « Le peuple ne compte plus en littérature à partir de la Renaissance. » M. Petit de Julleville (*Les Mystères*, 430).

» leurs entrailles, *dont cette couleur de cendre témoigne*
» *l'embrasement*... quand il serait vrai que tous les amants
» fussent pâles, il serait néanmoins très faux que tous
» les pâles fussent amants (1). »

Voilà l'esprit de La Mesnardière abandonné à lui-même. Un bavardage intarissable, des citations interminables d'auteurs grecs, latins et italiens, sans parler des citations d'*Alinde*, une tragédie à lui, un pédantisme sans conviction et tout d'emprunt, qui s'allie à un certain abandon d'homme du monde ou d'homme de cour, le respect beaucoup plus que l'intelligence de la science et du « grand art, » tels sont les caractères de la *Poétique* de La Mesnardière.

Et tels furent, de 1625 à 1650, les représentants des théories dramatiques en France, les maîtres de notre théâtre : un médecin sans jugement, un courtisan sans science, un critique ennemi des vers, deux ou trois copistes de Scaliger et de Heinsius, tous pensionnés, ou patronnés par quelques grands seigneurs et le cardinal de Richelieu.

Grâce à eux, la doctrine était fixée. Il ne restait plus qu'à la résumer dans quelques brèves formules, et à en faire un Code-Manuel à l'usage des écoliers et des apprentis.

Ce travail fut fait, et, chose étonnante ! ce ne fut pas par un Français. La mort de Richelieu, qui empêcha l'achèvement de l'ouvrage de La Mesnardière et qui retarda, pour de longues années, la publication de celui de d'Aubignac, nous priva probablement de cette gloire et la laissa prendre par le Hollandais G.-J. Vossius. Les trois livres de sa *Poétique*, parue en 1647, sont en effet le code de la poésie en général et de la poésie dramatique en particulier ; les règles y sont formulées en courts articles, que les étudiants doivent apprendre par cœur. Rien

---

(1) *Apologie des spectacles.*

n'y est oublié de ce qu'avaient enseigné jusqu'alors les commentateurs ordinaires d'Aristote ; seulement, tout y prend plus de précision : c'est ainsi qu'il y a deux articles sur le nom et le titre à donner à l'œuvre dramatique, un article qui fixe de sept à dix le nombre des scènes dans chaque acte, un autre qui interdit de mettre en scène plus de quatorze personnages, etc., etc. Signalons cependant deux nouveautés dans ce code de lois déjà vieilles. La première se trouve au dix-neuvième des trente et un articles consacrés à la constitution de la tragédie : c'est une permission d'exciter, en outre de la terreur et de la pitié, l'admiration : τὸ θαυμαστόν ; il est probable que c'est à l'influence des œuvres de Corneille qu'est due cette addition à la poétique traditionnelle. La seconde nouveauté se trouve vers la fin du deuxième livre, où Vossius, ayant conscience d'avoir tout dit, ajoute cependant : « Nihil superest nisi forte poeta se vel tragœdiam commendet per epistolam. »

Ce détail très pratique annonce d'Aubignac : la *Pratique du Théâtre* peut venir : on lui a préparé les voies.

III

La poétique officielle n'avait pas cependant triomphé sans résistance ; la liberté du poète avait eu ses défenseurs. Il faut rappeler leurs efforts, bien qu'ils aient été inutiles.

Au lendemain de la préface de Mairet, en 1628 (1), parut,

---

(1) La *Tragi-Comédie* avait été déjà publiée, dit-on, une première fois en 1608. Cette première édition ne se trouve plus. Il est certain, néanmoins, qu'elle n'était pas accompagnée de la préface d'Ogier. D'abord, Ogier parle des critiques qui « veulent, à *cette heure*, faire garder si religieusement la règle des vingt-quatre heures ; » or cette heure n'était pas encore venue en 1608, ou elle était déjà passée depuis longtemps. Ensuite, Ogier, blâmant amicalement les scrupules excessifs qui avaient retardé la publication de cette pièce, ajoute : « C'est une chose étrange que l'homme dont je parle, qui, à l'âge de vingt-cinq ans, a com-

en tête de la tragi-comédie de *Tyr et Sidon* de J. de Schelandré, une autre préface où l'on prenait vigoureusement à partie la « doctrine nouvelle » et spécialement la règle de la distinction des genres et celle de l'unité de temps. L'auteur de cette préface, François Ogier, réclame le droit de mêler le tragique et le comique, au nom même du grand principe que devait invoquer Chapelain, à savoir : l'imitation de la nature.

« Dire qu'il est malséant de faire paraître en une même
» pièce les mêmes personnes, traitant tantôt d'affaires
» sérieuses, importantes et tragiques, et incontinent après
» de choses communes, vaines et comiques, c'est ignorer
» les conditions de la vie des hommes de qui les jours et
» les heures sont bien souvent entrecoupés de ris et de
» larmes, de contentement ou d'affliction, selon qu'ils sont
» agités de la bonne ou de la mauvaise fortune. Quel-
» qu'un des dieux voulut autrefois mêler la joie avec la
» tristesse pour en faire une même composition, il n'en
» put venir à bout, mais aussi il les attacha queue à queue;
» c'est pourquoi elles s'entre-suivent ordinairement de si
» près. »

Lope de Vega avait déjà dit : « La nature même nous donne
» l'exemple... du mélange du comique et du tragique, et
» c'est de tels contrastes qu'elle tire sa beauté. » Les logiciens réguliers, tous partisans de l'imitation de la nature, auraient été bien embarrassés pour répliquer. Ils avaient l'esprit trop raide pour s'aviser de cette remarque, faite plus tard par Lessing, qu'il y a une nature dont il faut aussi tenir compte, celle de l'esprit humain, lequel, sans

---

posé trois livres d'une *Stuartide*..., ait *maintenant* de la peine à nous faire voir une tragi-comédie..., etc. » Or, Jean de Schelandre, né en 1586, avait eu vingt-cinq ans en 1611, date de la publication de la *Stuartide*. Ogier parlait donc après 1611, et n'avait rien écrit en tête de l'édition de 1608; si tant est que cette édition, dont tout le monde parle sans que personne l'ait vue, ait jamais existé. Les termes dont se sert Ogier semblent dire le contraire.

répugner absolument au mélange du tragique et du comique, ne peut guère jouir complètement de l'un et de l'autre qu'à la condition d'en jouir séparément. Or, comme la mission de l'art c'est précisément de donner à l'esprit une jouissance complète, le poète, qui sépare dans son œuvre ce qui est uni dans la nature, se conforme aux besoins de l'esprit humain et aux obligations de l'art. On aurait pu dire à Ogier que, si un dieu n'a pu venir à bout de faire de la joie et de la tristesse « une même composition, » les hommes y réussiront difficilement.

J'aime mieux l'argumentation d'Ogier contre l'unité de temps. Il va droit d'abord aux deux inconvénients qui en résultent : 1° l'invraisemblance de la rencontre, dans l'espace de vingt-quatre heures, de tous les incidents nécessaires au nœud et au dénouement, et de ceux-là seulement ; 2° l'obligation de mettre en récits longs et ennuyeux ce qui aurait pu faire des scènes intéressantes et vivantes.

Ceux qui ont suivi cette règle, « sont tombés, » dit-il, « en deux fautes : l'une en ce que, prévoyant bien que la
» variété des événements est nécessaire pour rendre la
» représentation agréable, ils font échoir en un même
» jour quantité d'accidents et de rencontres qui probable-
» ment ne peuvent être arrivés en si peu d'espace. Cela
» offense le judicieux spectateur qui désire une distance
» ou vraie ou imaginaire entre ces actions-là..., afin qu'il
» ne semble pas que les personnages soient attirés pour
» paraître à point nommé comme des dieux de machine...
» Le second inconvénient qu'ils ont encouru, c'est d'être
» contraints d'introduire, à chaque bout de champ, des
» messagers pour raconter les choses passées... et les motifs
» des actions qui se font pour l'heure sur le théâtre, de
» sorte que, presque à tous les actes, ces messieurs entre-
» tiennent la compagnie d'une longue déduction de fâ-
» cheuses intrigues qui font perdre patience à l'auditeur. »

Mais les anciens ont observé cette règle! Quels an-

ciens ? répond Ogier, les Latins ? Mais ils n'ont rien innové en littérature, et spécialement en littérature dramatique ; ils se sont « assujettis aux inventions des Grecs, » les ont imités en tout, et même « se sont contenus dans les simples termes de la traduction en leurs tragédies. » Ils n'ont, en conséquence, aucune autorité. Quant aux Grecs, ils n'ont pas observé « les vingt-quatre heures » aussi universellement ni aussi strictement qu'on le croit. En outre, ils n'étaient pas libres comme nous le sommes : leurs représentations dramatiques faisaient partie du culte, et elles participaient du respect accordé aux traditions religieuses : la tragédie s'étant d'abord enfermée entre deux soleils, « les poètes n'ont osé rien entreprendre qui ne fût conforme à la pratique ordinaire... les « nouveautés en religion étant toujours odieuses et difficiles à goûter. » Si Ogier avait ajouté que c'était la présence continue du chœur qui avait empêché la tragédie primitive de prendre pour l'action plus de temps que pour la représentation, son argumentation eût été complète. Elle est déjà fort remarquable ; elle l'est d'autant plus qu'à cette époque on ne tenait aucun compte des faits, et qu'on discutait les œuvres d'art au point de vue des principes absolus, comme si les formes littéraires ne dépendaient pas, dans leur origine et leur développement, d'une foule de conditions particulières, variables de siècle à siècle et de nation à nation ! A des peuples différents, il faut un art différent, conclut Ogier, reprenant une idée de Grévin, et lui donnant toute sa valeur. Le beau suprême et absolu est une conception de l'esprit qu'aucune littérature n'a définitivement réalisée, pas plus celle des Grecs que celle des Espagnols, lesquels « se figurent et se plaisent à une
» espèce de beauté toute différente de celle que nous es-
» timons en France. » Le peuple français ne ressemble pas au peuple grec ; il est « impatient et amateur de nouveauté. » Pourquoi l'obliger à calquer exactement son théâtre sur celui des Grecs ?

Il ne faut pas craindre de le dire : cette préface d'Ogier vaut, à elle seule, plus que toutes les poétiques régulières du temps. Elle honore le bon sens français et devance, de près de deux siècles, les conclusions et même la méthode de ce que l'on a appelé la critique historique (1). On l'a souvent comparée à la préface de *Cromwell* de Victor Hugo, et il est certain, en effet, qu'en plus d'un point, les deux œuvres se rencontrent. Seulement, la préface de Victor Hugo est comme le chant de triomphe d'un parti vainqueur qui abuse de ses avantages ; celle d'Ogier n'est que le plaidoyer d'un avocat qui n'ose pas espérer le gain de sa cause. — Il avait pour lui la raison et l'histoire. Mais que peuvent la raison et l'histoire contre le pédantisme et la mode ?

Le parti des irréguliers lança, en 1639, un autre manifeste beaucoup plus vif que celui d'Ogier et qui se ressent de l'émotion excitée naguère par la querelle du *Cid*. Il est intitulé : « *Discours à Cliton, avec un traité de la disposi-» tion du poème dramatique* (2). » Il ne porte aucun nom d'auteur (3). Il débute par la déclaration suivante : « Nos

---

(1) Cf. la *Littérature indépendante au dix-septième siècle*, de M. Victor Fournel, et le *Bulletin de la Faculté des lettres de Poitiers*, avril 1883, article de M. Aulard.

(2) *A Paris. Imprimé aux dépens de l'auteur.* — Ce traité se trouve dans un recueil de pièces diverses, inscrit sous le n° 9809 de la bibliothèque de l'Arsenal. L'auteur dit que son intention est de répondre « à l'observateur du *Cid* ; » mais il ne cache pas qu'il va le faire avec un travail qui date déjà « de cinq ou six ans, » et que, par conséquent, il ne s'oblige pas à répondre « ponctuellement. »

(3) Les frères Parfaict l'attribuent à Claveret (tome V, p. 257). Sainte-Beuve a adopté leur opinion (*Seizième siècle*, p. 252, Niceron (*Mém.*, XX, p. 92), l'attribue à Mairet, ce qui n'est pas vraisemblable, l'auteur de la préface de *Silvanire* ne pouvant se contredire à ce point. Enfin, M. Lisle, dans sa thèse sur la *Poétique de Corneille*, en fait honneur à Durval, l'auteur de la préface de *Panthée*, citée plus loin. J'inclinerais à être de cet avis, le ton de cette préface rappelant, par sa vivacité, celui du traité, et une phrase de la préface d'*Agarite* (autre tragédie de Durval, parue en 1636) reproduisant une idée de l'adversaire anonyme de « la prétendue règle des vingt-quatre heures. » « J'ai, » dit

» réguliers ne veulent au théâtre qu'une action princi-
» pale, un temps réglé de vingt-quatre heures et une
» scène en un seul lieu... Mon dessein est de montrer
» que cette règle n'est point générale ni nécessaire, et
» que l'observation en est non seulement difficile, mais
» absurde et vicieuse. » Voilà la question carrément posée. Elle est traitée avec la même netteté hardie, mais
pas dans toute son étendue — heureusement ; — il eût
été fâcheux que l'ardeur de la lutte poussât un esprit sensé
à toucher à l'unité d'action.

C'est contre l'unité de temps seule que l'auteur anonyme
dirige tous ses coups. Cette règle est-elle bien d'Aristote?
demande-t-il d'abord. Elle est plutôt de ses commentateurs italiens. Or, « les poètes français ne sont pas faits
pour recevoir des lois étrangères, mais pour en faire
d'autres. » Serait-elle d'Aristote, d'ailleurs, qu'elle ne
mériterait pas le respect superstitieux dont elle est l'objet;
« il ne faut pas prendre ce qu'a dit ce grand philosophe
pour un axiome infaillible et universel. » Qu'on applique
cette étroite mesure des vingt-quatre heures aux poèmes
simples, peu chargés d'événements et de péripéties,
comme ceux des Grecs, rien de mieux; mais « aux poèmes
composés, tels que sont plusieurs des nôtres, c'est une
impertinence. » Cette distinction entre les pièces antiques,
si simples qu'on a pu les appeler des tableaux dramatiques plutôt que des drames, et les pièces remplies de
complications, de péripéties et d'intrigues telles que les
aimaient les poètes modernes réguliers ou irréguliers,
avait sa valeur et pouvait être féconde en aperçus nou-

Durval dans cette préface d'*Agarite*, « traité séparément la tragédie,
la tragi-comédie, la pastorale, et la comédie, les unes dans la prétendue règle des vingt-quatre heures, *comme poèmes simples*, et les autres, hors de la même règle, *comme poèmes composés.* » Cette distinction, entre les poèmes simples et les poèmes composés, se trouve
aussi dans le traité. Ce rapprochement ne donne toutefois qu'une pro-
babilité.

veaux. Mais l'auteur ne s'y arrête pas, tant il est pressé de dire sa vraie pensée, qui est celle-ci : « Les poèmes » simples peuvent (eux aussi) être faits hors ou dans » l'espace d'une journée, c'est-à-dire hors ou dans la règle » des vingt-quatre heures. »

Cette règle, en effet, a cinq inconvénients : 1° Elle contredit le principe que l'art est l'imitation de la nature : « Voilà une longue suite d'actions qui se font en divers » pays, avec un long espace de temps. Pourquoi, puis- » qu'elles arrivent ainsi, et ainsi naturellement, ne seront- » elles représentées en la même sorte? la nature ne fait » rien que l'art ne puisse imiter. Toute action et tout » effet naturel peut être imité par l'art et la poésie. » 2° Elle restreint le domaine de la poésie dramatique, en lui défendant de mettre à la scène toute action qui ne pourra pas être « réduite aux vingt-quatre heures. Que » deviendraient tous les sujets d'amour et de guerre? » Combien se voit-il de capitaines qui aient pris une ville » en un jour et une nuit? Combien d'amants qui soient » venus à bout de leurs desseins? » 3° Elle diminue l'intérêt dramatique du sujet, puisqu'elle oblige à ne représenter que « le principal incident » et à « faire réciter » les autres ; 4° elle méconnaît la nature de l'imagination des spectateurs, en lui refusant le pouvoir de vivre en trois heures plus de vingt-quatre heures. » « Ils (les partisans » de la règle) veulent passer pour petits esprits et priver » leur entendement de la faculté d'opérer en beaucoup » de façons qui lui sont possibles. » 5° Elle contredit son propre principe en permettant à l'action de passer de vingt heures la durée de la représentation. Pourquoi vingt et pas une de plus? Pour toutes ces causes, l'auteur conclut : « Enfin, quand tous les écrivains grecs et latins, français » et italiens, seraient d'avis de mettre tout poème drama- » tique au niveau de leur prétendue règle des vingt-quatre » heures, sachant que cette loi n'est point générale ni » nécessaire, je ne l'observerais jamais qu'aux *sujets qui*

» s'y trouveraient d'eux-mêmes disposés... Il est vrai
» qu'il faut que le poète soit *judicieux* et qu'il dispose
» les sujets, même composés, dans un temps raisonnable. »

Cette conclusion, on le voit, est à la fois énergique et sage ; l'auteur veut dispenser le poète d'une règle qui avait la prétention de diriger et, au besoin, de remplacer son jugement, mais il ne le dispense pas d'être judicieux ; il s'en rapporte à son bon sens pour chercher et trouver les limites du temps convenables au sujet traité, pensant, non sans raison, qu'un poète qui manquerait de bon sens en cette matière, en manquerait trop souvent pour qu'on prît la peine de le conseiller et de le diriger.

La liberté dramatique n'avait pas eu encore d'avocat aussi chaleureux. Elle put croire, un moment, qu'elle en avait trouvé un autre, plus illustre, en la personne de M. de Balzac, le même qui tenait Chapelain en si haute estime et l'appelait l'*oracle*. Scudéry lui ayant envoyé ses *Observations sur le Cid*, il répondit par une lettre charmante et sensée, qui est, sans doute, une fin de non-recevoir et un refus formel de s'engager dans la discussion des règles, mais où se trouve cette phrase : « Puisque
» Corneille a réussi en violant les règles de l'art, c'est
» qu'il a un secret qui réussit mieux que l'art même...
» Savoir l'art de plaire ne vaut pas tant que savoir plaire
» sans art. » Cette antithèse célèbre révélait un bon sens délicat et ferme, capable de découvrir ce qu'il y avait de faux et d'artificiel dans la poétique à la mode. Malheureusement, Balzac était trop poli pour plaider contre ses confrères de l'Académie, et, de plus, il était en littérature ce qu'ils étaient eux-mêmes en logique : un pédant et un simple virtuose. Là où les autres ne voyaient qu'un prétexte à classifications et à règlements, lui ne vit que matière à jolies phrases et à figures de rhétorique. Il n'ambitionnait pas les victoires d'idées ; il ne tenait qu'à être éloquent et agréable. Son esprit, généralement juste et

droit, ne lui servait qu'à trouver le thème de ses discours ; après quoi, le penseur faisait place à l'artiste en prose, uniquement soucieux de faire valoir son habileté et son instrument, de multiplier à l'infini ses variations et ses amplifications. Deux fois, d'abord dans sa critique de la tragédie latine de Heinsius, *Herodes infanticida*, et ensuite dans son discours sur le *Caractère ou l'instruction de la Comédie*, il s'occupa expressément d'art dramatique et eut l'occasion de faire acte de théoricien. Il ne fit encore que de la rhétorique ; il développa longuement et amoureusement deux ou trois bonnes idées, à savoir : 1° qu'il ne faut pas faire parler un chrétien comme un païen, qu'on ne peut entendre, sans rire, saint Joseph comparer, en beaux vers, son fils Jésus à Phébus ; 2° que « les bergères ne doivent pas être chargées de pierreries, » et que les caractères des personnages, même dans les pastorales, doivent être naturels ; 3° enfin, que si le but de la comédie est l'instruction, il faut, non pas « étaler cette instruction en de longs discours, » mais la « répandre invisiblement et doucement, comme le sang coule dans les veines. » Tout cela était fort sensé, mais restait dans des généralités sur lesquelles réguliers et irréguliers étaient d'accord ; d'Aubignac parlera presque comme Balzac.

En réalité, cet « empereur de rhétorique, » qui aurait pu être le chef ou l'orateur écouté de l'opposition, ne fut que son allié, et encore ne le fut-il que par hasard, un seul jour et dans une seule phrase !

Cette opposition d'ailleurs ne se faisait plus d'illusion ; depuis l'affaire du *Cid*, elle se sentait perdue et abandonnait peu à peu la lutte. De 1639, date de la publication du *Traité contre la prétendue règle des vingt-quatre heures*, à 1657, date de la publication de la *Pratique*, il n'y a guère que le vieux Racan qui proteste contre « les règles trop étroites » des trois unités, « et leur trop grande rigueur qui met les plus beaux sujets à la gêne. » Et encore le fait-il dans des lettres privées, restées inédites jusqu'à nos jours (1). Vers 1639, Durval avait déjà compris l'inutilité de toute protestation et de tout débat ; il avait dit son sentiment sur les Règles, non pour convaincre des juges qui étaient *acquis à la partie adverse*, mais pour se soulager une bonne fois et prendre position devant la postérité, « à laquelle, » dit-il, « je fais volontiers les soumissions en tel cas requises (2). »

(1) Découvertes par M. Livet dans les papiers de Conrart, publiées par M. Tenant de Latour, dans l'édition de Racan de la *Bibliothèque elzévirienne* (1857). Cf. la lettre du 17 octobre 1654 à « l'abbé Ménage. » Racan y indique, sans paraître y toucher et de son air bonhomme, qui contraste avec le ton pédant des Ménage, des Chapelain et des d'Aubignac, les principaux arguments à faire valoir contre les deux unités : 1° Elles mettent les plus beaux sujets à la gêne ; 2° elles diminuent le domaine de la poésie dramatique ; bien des pièces qui les violent et qui sont agréables ne seraient pas possibles « si l'on proposait de les y réduire ; » 3° elles tendent à confondre la poésie dramatique avec la poésie épique, parce qu'elles obligent à de nombreux récits « qui seraient aussi agréables à lire dans sa chambre, en particulier, qu'à ouïr réciter en l'hôtel de Bourgogne. »

(2) « A cette règle, n'ayant pas trouvé bon d'ajuster mes œuvres ni
» principalement celle-ci, non qu'il ne m'eût été facile de l'observer,
» mais parce que je ne l'ai pas jugé nécessaire, il m'est plus séant de
» faire place aux maîtres qui l'enseignent que de les choquer. Il me se-
» rait aisé de mettre ici tout le plaidoyer de partie adverse et d'appuyer
» de raisons l'opinion contraire que je soutiens. Mais encore faudrait il
» être réglés de Juges, et ceux d'à présent, pour illustres qu'ils soient,
» étant civilement récusables, pour avoir déjà prématurément donné leur
» avis en cette matière, il semble que, pour vuider cette cause solen-
» nelle, il n'est point de siège compétent que celui de la Postérité, à la-
» quelle je fais volontiers les soumissions en tel cas requises et néces-
» saires.

Adieu, lecteur, et pour comprendre
La règle des pièces du temps,
Ne te lasse point de l'apprendre
Pour le moins encore cent ans.
L'effet de cette loi nouvelle
Est de comprimer la cervelle,
De retrécir l'entendement,
D'affaiblir l'imaginative.
Par ce moyen, juge comment
L'âme se rend plus attentive. »

Il se moque de la règle en prose et en vers, mais il ne la réfute pas ; il sent qu'il perdrait sa peine (Préface du *Panthée*, tragédie dédiée à Mgr le duc de Nemours, 1639).

Il en appelle à l'avenir, preuve que sa cause est perdue dans le présent (1).

IV

Un seul homme, Corneille, aurait pu la sauver; il ne le voulut pas.

Des trois poètes qui comptaient à cette époque, Mairet, Rotrou, Corneille, le premier, le moindre, avait seul franchement accepté les Règles; Rotrou les ignora, les viola et n'en parla jamais; Corneille en parla trop. Il est vrai qu'on lui en parla beaucoup, avant le *Cid* et surtout après. Quand il composa *Mélite*, il ne savait pas qu'il y eût d'autres règles que celles du bon sens (2). Un voyage qu'il fit bientôt à Paris lui apprit qu'il y en avait d'autres, et que la principale, celle qui les résumait toutes, était la Règle des vingt-quatre heures (3). Il n'en fut pas d'abord trop ému; s'il renferma sa seconde pièce « dans la règle d'un jour » ce ne fut pas « parce qu'il était résolu de s'y attacher dorénavant (4); » non, il avait seulement voulu, « par bravade » montrer qu'on pouvait faire « une pièce régu- » lière et qui ne vaudrait rien du tout. En quoi, » ajoute-t-il cavalièrement, « je réussis parfaitement (5). » Il ne se refusait pas d'ailleurs « la liberté de choquer les anciens, d'autant, » dit-il encore, « qu'ils ne sont plus en état de me répondre. » On n'est pas plus impertinent. Peu à peu cependant, et à mesure qu'il pénètre davantage dans l'intimité littéraire de Richelieu, de ses poètes et de ses théo-

---

(1) Cf. Lisle, *Les théories dramatiques de Corneille*.
(2) « Cette pièce est mon coup d'essai. Elle n'a garde d'être dans les règles, puisque je ne savais alors qu'il y en eût » (*Examen de Mélite*).
(3) « Un voyage que je fis à Paris m'apprit que *Mélite* n'était pas dans les vingt-quatre heures; c'était l'unique règle que l'on connût en ce temps-là » (*Examen de Clitandre*).
(4) Préface de *Clitandre*, parue en 1632, vingt-huit ans avant les *Examens*.
(5) *Examen de Clitandre*.

riciens, le ton devient moins irrévérent. Les Règles le préoccupent ; il les observe à peu près, mais par mesure transitoire, en faisant des réserves formelles sur le droit de les violer (1), et en prenant l'engagement, vis-à-vis de lui-même et du public, de « s'expliquer sur ces matières (2) à l'occasion d'un plus gros volume » et de « les traiter à fond (3). » Il ne tint son engagement qu'en 1660, un quart de siècle plus tard : c'était trop tard.

L'occasion qu'il attendait, il l'avait eue, lors du succès et de la persécution de ce *Cid* qu'il s'était escrimé à mettre dans les vingt-quatre heures en violant « les règles de la nature pour ne pas violer celles de l'art. » C'est l'Académie qui lui avait fait ce reproche. S'il avait répondu qu'à l'avenir il négligerait ces *Règles de l'Art* qui avaient failli compromettre son œuvre, et s'occuperait seulement des *Règles de la Nature*, si, faisant l'exposé de ces dernières telles que les concevait alors son bon sens et son génie, il les eût mises en regard de la poétique étroite et artificielle qu'on lui opposait, peut-être son succès comme théoricien eût égalé son succès comme poète.

Ce rôle le tenta un moment ; il avait préparé une réponse aux *Sentiments de l'Académie* (4). En attendant, il lançait sa fière *Excuse à Ariste*, où les sentiments d'indépendance qui s'agitaient dans son âme triomphaient de ses hésitations et s'affirmaient avec audace ; il ne veut pas composer des vers destinés à être mis en musique, parce que toute contrainte le gêne :

> Enfin cette prison déplaît à mon génie ;
> Il ne peut rendre hommage à cette tyrannie,
> Et veut, pour se produire, avoir la clef des champs.

Et sa jeunesse superbe jetait comme un défi aux dé-

---

(1) Epître dédicatoire de la *Suivante*, 1637.
(2) Préface de la *Veuve*
(3) Epître dédicatoire de la *Suivante*.
(4) Lettre de Corneille à Boisrobert, 23 décembre 1637.

tracteurs du *Cid* et aux maîtres de poétique ces vers, qu'on n'a peut-être pas assez remarqués :

> N'y pensez plus, Ariste ; une telle injustice
> Exposerait ma Muse à son plus grand supplice.
> *Laissez-la toujours libre, agir selon son choix ;*
> *Céder à son caprice et s'en faire des lois !*

C'est la plus fière revendication d'indépendance qu'ait entendue notre littérature ; c'est comme la déclaration des droits du poète !

Elle aurait pu amener la fin du règne des pédants ; les esprits y étaient plus préparés qu'on ne le croit. Même parmi les théoriciens officiels, il s'en trouvait qui doutaient déjà de l'efficacité de cette législation abstraite et minutieuse, sortie de la *Poétique* de Scaliger. « Ut olim vitiis, ita nunc legibus laboramus, » s'écriait l'un d'eux, partisan convaincu cependant de la règle des vingt-quatre heures (1). Corneille, qui avait déjà le public pour lui, aurait donc trouvé des alliés chez « les savants du pays latin, » s'il avait persévéré dans sa première résistance. Malheureusement, en Corneille l'esprit seul était cornélien ; le caractère était hésitant, sujet à des retours. « Il bravait la critique et il la craignait (2). » La critique était alors toute puissante, ayant pour elle l'appui et la collaboration du cardinal-ministre, des ruelles mondaines, des cercles littéraires, de l'Académie. En face de cette armée coalisée, Corneille prit d'abord l'attitude d'un chevalier, et, — il faut le dire, — d'un matamore, prêt à lutter seul contre tous.

> Je ne dois qu'à moi seul toute ma renommée...
> Je sais ce que je vaux, et crois ce qu'on m'en dit.

Le cœur tout enivré encore de ses succès et des pre-

---

(1) Ménage, *Discours sur Térence*, p. 117.
(2) Guizot, *Corneille et son temps.*

miers sourires de ce qu'il appelait sa *Muse*, il fit comme le Cid après l'aveu de Chimène, il déclama : « Paraissez, Navarrois, Maures, et académiciens, et ministres ! » Et il leur jeta le gant ! Puis il se ravisa et parlementa avec l'ennemi. Son tempérament de poète l'avait poussé à tout sacrifier à son génie ; son caractère de bourgeois normand le ramenait à chercher des atermoiements et des compromis, par où il pourrait regagner les puissantes amitiés perdues. Peut-être même ce bourgeois timide et naïf arrivait-il à douter du poète qui n'avait pas su plaire à Richelieu. Le Cid, intrépide et téméraire, acceptant la guerre avec l'univers entier, était devenu le circonspect Prusias s'écriant :

> Ah ! ne me brouillez pas avec la République !

La République avec laquelle Prusias-Corneille n'avait pas osé se brouiller, c'était celle où Chapelain et, avec lui, d'Aubignac régentaient, et où Richelieu donnait des pensions.

Il renonça, en effet, à répondre à l'Académie, pour garder les « bonnes grâces de son maître (1), » et pour ne pas « choquer les puissances (2). » Il ne railla plus les règles, il s'appliqua même à les pratiquer, mais tout en continuant à les discuter intérieurement. Il passa ainsi vingt-six ans obsédé par leur pensée, vivant avec elles dans une intimité chagrine, grognonne et toujours prête à la rupture, cherchant le moyen de « les apprivoiser (3), » et n'y parvenant pas. Pendant ce temps, c'était le public qui s'était apprivoisé avec elles, et grâce à Corneille lui-même. Après

---

(1) « J'aime mieux les bonnes grâces de mon maître que toutes les réputations de la terre ; je me tairai donc » (Lettre de Corneille à Boisrobert du 23 décembre 1637.

(2) « Il ne parle plus que de règles et que des choses qu'il eût pu répondre aux académiciens, s'il n'eût point craint de choquer les puissances » (Lettre de Chapelain à Balzac, 15 janvier 1639).

(3) Epître dédicatoire de la *Suivante*.

Horace, après *Cinna*, tout Paris pour les règles eut les yeux que semblait avoir Corneille. Le futur auteur des trois discours sur le Poème dramatique, l'ennemi obstiné et sournois des deux unités, de la vraisemblance, de la purgation des passions, en un mot le théoricien indépendant et « hérétique » était trahi par le poète obéissant et orthodoxe : d'avance il perdait sa cause, à coup de chefs-d'œuvre.

V

Mais déjà les représentants officiels des règles n'en avaient pas moins gagné la leur, sans lui et contre lui, et pas avec des chefs-d'œuvre, nous l'avons vu. Leur succès avait égalé leur médiocrité. — C'est pourquoi on a voulu l'expliquer à notre honneur. On a dit que ces pédants avaient réussi à nous persuader parce que, malgré tous les défauts et toutes les lacunes de leur esprit, ils étaient, sans le savoir, les serviteurs de nos besoins en matière d'art dramatique ; parce que ces disciples étroits et superficiels d'Aristote étaient en même temps les interprètes de l'esprit et du « naturel français ; » parce que enfin Aristote lui-même « n'est que le premier en date de nos critiques français et l'interprète du génie dramatique français beaucoup plus que celui du génie dramatique des Grecs (1). »

Comme nous ne connaissons ni toute la poétique d'Aristote ni tout le théâtre grec, il serait difficile de vérifier l'exactitude de cette appréciation en ce qui concerne le génie grec. Mais, pour le génie français, on peut dire d'abord qu'il a accepté, aux seizième et dix-septième siècles, un système beaucoup moins aristotélique qu'il ne le

---

(1) M. Emile Faguet, *La tragédie au seizième siècle*, p. 35. Patin avait dit à peu près la même chose, mais d'une manière moins vive et moins paradoxale.

croyait, puisque, des deux principes qui en étaient « l'essence et le fondement, » à savoir celui du *minimum* de matière et celui de l'identité absolue entre l'imitation et le modèle, le premier est formellement contraire à la lettre même de la *Poétique* et le second à son esprit (1); — de sorte que rien n'est aussi certain que notre soumission à l'autorité d'Aristote, sinon notre inintelligence de sa doctrine.

On peut dire ensuite que nos goûts d'avant 1552 avaient duré trop longtemps pour avoir été contraires à « notre naturel. » Pendant plus de quatre siècles d'une active et abondante production dramatique, l'esprit français s'était accommodé d'une forme libre, large, souple, embrassant des sujets, des temps et des lieux multiples et illimités, et se développant quelquefois jusqu'à plus de soixante mille vers; tout à coup, il s'éprend d'une autre forme, raide, serrée, courte, à laquelle on mesure exactement la matière, l'espace, la durée, le nombre des actes, des scènes, des vers. Qui a fait ce changement? Si c'est notre « naturel, » il faut avouer qu'il n'est pas exigeant, puisqu'il a mis si longtemps à se révéler et à se révolter.

Autre fait important et dont il faut tenir compte. Ces goûts nouveaux, si lents à se produire, n'ont pas été fixes et constants. Moins d'un demi-siècle après leur première manifestation, ils changent encore; l'idéal dramatique, renouvelé d'Aristote, est abandonné pour un autre, renouvelé du moyen âge et remis en honneur par nos voisins d'Espagne; nous le gardons trente ans, et nous l'aurions peut-être gardé toujours,

S'*il* avait eu l'appui d'un grand roi pour soutien,

ou simplement l'appui d'une belle œuvre, comme aurait pu la faire un Hardy moins médiocre ou un Corneille

---

(1) Cf. *La Tragédie grecque*, Introduction, par M. Chaignet.

moins timide et moins préoccupé de plaire « aux puissances. »

C'est sous la pression de ces « puissances, » que nous rejetons le « moule » espagnol, pour reprendre derechef le moule grec ou latin du seizième siècle. Grâce au génie de trois grands poètes, nous en tirons des chefs-d'œuvre, qui fixent enfin nos préférences pour deux siècles et donnent naissance à une innombrable postérité d'imitateurs :

> Sur le Racine éteint, le Campistron pullule ;

mais, comme les chefs-d'œuvre ne pullulent pas, on finit par se lasser de Racine, et on adopte un autre moule, le moule shakespearien. Celui-ci, à son tour, après nous avoir passionnés, nous laisse froids. Il n'y en a plus aucun, parmi ceux du passé, qui ait nos préférences. A voir même certains essais, aussi bien accueillis de la critique que du public, il semble qu'au drame classique ou romantique, qui avaient au moins l'un et l'autre cela de commun de reposer sur l'action et l'intérêt et d'aboutir après des péripéties imprévues à un dénouement complet, le théâtre contemporain tende à substituer un drame purement pittoresque, sans intrigue, sans péripéties, presque sans action, s'attardant à la peinture minutieuse et détaillée de certains milieux et de certains caractères, dédaignant cette suite logique et impérieuse d'événements terminés par un dénouement nécessaire et immédiat, et se rapprochant davantage de la réalité où le hasard et les contradictions tiennent tant de place, où les dénouements complets sont si rares et si tardifs, où tant d'œuvres pendent interrompues. Que ce goût nouveau soit raisonnable ou non, qu'il nous vaille un jour des chefs-d'œuvre d'une espèce inconnue, ou qu'il ne nous laisse que quelques tableaux de genre, sans valeur durable, n'importe : il suffit qu'il existe et qu'il ait succédé à deux ou trois autres, pour qu'on se demande lequel d'entre eux est naturel et essentiel à l'esprit français.

Peut-on répondre que c'est celui qui nous a valu nos plus belles œuvres, c'est-à-dire les œuvres du dix-septième siècle ? Je ne le crois pas. D'abord, il y a de belles œuvres dans notre théâtre moderne ; mais en supposant qu'il n'y en eût pas, il faudrait se souvenir que les belles œuvres du dix-septieme siècle ont été postérieures de près d'un siècle à l'adoption de leur « moule, » et, par conséquent, il faudrait accorder au moins un aussi long crédit aux autres « moules » adoptés depuis. Qui pouvait, en effet, prévoir *Cinna* ou *Phèdre* du temps de la *Cléopâtre* de Jodelle ou de l'*Hippolyte* de Garnier ? Enfin les chefs-d'œuvre du dix-septième siècle se sont produits dans des conditions particulières, tant littéraires que sociales, dont l'absence suffirait à expliquer l'infériorité des œuvres d'un autre siècle. Pour ne parler que des Mystères du moyen âge, croit-on que c'est leur poétique qui est la cause de leur médiocrité littéraire, et qu'il leur a manqué seulement d'être conçus d'après le système des trois unités ? Ce qui leur a manqué, c'est ce qui a manqué à toutes les autres formes de la littérature du moyen âge, dont aucune n'a tenu ses premières promesses ni atteint toute sa perfection, et dont aucune cependant n'était étrangère à *notre naturel*.

Ce qui, en matière d'art dramatique, — et d'art dramatique seulement, bien entendu, — semble propre à notre naturel, c'est, osons-le dire, la supériorité de nos facultés d'action sur nos facultés de spéculation. Théoriciens médiocres, mais ouvriers habiles et fervents, nous n'hésitons pas à accepter les idées des autres, montrant parfois pour elles plus de zèle que pour les nôtres, uniquement préoccupés que nous sommes de nous mettre immédiatement à l'œuvre. Au dix-septième siècle, nous avons emprunté nos théories dramatiques des Italiens, comme nous les emprunterons plus tard des Anglais et des Allemands ; nous n'avons pas su nous élever à la conception d'un art véritablement « autochtone » et national, peut-être parce que nous ne l'avons pas voulu et que nous n'y avons employé que les moindres de nos penseurs, des Chapelain, des Sarrasin, des La Mesnardière. Mais nous avons racheté notre impuissance ou notre paresse à penser, par notre ardeur à croire et notre habileté à pratiquer. Les règles italiennes sont devenues nos règles; nous les avons formulées et classées dans des Arts poétiques clairs et impérieux, ne laissant ni un seul doute à l'intelligence ni un seul droit à la liberté; en même temps, nous nous sommes mis à les appliquer avec une conscience et une ferveur qui, aidées un jour par le génie, nous ont donné des œuvres immortelles et nous ont faits, à notre tour, les maîtres et les modèles de ceux dont nous avions été d'abord les disciples et les imitateurs.

D'autres règles, surtout des règles plus justes et mieux démontrées, nous auraient trouvés aussi fervents à l'action, aussi heureux dans les résultats. Celles qui ont été adoptées au dix-septième siècle, l'ont été parce qu'elles ont eu pour elles l'appui du pouvoir, le prestige de leur forme et de leur prétendue origine aristotélique, et, enfin, l'unanimité des docteurs et des pédants (1).

Car c'est encore un des caractères de l'esprit français que sa docilité à l'égard des pédants ; il les raille, mais pour se consoler et se venger de leur obéir. Des leçons, continuées avec gravité et persévérance, finissent toujours par avoir raison de ses railleries et de ses résistances. Les théoriciens du dix-septième siècle raisonnaient mal, mais ils raisonnaient beaucoup et solennellement; ils se réclamaient de la règle et de la logique. Or, nous avons tant de goût pour la règle que nous en perdons souvent notre

---

(1) Cf., dans le *Bulletin de la Faculté des lettres de Poitiers* (avril 1883), l'article de M. Aulard sur la préface de Fr. Ogier, et la tragi-comédie « qui, *sans les pédants et Richelieu*, nous aurait donné un drame supérieur au drame sublime, mais tronqué, des Corneille et des Racine. »

amour pour la liberté, et tant de respect pour la logique, que nous lui sacrifions parfois notre bon sens.

Heureusement, les règles arbitraires imposées à notre « naturel » par la coalition de nos maîtres politiques et de nos maîtres poétiques, étaient de celles qui n'empêchent rien, quoi qu'on en ait dit, ni les œuvres médiocres, ni les œuvres de génie. L'absolue nécessité du système dramatique dans lequel fut conçue *Athalie* est contestable; la beauté de l'œuvre ne l'est pas, — et elle est de nature à nous consoler de ce que nous avons déjà dit des théoriciens du dix-septième siècle et de ce qu'il nous faut maintenant ajouter de leur collègue et continuateur, l'abbé d'Aubignac.

CHAPITRE II.

RÔLE DE D'AUBIGNAC, THÉORICIEN DRAMATIQUE, AVANT LA PUBLICATION DE SA PRATIQUE.

I. — Son enseignement dans les cercles et les ruelles. — Son zèle pour les règles.
II. — Il défend Térence de l'accusation d'avoir violé l'unité de temps. — Sa querelle avec Ménage.
III. — Crédit dont il jouit auprès des poètes dramatiques et auprès de Richelieu.
IV. — Richelieu le charge de dresser un plan de réforme du théâtre. — Réformes matérielles et littéraires proposées dans le *Projet pour le rétablissement du théâtre français*.
V. — Réformes morales. — Etat des esprits sous Richelieu, relativement à la question de la moralité du théâtre. — Ce qu'en pensaient les poètes, les théoriciens, le public chrétien. — Ce que Richelieu voulait qu'on en pensât : La *Condamnation des théâtres*, de d'Aubignac, l'*Apologie des spectacles*, de Scudéry, destinées à faire accepter l'idée d'un théâtre moral. — Moyens pratiques proposés par le *Projet* pour en assurer la réalité.
VI. — Ce que valaient ces moyens et dans quelle mesure ils furent adoptés.
VII. — Que vaut l'idée d'un théâtre moral et « moralisateur ? »

I

« C'est d'Aubignac qui, le premier en France, s'avisa de croire qu'on n'aurait jamais de tragédie, à moins d'adopter la règle des deux unités, » disait Manzoni en 1822 (1). Ce

---

(1) *Lettre sur les deux Unités*, publiée à la suite de la traduction française de *Carmagnola*, p. 473.

n'est pas d'Aubignac qui protesterait contre cette assertion, souvent répétée depuis (1). A l'entendre, en effet, ce serait bien lui qui se serait avisé de la règle des vingt-quatre heures : « Quand j'approchai, » dit-il, « de M. le Cardinal, » j'y trouvai le théâtre en grande estime, mais chargé de » tous ces défauts, et principalement vicieux en ce qui re- » garde le temps convenable à la tragédie. J'avais souffert » assez patiemment les mauvaises pièces de nos collèges » et même celles de nos théâtres publics ; mais j'avoue » que je ne pus voir une faute si grossière, en des poè- » mes qui recevaient des applaudissements de toute la » cour, sans en parler. Mais je fus généralement contre- » dit, — j'ose dire même raillé, — et par les poètes qui » les composaient avec réputation, et par ceux qui les » jouaient avec utilité, et par tous les autres qui les » écoutaient avec plaisir. Enfin, cette règle du temps » sembla d'abord si étrange, qu'elle fit prendre tout ce » que j'en disais pour les rêveries d'un homme qui, dans » son cabinet, eût formé l'idée d'une tragédie qui ne fut » jamais et qui ne pouvait être sans perdre tous ses » agréments (2). » Ce passage, pris à la lettre et isolé de tous les documents contemporains, a pu faire illusion et fournir un prétexte, aux amis des règles, de louer d'Aubignac, à leurs adversaires, de le blâmer. Je dois reconnaître que le blâme a été plus fréquent que l'éloge, et qu'il est allé souvent jusqu'à l'outrage. On a crié *haro* sur d'Aubignac ! le pédant, d'où venait tout le mal, l'esprit étroit, d'où étaient sorties toutes les entraves de la poétique dramatique du dix-septième siècle, l'aveugle et ridicule théoricien qui, seul ou le premier, avait fait peser sur le libre génie de Corneille la tyrannie de la sottise !

---

(1) Notamment dans la *Revue politique et littéraire*, 17 février 1883, p. 222, et dans les *Chefs-d'œuvre des Conteurs français* de Ch. Louandre, p. 91, t. II.

(2) La *Pratique*, p. 106.

Or, nous le savons maintenant, le pauvre abbé n'était pas aussi coupable qu'on le dit et qu'il prétend lui-même l'avoir été. Il se vante et on le charge à tort. Il n'avait pas encore approché de « Monsieur le Cardinal, » quand Mairet écrivit la Préface de *Silvanire* et Chapelain sa dissertation. Mais il n'est pas moins certain que, de bonne heure et bien avant la publication de sa *Pratique*, il avait été le plus zélé propagateur des Règles. Chapelain, après sa conférence chez le cardinal, s'était retiré dans l'épopée et ne s'occupait plus du théâtre que lorsqu'il y était contraint. D'Aubignac tint son emploi, et fut, pour ainsi dire, son suppléant dans la chaire d'art dramatique. Il s'y constitua le défenseur des anciens, l'interprète d'Aristote, le commentateur de tous ses commentateurs ; il fit son affaire personnelle du triomphe des Règles, bravant les railleries des uns et les paresses des autres, « desseignant (1) » des plans de tragédie, prodiguant ses conseils, multipliant ses leçons, se dévouant à un enseignement oral, dont son livre de la *Pratique* ne fut plus tard que le résumé écrit.

C'était dans les cercles littéraires et les ruelles mondaines qu'il exerçait ses fonctions de maître et de professeur dramatique, là où s'était préparée la renaissance des règles et où les poètes continuaient à venir chercher le mot d'ordre. « Comment faut-il entendre l'expression d'Aristote sur le « tour du soleil ? » — « Quel doit être le nombre des scènes dans chaque acte ? — Un même acteur peut-il paraître plusieurs fois dans un même acte ? » Telles étaient les questions qu'on examinait dans les alcôves, devant les dames, qui donnaient leur avis et rendaient des jugements. Car, « pour les règles de l'art, » disait l'abbé de Pure dans son *Idée des spectacles*, « ce sont les dames qui aujourd'hui décident du mérite de ces

---

(1) Expression de Chapelain.

choses (1). » — « Les femmes, » disait de son côté l'abbé d'Aubignac, « les femmes se mêlent de juger de tout ; » elles ont aussi souvent à la bouche Euripide que » Malherbe, et elles parlent aussi hardiment des comé- » dies de Plaute que des prologues de Bruscambille (2)... ». Il n'y a point de ruelle de lit où elles n'entreprennent » de faire des leçons de l'unité de temps (3). » Avec quel empressement et avec quel succès devait intervenir, dans ces discussions d'alcôve, le jeune et déjà trop savant auteur des *Satyres !* Avec quelle gravité, examinant un de ces problèmes délicats posés par la superstition des Règles, il devait dire : « Les opinions en ont été fort différentes ; voici mon avis. Premièrement, pour bien répondre à la question, il faut distinguer (4)... » Et il distinguait, classait, argumentait et concluait ; il professait, acquérant autorité et réputation, devenant un de ces savants révérés par Scudéry, dont les opinions étaient « des lois inviolables (5). » — « L'abbé d'Aubignac en sait plus que personne, » disait Tallemant (6), saisi tout à coup de respect pour sa science, au moment où il raille son pédantisme. « Il est capable, » publiaient ses amis, dès 1640, « de réveiller l'assoupissement du siècle et de rétablir le

---

(1) Paris, 1668. D'après l'auteur, ce livre s'adresse plutôt aux directeurs et régisseurs des théâtres qu'aux poètes ; ce n'est pas une œuvre de théorie ; il « renvoie sur ces chefs à M. l'abbé d'Aubignac, à M. de Corneille et à M. Mesnardière, et aux dames. » Bien qu'il ne veuille pas faire une œuvre de théoricien, l'abbé de Pure demande quatre choses à toute comédie : 1° Un fait d'une grande importance ; 2° Une grande nouveauté ; 3° Une grande passion ; 4° Une certaine conformité avec le siècle « et les gens qui y font principale figure. »

(2) *Examen d'Ajax*, à la suite de la *Pratique*, p. 328.

(3) *Pratique*, liv. II, chap. VII, p. 101. C'est aux dames qu'il dédie l'*Examen d'Ajax*.

(4) *Pratique*.

(5) « Je suis prêt à effacer, » disait Scudéry, « toutes choses qu'ils (les savants) ne trouveront point raisonnables, à ne me croire jamais à leur préjudice, à me faire des lois inviolables de leurs opinions. » *Apologie des spectacles*.

(6) Tome X, p. 232.

poème dramatique dans ses véritables règles (1). » L'abbé aimait à rappeler ces temps glorieux où il répandait la bonne doctrine et en était l'apôtre écouté, quoique parfois contredit. Le souvenir même de ces contradictions lui était cher, et il les consignait plus tard dans sa *Pratique* :
« Je fus certes bien surpris... lorsque, voulant parler de
» ces désordres des poèmes dramatiques et expliquer les
» moyens d'y réussir plus raisonnablement, je vis que
» mes discours étaient pris pour des rêveries d'un mélan-
» colique qui s'imaginait ce qui ne fut jamais et qui ne
» pouvait être. Toutes les règles des anciens, dont je pré-
» tendais qu'il fallait suivre la conduite pour faire écla-
» ter toutes les beautés du théâtre, étaient rejetées comme
» des nouveautés que l'on voudrait introduire dans le
» gouvernement de l'Etat ou les mystères de la reli-
» gion... J'ai eu le malheur d'avoir encouru pour cela la
» disgrâce de quelques petits auteurs (2)... »

II

Parmi ces *malheurs* et ces *disgrâces*, que lui attira son zèle pour les *règles des Anciens*, il faut compter sa fameuse querelle avec Ménage, qui tint en suspens, pendant un demi-siècle, l'attention « du pays latin (3). » Commencée en 1640, elle se prolongea jusqu'en 1687, onze ans après la mort de d'Aubignac ; Ménage voulut avoir le dernier mot. C'était d'Aubignac qui avait eu le premier, en publiant, en 1640, une « *Dissertation sur la troisième comédie de Térence, intitulée Héautontimoruménos, contre ceux qui pensent qu'elle n'est pas dans les règles anciennes du poème dramatique.* » Ménage avait répondu la même année par un *Discours sur Térence*, où il mettait à profit

---

(1) Avertissement de l'éditeur du *Discours sur Térence* (1640).
(2) *Pratique.*
(3) Expression de Racan, *Lettres.*

quelques idées et quelques conseils que lui avait donnés son adversaire lui-même, mais sans avoir la loyauté de le dire. Irrité de ce manque d'égards, d'Aubignac prend aussitôt la plume et écrit une réplique où la colère, il l'avoue, « mêla quelques expressions un peu dures. » Mais, à la réflexion, il se calma ; et, voulant « agir en galant homme, » il porta son manuscrit à Chapelain, à qui il donna pouvoir de changer et de supprimer ce qu'il jugerait contraire « aux termes de la dernière civilité, » à la condition toutefois qu'il obtiendrait de Ménage une nouvelle édition de son discours. Ménage fut inflexible, et répondit au négociateur : *Quod scripsi, scripsi!* De plus il reproduisit sa publication telle quelle, dans un volume de *Mélanges* paru en 1650. D'Aubignac dévora l'affront, et ne publia sa réplique qu'en 1655, sous ce titre : « *Térence justifié... contre les erreurs de maître Gilles Ménage, avocat au Parlement.* » Ménage, à qui l'on apprit que l'œuvre était remplie d'injures, » contre lui, protesta publiquement qu'il ne la lirait jamais. Mais Mme Dacier lui ayant dit, en 1687, qu'elle en adoptait les conclusions, il regretta sa promesse ; il alla trouver « plusieurs casuistes de la maison de Sorbonne et du collège Louis-le-Grand... pour savoir s'il pouvait lire un ouvrage qu'il avait solennellement promis de ne pas lire. » Les casuistes, à l'unanimité, lui répondirent qu'il en avait le droit. Il lut le *Térence Justifié*, et y répliqua par une troisième édition de son discours (1687). Son travail et celui de D'Aubignac, publiés ensemble en 1715, forment un volume de trois cent cinquante-cinq pages, petit texte (1).

La question qui avait provoqué cette querelle était fort simple à l'origine : Il s'agissait de savoir si l'action de l'*Héautontimoruménos* dure dix heures ou quinze heures ; d'Aubignac tenait pour dix heures, Ménage pour quinze.

---

(1) Toutes les citations qui précèdent et suivent sont tirées de cette publication.

Mais cette première difficulté s'était bientôt compliquée et grossie d'une foule d'autres, comme on va le voir.

D'Aubignac, renchérissant sur l'opinion de la plupart des *Réguliers* contemporains, restreignait de vingt-quatre à douze heures la durée de l'action dramatique, et affirmait que toutes les pièces des anciens étaient « dans les douze heures. » Mais, avait objecté Ménage, comment ferez-vous tenir, dans cette courte mesure de temps l'action de l'*Héautontimoruménos* qui commence le soir avant le souper, dure toute la nuit et une partie du jour suivant? C'est bien facile, répliquait d'Aubignac : « La nuit en
» laquelle s'est faite l'action de cette comédie était l'une
» des premières de notre mois d'avril, puisqu'on y célè-
» bre la Pythœgie et que cette fête avait lieu le 11 du
» mois Anthestérion, et elle n'avait que neuf heures de
» ténèbres. Car le soleil se couchait après six heures et
» se levait avant six heures. Et le crépuscule était d'une
» heure et demie ou environ, tant le soir que le matin,
» Athènes étant située au trente-septième degré de lati-
» tude. » Or, des cinq actes de la comédie de Térence, le premier commence après le coucher du soleil, « entre sept et huit heures du soir; » le second se termine à l'aube, « c'est-à-dire à quatre heures du matin; » les trois derniers se passent entre quatre heures et six heures : total, dix heures ou dix heures et demie au plus.

Ménage attaquait l'une après l'autre toutes les assertions de son contradicteur : le mois grec d'Anthestérion, disait-il, correspond non pas à notre mois d'avril, mais à notre mois de février, pendant lequel les nuits durent plus de douze heures ! Le premier acte de la comédie de Térence commence avant la nuit, puisque ce n'est qu'au second qu'on dit : *Jam vesperascit;* les événements des trois derniers actes ne peuvent se passer en deux heures, ni à des heures si matinales : un des personnages va se baigner; l'heure du bain chez les anciens ne commençait pas à l'aube.

Et d'Aubignac de riposter par de longues dissertations

sur la Pythœgie, l'Anthestérion, l'heure du bain, le sens des mots *vesperascit et luciscit*, dissertations que Ménage réfutait par des dissertations non moins longues et non moins érudites. On passait en revue toute l'histoire des anciens, leurs mœurs, leur religion, leur astronomie, leurs poèmes dramatiques, ceux qui nous sont parvenus en entier, ceux dont nous n'avons que des fragments, ceux même dont il ne reste que le nom.

« Ce conflit ne se passera pas sans produire de belles lumières, » écrivait Chapelain (1). Il produisit une avalanche de citations et de textes, une lutte héroï-comique comme celle du *Lutrin*, où l'on combat à coups d'in-folios. Tous les commentateurs alexandrins, latins, italiens, hollandais y passent et font projectile ; la petite question, origine de la querelle, disparaît sous l'amoncellement de documents destinés à l'éclaircir et à la dégager. « Il me semble voir une belle fille innocente accablée sous la chute d'une bibliothèque ; » c'est d'Aubignac qui parle ainsi à Ménage ; c'est Vadius qui veut d'abord noircir Trissotin et ensuite faire valoir son sujet.

Il n'y réussit pas ; il est aussi pédant que Ménage, et son sujet n'est pas aussi intéressant qu'il le dit. C'est pourquoi il suffira de conclure brièvement, et sans entrer dans la discussion des détails : Ni l'un ni l'autre des deux adversaires n'a mérité le prix de la lutte : *nec vitulā tu dignus, nec hic*. Dans la forme, les torts sont égaux de part et d'autre ; pour le fond, ils restent, l'un et l'autre, en deçà de la vérité, quoique Ménage en soit plus près. — L'action de l'*Héautontimoruménos* demande plus de quinze heures ; c'était déjà l'avis de quelques contemporains (2), et c'est celui de la critique moderne (3). Il n'y a guère que

---

(1) Lettre à Conrart, 22 juin 1640.
(2) De Vossius notamment : « Interdum drama est bidui. Eo spatio Heautontimorumenos transfigitur. » *Poeticarum institutionum libri,* liv. II, chap. III, § 3.
(3) Cf. M. Chaignet. *La tragédie grecque*, p. 262.

sur la question des anthestéries, dont la date semble devoir être fixée vers la fin de février, que Ménage est en plein dans la vérité.

III

Ce long et retentissant « conflit » ne nuisit pas au crédit de l'abbé d'Aubignac, ni auprès des doctes dont quelques-uns, comme Mme Dacier, partagèrent son opinion, ni auprès des poètes qui virent désormais en lui le représentant officiel des Règles (1). — Il fut le conseiller, parfois le collaborateur des poètes dramatiques, des apprentis et même des ouvriers déjà « approuvés. » Un jeune homme était venu lui soumettre un plan de tragédie sur les *Amours de Stratonice et d'Antiochus* ; l'abbé le fit renoncer à ce sujet, après lui en avoir déduit toutes les difficultés. « Le seul incident considérable, » lui disait-il, « est l'adresse du médecin qui fit passer devant les yeux
» du jeune malade toutes les dames de la cour, afin de
» juger, par l'émotion de son pouls, celle qu'il aimait et
» qui causait sa maladie ; or j'estime qu'il est très dif-
» ficile de faire un poème dramatique dont le héros soit
» toujours au lit (2). » Devant ces raisons et d'autres encore que nous fait connaître d'Aubignac, le poète céda. Le nom de ce docile nous est inconnu. Mais nous savons que Boisrobert, le familier de Richelieu, prenait aussi les conseils de d'Aubignac, lui qui était pourtant « à même des consultations » de Chapelain ! C'est à lui qu'il demandait le plan de deux de ses tragédies, la *Belle Palène* et *Didon la Chaste* (3). Et il ne se cachait pas de cette collaboration, peut-être même s'en vantait-il comme d'une garantie et d'une recommandation auprès des criti-

---

(1) Tallemant lui-même disait : « Ménage n'est pas le plus fort. »
(2) *Pratique*.
(3) *Vid. inf.*, liv. II. — Cf. *Corresp. de Chapelain.* — *Pratique*, chap. IV, p. 84. — Edition de Corneille, Marty-Laveaux, VI, p. 463.

tiques. Corneille lui-même parut un moment faire état de l'avis de d'Aubignac (1). Il l'invita à une lecture de la tragédie d'*Horace* qui eut lieu chez Boisrobert; d'Aubignac s'y rendit et donna divers conseils, entre autres celui de faire précipiter Camille volontairement sur l'épée de son frère, afin de « sauver la bienséance de la scène » et d'épargner aux spectateurs l'horreur d'un fratricide. De plus, il blâma le long plaidoyer de Valère au cinquième acte, etc., etc. Corneille ne suivit pas les conseils qu'on lui donnait (2); mais il avait paru les solliciter.

Richelieu, d'ailleurs, lui en avait donné l'exemple : il professait pour la compétence de d'Aubignac en matière dramatique la plus sérieuse estime. Quand une pièce lui déplaisait et lui paraissait irrégulière, il chargeait l'abbé de la corriger. C'est ainsi qu'il lui donna « l'ordre exprès » de refaire certaines parties de la *Panthée* de Tristan, notamment « le quatrième acte et la catastrophe (3). » Il lui demanda aussi, — faveur plus grande mais plus dangereuse, — d'assister à une répétition générale de *Mirame* et de donner son avis sur la pièce. D'Aubignac, sachant « que M. le Cardinal » y avait pris trop de part, » eut peur et voulut se dérober au devoir de parler; il prétexta un rhume, et refusa d'assister à la représentation. Le cardinal alors lui fit dire obligeamment « qu'il ne le forçait pas à parler, mais seulement à bien écouter (4). » D'Aubignac profita de la permission, il ne dit rien ! Heureux s'il avait eu la sagesse d'être encore enrhumé ou du moins d'être muet quand on représenta *Roxane*, une autre pièce de Desmarets, « qui avait charmé les puissances ! » Mais il parla, et même il écrivit : il blâma dans un libelle « le goût de Son Eminence et de Mme d'Aiguil-

---

(1) Cf. Marty-Laveaux, tome III.
(2) Il répondit à ces critiques dans son *Examen d'Horace*.
(3) Publiée à la suite de la *Pratique*.
(4) 4ᵉ *dissertation*.

lon (1) » et, nous savons qu'il le paya cher ; il ne fut pas reçu à l'Académie française (2).

IV

On ne sait pas, d'ailleurs, où se seraient arrêtées sa fortune et son influence s'il avait su conserver, ou s'il avait eu le temps de retrouver la faveur du cardinal. Celui-ci ne s'était pas contenté, en effet, d'exiger son avis sur les œuvres des poètes officiels ou non : il lui avait encore demandé le plan d'une réforme générale du théâtre. D'Aubignac fit ce plan, que le cardinal approuva, et il nous l'a conservé sous ce titre : *Projet pour le rétablissement du théâtre français*. On y trouve cette disposition : « Sa Majesté établira une personne de capacité et de probité comme directeur, intendant ou grand maître des théâtres et jeux publics de France. » — « Le bon abbé d'Aubignac, » a dit Saint-Marc Girardin, « pouvait bien attacher à cette création de la grande maîtrise du théâtre quelque espérance personnelle (3). » Un contemporain de d'Aubignac, Donneau de Visé, était plus affirmatif : « Vous n'avez fait votre *Projet pour le rétablissement du théâtre français* que pour montrer que vous étiez capable d'avoir la charge de directeur, intendant, grand maître des théâtres... que vous briguez depuis trente ans et que chacun trouve digne d'un prêtre ! » Visé ajoutait même : « Vous avez assuré plusieurs personnes dignes de foi que vous aviez enfin obtenu de Sa Majesté cette belle charge (4). » Ceci doit être une exagération ; mais si d'Aubignac n'a pas pu se vanter d'avoir obtenu cette charge de Louis XIV, il aurait pu, sans témérité, l'attendre du cardinal de Riche-

---

(1) Lettre de Chapelain, 13 juin 1640.
(2) Cf. *suprà*, p. 43.
(3) *Jean-Jacques Rousseau*, tome II.
(4) *Défense de Sertorius*. — Recueil de Granet, p. 302.

lieu, « si la mort n'avait fait avorter » les projets du maître et les espérances du serviteur. Un cardinal qui faisait lui-même des comédies n'eût pas hésité à mettre un prêtre à la tête des jeux publics, ne sentant pas ce que cette direction aurait pu avoir d'étrange aux yeux des simples laïques, et pensant peut-être qu'un homme d'Eglise pourrait, mieux que tout autre, soumettre le théâtre aux lois ou, du moins, à la morale de l'Eglise. Et c'est en quoi, nous allons le voir, eût principalement consisté la mission de l'intendant.

Il eût, d'abord, veillé à la réforme matérielle des salles de spectacle : Nos théâtres, dit d'Aubignac, sont mal bâtis, mal distribués, mal décorés. « Le premier de-
» voir de l'intendant sera de trouver un lieu commode
» et spacieux, pour en dresser un selon les modèles et à
» l'exemple des anciens ; en sorte que sa longueur et sa
» profondeur soient capables de toutes les grandes repré-
» sentations, et où les sièges des spectateurs soient dis-
» tribués sans que les personnes de condition y soient
» mêlées avec le menu peuple. » Cette question des sièges préoccupe fort d'Aubignac. « Les sièges des spectateurs
» étaient, autrefois (chez les anciens), si bien ordonnés,
» que chacun était placé commodément et que l'on ne
» pouvait faire aucun désordre pour changer de place ;
» au lieu que, maintenant, les galeries et le parterre sont
» très incommodes, la plupart des loges étant trop éloi-
» gnées et mal situées, et le parterre n'ayant aucune élé-
» vation ni aucun siège. » L'intendant fera « élever le parterre en talus et le remplira de sièges immobiles. » Cette réforme, si simple et si utile, dont la revendication doit recommander d'Aubignac « au menu peuple, » ne fut pas facile à obtenir ; la Comédie française l'attendit jusqu'à Louis XVI, — près d'un siècle et demi (1). Le théâtre attendit moins longtemps le « rétablissement des décora-

---

(1) Cf. Despois, *Le théâtre sous Louis XIV*, p. 114-116.

tions ; » d'Aubignac les trouvait « imparfaites, très mauvaises, indignes de l'invention de nos poètes. » Il avait souffert personnellement, lors de la représentation d'une de ses pièces, *la Pucelle d'Orléans*, de « l'impertinence des machines » et de l'avarice des comédiens, » qui ne voulaient pas dépenser de quoi habiller convenablement un juge, ni même de quoi avoir douze figurants. « Au lieu de faire voir, dans le renfoncement et en perspective, l'image de la Pucelle au milieu d'un feu allumé et environnée d'un grand peuple, comme on leur en avait enseigné le moyen, les comédiens firent peindre un méchant tableau sans art..., et, au lieu d'avoir une douzaine d'acteurs pour représenter l'émotion des soldats contre le conseil (l'exigence était petite), ils y mirent deux simples gardes (1). » Pour remédier à toutes ces lésineries des comédiens, « les décorations seront faites par les soins de
» l'intendant, qui emploiera des gens habiles aux dépens
» du public et non des comédiens, qui ne seront chargés
» d'autres frais que de leurs vêtements particuliers et de
» la récompense qu'ils donneront aux poètes ; les déco-
» rations ordinaires ne seront pas même à leurs frais. »

Les comédiens n'eurent pas, de longtemps encore, l'heureuse chance de se voir déchargés de tous les frais de la décoration ; mais, grâce à des subventions royales et princières, à l'affluence plus considérable du public, au succès des œuvres nouvelles, ils furent bientôt mieux « accommodés en leurs affaires, » et ils ne reculèrent pas devant la dépense : ils purent avoir douze soldats pour représenter toute une armée.

Une autre réforme, que réclame d'Aubignac, c'est la cessation des *désordres des spectateurs* : « De jeunes débau-
» chés, qui ne vont aux représentations que pour signaler
» leur insolence, mettent l'effroi partout et souvent y com-
» mettent des meurtres. » D'Aubignac n'exagère pas ; les

---

(1) Préface de la *Pucelle*.

graves désordres qu'il signale dataient de loin et durèrent jusqu'après Molière, dont la troupe faillit un jour être victime de la brutalité de quelques jeunes gens qui s'étaient introduits sur la scène, l'épée à la main, après avoir attaqué les gardiens et tué le portier du théâtre (1). Pour empêcher le retour ou la possibilité de pareilles scènes, d'Aubignac demande que le roi fasse « défense à tous pages et laquais d'entrer au théâtre, *à peine de la vie*, et à toutes personnes, de quelque condition qu'elles soient, d'y porter l'épée ni autres armes offensives sous les même peines... » La sanction est un peu sévère, et d'Aubignac a trop de zèle. Il ajoute : « Deux gardes ou suisses du roi seront posés aux portes du théâtre, pour empêcher ceux qui voudraient contrevenir à son intention. » — Voilà pour les réformes matérielles.

Quant aux réformes littéraires, le projet est plus bref. Ce n'est pas qu'elles préoccupent moins d'Aubignac ; mais il se réserve d'en parler à son aise dans le livre de la *Pratique*. En attendant il n'indique qu'un seul moyen de « remédier aux mauvais poèmes. » Il est vrai que ce moyen est radical : « Les pièces seront examinées par l'intendant, et réformées selon ses ordres : si bien, » ajoute d'Aubignac avec une intrépide assurance, « si bien que le théâtre ne sera point chargé de mauvaises pièces. » Sa confiance envers cet intendant, à la fois critique et collaborateur des auteurs dramatiques, est absolue ; est-il besoin de dire qu'elle est naïve ? Rien ne prouve que l'œuvre de ce collaborateur n'aurait jamais eu besoin d'être elle-même réformée, ni que ce critique eût été infaillible, et n'eût pas envoyé, par exemple, le *Cid* ou *Polyeucte* à la réforme et n'en eût pas exempté *Zénobie !* Cette invention d'une critique et d'une collaboration officielles et obligatoires n'est pas de celles qui peuvent aujourd'hui faire

---

(1) Lemazurier, *Anecdotes dramatiques*, I, 316. M. Victor Fournel, *Curiosités dramatiques*.

honneur à d'Aubignac; mais il est probable qu'elle dut plaire à Richelieu, si même elle ne venait pas de lui, de « ce génie despotique et impérieux qui voulait tout organiser et tout diriger (1). »

Il faut dire que d'Aubignac, plus libéral que ne l'avait été son maître envers Corneille, ne soumet à l'examen officiel que les « nouveaux poètes, » et qu'il en exempte les anciens, « ceux qui sont maintenant connus par l'excel-
» lence et le grand nombre de leurs poèmes. » La faveur est grande. Cependant elle n'est pas entière; délivrés de la censure littéraire, les poètes « approuvés » sont encore soumis à la censure morale; « ils seront seulement obligés
» de faire voir leurs pièces à l'intendant pour en examiner
» l'honnêteté et la bienséance; *le reste y demeurera au*
» *péril de leur réputation.* » Le candidat intendant fait ses réserves; il ne voudrait pas qu'on le rendît responsable de tout ce que pourra faire l'auteur du *Cid* ! Impossible d'être plus circonspect !

V

D'Aubignac s'étend plus longuement sur la réforme morale du théâtre. A vrai dire, son projet semble n'avoir été écrit que pour résoudre pratiquement ce problème qui a toujours préoccupé les consciences chrétiennes, et qui devait préoccuper le cardinal de Richelieu et son entourage : les devoirs de la vie chrétienne et le plaisir du théâtre sont-ils conciliables ?

A s'en rapporter aux poètes et aux théoriciens dramatiques, la réponse ne pouvait pas faire de doute. Rien n'est plus moral que le théâtre, disaient-ils tous. Le poète a charge d'âmes, ajoutaient les premiers, et il ne l'oublie jamais. « Lecteur, sache que je n'ai pas composé cette
» folâtre comédie pour t'apprendre à suivre le vice, » écri-

---

(1) S.-M. Girardin, *op. cit.*

vait Pierre Trotterel, dans la préface des *Corrivaux*, une des pièces les plus osées qu'on ait jamais mises au théâtre, « je te jure de bonne âme que je hais plus que la peste ceux » qui le suivent; le sujet donc pour lequel je l'ai com- » posée, c'est afin qu'en voyant sa noirceur si bien dé- »' peinte, tu t'animes à suivre la vertu. » Un des plus jeunes contemporains de Trotterel, Rotrou, se flattait d'être encore plus édifiant que ses confrères, et il prenait à témoins ses lecteurs qu'il avait rendu la muse, « d'une » profane qu'elle était, une véritable religieuse. »

Il le disait, et, peut-être, il le croyait, bien que sa « véritable religieuse » fût de nature à scandaliser même les sœurs de l'abbaye de Thélème. Mais il avait cette puissance d'illusion, qui est une des forces des poètes, et qui avait fait dire à Pierre Larrivey, résumant toutes les prétentions de ses confrères : « La comédie aide à acquérir honneur en cette vie et une céleste récompense après le trépas. »

Quant aux théoriciens, ils étaient encore plus explicites et plus logiques. Réfugiés dans l'abstraction, ils étaient à l'abri des contradictions et « des soufflets, » comme dit Corneille, que les faits infligent aux principes. *Ars docet*, déclaraient-ils avec Scaliger, l'art dramatique enseigne; la tragédie purge les passions par la terreur et la pitié; la comédie corrige les mœurs par le ridicule. Il y a, en outre, continuaient-ils, quatre moyens infaillibles d'assurer cette purgation et cette correction ou d'y aider : le premier et le principal, c'est le « dénoûment vertueux, » punissant le vice et récompensant la vertu ; le second, c'est l'emploi des sentences : le troisième, c'est « la peinture des mœurs exemplaires ; » le quatrième, enfin, c'est la majorité numérique toujours donnée aux personnages vertueux.

De ces quatre recettes, aucune, paraît-il, ne rassurait complètement le public chrétien; le théâtre restait suspect. « Il y a cinquante ans, » écrivait d'Aubignac, vers 1666, « une honnête femme n'osait pas aller au théâtre (1). » Les hommes honnêtes étaient plus audacieux, mais ils n'étaient pas sans remords : « La créance commune, » nous dit encore d'Aubignac, en tête de son *Projet*, « c'est que d'assister au spectacle c'est braver les règles du christianisme. »

Tel était donc l'état des esprits dans le monde chrétien vers 1640. Richelieu ne partageait pas évidemment la *créance commune*, mais il s'en préoccupait. C'était par respect pour elle qu'il faisait dresser le plan d'un théâtre moral, et c'était pour préparer des sympathies à ce théâtre qu'un de ses familiers, Scudéry, publiait une *Apologie des spectacles*, pendant que d'Aubignac écrivait une *Dissertation sur la condamnation des théâtres*. Cette dissertation, toute théologique, devait être le développement et la preuve de ce passage du *Projet* : « Les Pères de
» l'Eglise ont défendu le théâtre aux chrétiens pour deux
» raisons : la première (qui n'a point encore été reconnue
» de personne) est que la représentation des comédies
» était un acte de religion et faisait partie du culte des
» faux dieux ;... la seconde était fondée sur les impuretés
» qui s'y disaient et qui s'y représentaient. » Or, concluait d'Aubignac, la première raison n'existe plus, et la seconde n'existera plus quand on aura appliqué les réformes proposées par le cardinal de Richelieu. Des douze chapitres de la *Dissertation*, dix étaient consacrés à étudier la morale de la comédie et des comédiens dans l'antiquité ; les deux derniers démontraient que les poèmes dramatiques, tels que les conçoivent les modernes, n'ont pas été *condamnés*, et que leur représentation ne peut pas

---

(1) *Dissertation sur la condamnation des théâtres*. Je dois signaler un démenti à cette assertion, donné par Mairet dans son épître dédicataire des *Galanteries du duc d'Ossonne*. Il dit que les plus honnêtes fréquentaient l'hôtel de Bourgogne « avec aussi peu de scrupule et de scandale qu'elles feraient celui du Luxembourg. » Cité par M. Bezos dans son *Etude sur Mairet*, p. 157.

l'être « tant qu'elle sera modeste et honnête. » La démonstration n'est, à vrai dire, qu'une affirmation énergique, appuyée de quelques textes. Mais, eût-elle été des plus convaincantes, elle n'aurait pu servir les projets de Richelieu, par la raison qu'elle resta inédite jusqu'en 1666, année où les débats jansénistes sur la moralité du théâtre lui donnèrent une nouvelle opportunité et décidèrent l'auteur à la publier.

Scudéry, qui avait la plume plus facile, et probablement aussi un sentiment moins vif des difficultés de sa thèse, avait publié son *Apologie* dès 1639. Elle a trop de rapport avec l'œuvre tentée alors par d'Aubignac pour que nous n'en donnions pas une brève analyse.

Par une tactique adroite, le capitaine Scudéry, au lieu de se borner à défendre le théâtre, prend tout de suite l'offensive ; dès la préface, il affirme que non seulement les spectacles ne sont pas mauvais, mais qu'ils sont au contraire bons et utiles : Aristote, dit-il, ce grand philosophe, était trop sage pour s'occuper d'un art de pur agrément ; il nous apprend que la tragédie « apaise » les passions. Que faut-il de plus pour réhabiliter le théâtre dans l'esprit des honnêtes gens ? Il faudrait d'abord traduire exactement Aristote et prouver que « la purgation des passions, » dont il est question dans la *Poétique*, doit s'entendre d'une sorte d'édification morale et de l'apaisement de toutes les passions. Or rien n'est plus douteux, on le sait. Mais Scudéry était de cette race d'heureux esprits qui ne doutent de rien, parce qu'ils ne se doutent de rien. A la tâche déjà difficile de prouver l'utilité de la comédie il en ajoute deux autres : « Je veux prouver, » déclare-t-il, « combien sont
» utiles et honorables et la comédie, et ceux qui la compo-
» sent, et ceux qui représentent. »

Il y a, commence-t-il gravement, deux sortes de comédies, deux sortes de comédiens, deux sortes de poètes dramatiques : les bons et les mauvais ; les mauvais sont mauvais, les bons sont bons. Et c'est là toute la démonstration de Scudéry, telle qu'elle se dégage des quatre-vingt-dix pages environ de son apologie. La première impression qu'elle laisse n'est pas satisfaisante, et l'on est étonné que, n'en ayant pas trouvé d'autre, l'auteur l'ait si triomphalement annoncée. A la réflexion, on devient plus indulgent, parce qu'on s'aperçoit qu'il est malaisé d'en trouver une autre. Et, en vérité, cette autre existe-t-elle ?

Tous les raisonnements qu'on peut faire en faveur du théâtre ne viennent-ils pas tous aboutir et se résumer à cette distinction que le simple bon sens eût trouvée, dont Scudéry a le tort sans doute de triompher, mais que de plus hauts et plus puissants esprits ont eu le tort de dédaigner : il y a un théâtre bon qu'on peut autoriser, et un théâtre mauvais qu'il faut condamner ? Le difficile c'est de fixer les conditions qui rendent une pièce bonne ou, du moins, l'empêchent d'être mauvaise. Il ne faut pas s'attendre à les trouver dans Scudéry, lequel s'en tient à la doctrine courante des poétiques dramatiques ; une pièce est honnête et utile quand le dénouement est honnête, c'est-à-dire quand le vice y est puni et la vertu récompensée. « Il faut toujours élever le trône de cette reine (la vertu) sur les ruines de ce tyran (le vice), et faire toujours triompher à la fin cette vertu persécutée. » Moyennant quoi, le poème dramatique nous inspirera toujours l'horreur du mal et nous poussera à la pratique de toutes les vertus. Voyez de quel profit, pour la morale et même pour la vie chrétienne, peut être une pièce qui finit bien, cette pièce fût-elle païenne, comme l'*Iphigénie en Aulide !* « Quand quelqu'un remarquera, en écoutant l'*Iphigénie en Aulide*, que le ciel se contenta de la bonne volonté d'Agamemnon, et qu'il mit une biche sur le bûcher au lieu de cette fille qui devait y être immolée, ne se remettra-t-il pas sous la conduite de la Providence et ne rangera-t-il pas ses volontés à celles de Dieu ? » A ce compte, en effet, le traité *De la Perfection chrétienne* de Richelieu ou du père Rodriguez ne sont pas plus édifiants que l'œuvre d'Euripide. « Le sage doit donc absolument aimer la comédie, a dit Epicharmus. » Et Scudéry conclut comme Epicharmus.

Les deux autres parties de l'*Apologie des spectacles* sont aussi originales et aussi concluantes. Il y a de bons poètes dramatiques, affirme Scudéry ; il ne s'attarde pas à le prouver ; mais il arrive tout de suite à cette conséquence pratique : « Je veux montrer en quelle considération étaient tenus les poètes et faire voir à notre siècle la façon dont il les doit traiter. » Voilà évidemment la pensée principale de l'auteur de l'*Apologie*, plus préoccupé de son pot-au-feu que du théâtre moral ; il s'y arrête avec une complaisance, un luxe de détails, destinés à frapper l'esprit de Richelieu et à obtenir de lui un supplément de pension ou une sinécure.

Scudéry s'écarte à regret de ce cher sujet d'entretien, et aborde la troisième partie de son œuvre : la défense des comédiens. L'intrépide argumentateur éprouve quelque hésitation, tant était fort alors le préjugé qu'il veut combattre. Il a peur, et il l'avoue ; mais bientôt il se rassure, car il rencontre dans l'histoire grecque et même dans l'histoire romaine des noms de comédiens estimés et honorés. Il a lu que « deux comédiennes, Luccéia et Ga-
» léria Copiola, vécurent l'une cent cinq ans et l'autre
» cent douze. Or, s'il est vrai, comme le tiennent les mé-
» decins, que la longueur des jours soit une marque de
» l'innocence et de la pureté de la vie... on ne saurait dou-
» ter de celle de ces deux femmes. » Donc, conclut-il, s'il a existé dans le passé des comédiens honnêtes, il peut en exister dans l'avenir.

Telle est l'Apologie de Scudéry (1). Elle n'était pas

---

(1) Après cette belle démonstration, Scudéry passe à une quatrième partie qu'il n'a pas annoncée. C'est une surprise qu'il ménage aux lecteurs. « Il reste à parler de ceux qui entendent la comédie. » Est-ce qu'il va faire leur apologie ? Non, il va leur donner une leçon. Il les divise en trois ordres : « les savants, les préoccupés et les ignorants. »

faite, il faut l'avouer, pour émouvoir l'opinion publique ni pour faire avancer la cause du théâtre moral. Voyons si les moyens pratiques proposés par d'Aubignac valaient mieux.

« Deux choses, » dit-il, « rendent le théâtre suspect » aux chrétiens : d'abord l'impureté des poèmes drama- » tiques, leurs histoires impudiques et de mauvais exem- » ple ; en second lieu, l'infamie dont les lois ont noté » ceux qui font profession de comédiens, » et, ajoute plus loin le réformateur, les mœurs elles-mêmes des comédiens qui justifient trop la sévérité des lois et les préventions de l'opinion. Pour remédier à ce double désordre, Sa Majesté chargera l'intendant « d'avoir soin que le théâtre se maintienne en l'honnêteté, » de faire disparaître des poèmes dramatiques « toute impureté, » de veiller « sur les actions des comédiens et de lui en rendre compte pour y donner l'ordre nécessaire. »

D'Aubignac est pratique ; il ne va pas chercher dans la métaphysique de l'art une cinquième recette pour rendre morales les œuvres dramatiques : il s'adresse à ce qui était déjà en France et à ce qui devait rester longtemps plus fort que les théories et les théoriciens, — l'administration. Il demande l'établissement d'une censure officielle, armée de pouvoirs sérieux et fonctionnant régulièrement : si on

---

Il s'incline profondément devant les premiers, « dont les opinions » doivent être « des lois inviolables » pour le poète ; il dédaigne les seconds, ceux qui assistent à la comédie avec un parti pris d'avance ; ce sont des malades, des « hystériques » qui ont besoin de prendre médecine. Quant aux troisièmes, il les divise encore en deux classes : « les ignorants des galeries et les ignorants du parterre ; » et, après avoir doucement raillé les premiers qui, « à cause de leur castor pointu et de leur collet de mille francs, » veulent trancher du connaisseur, il ajoute : « Il est temps de descendre aux ignorants du parterre, et de dire un mot en passant à cet animal à tant de têtes qu'on appelle peuple. » Cet *animal* n'a pas le droit de dire son avis sur les pièces qu'il voit représenter ; il n'a qu'à se taire et à « imiter les oies qui passent sur le mont Taurus où les aigles ont leurs aires ; c'est-à-dire qu'il porte une pierre au bec, qui l'oblige à se taire. » Les poètes sont devenus plus polis pour le public.

la lui donne, il répond de « l'honnêteté » du théâtre.

Ici encore il y avait une illusion, et d'Aubignac qui se défie de l'honnêteté des poètes, attend trop de la vertu de l'administration. Lorsque Crébillon fils fut censeur, il dut être évident que l'institution de la censure n'était pas une garantie suffisante de la moralité du théâtre, qu'elle déplaçait la difficulté au lieu de la résoudre, et la transportait de la conscience du poète à celle de « l'intendant. »

Quant au devoir que d'Aubignac donne encore à l'intendant de *veiller aux actions* des comédiens et des comédiennes, il comprend lui-même qu'il a de quoi faire reculer le mythologique Argus aux cent yeux. Aussi il essaie de le simplifier, en imposant aux comédiens un règlement qui enferme leur vie dans un cadre rigide et uniforme; un seul coup d'œil suffira à l'administration pour en surveiller tous les détails.

Tout, en effet, est prévu et arrêté d'avance dans ce règlement, depuis le recrutement des artistes jusqu'à leur mariage et leur logement. D'abord, et pour les encourager à s'y soumettre, le roi interviendra; il réhabilitera leur profession. C'est peut-être parce qu'ils sont exclus de la considération publique que les comédiens se dispensent des vertus dont elle est le prix et la sauvegarde. Que le roi leur rende le pouvoir légal de prendre rang parmi les honnêtes gens, et ils redeviendront honnêtes : « Il est nécessaire que le roi fasse une déclaration qui porte que Sa Majesté lève la note d'infamie décernée contre les comédiens par les ordonnances et arrêts..., avec défense, néanmoins, de rien dire ou rien faire contre l'honnêteté et les bonnes mœurs, soit sur la scène, soit dans leur vie privée, sous peine d'être chassés du théâtre et de retomber dans leur premiere infamie. »

Ce décret de réhabilitation rendu, d'Aubignac espère que la carrière dramatique attirera les candidats en foule, qu'il y viendra même « des enfants de bonne famille qui en sont actuellement divertis. » Mais tous ne seront pas

acceptés; l'entrée du théâtre ne s'ouvrira que pour la science et l'honneur, après un examen subi devant l'intendant général : « Personne ne pourra être associé
» dans une troupe que par brevet du roi, donné sur un
» certificat de capacité et de probité qui lui sera délivré
» par l'intendant après en avoir fait l'épreuve. » Une fois admis, le comédien mènera une vie d'étude et de travail, et n'ira pas courir la ville. Il sera logé dans une des deux maisons que le roi fera construire auprès du théâtre. Quant aux comédiennes, si elles sont mariées, on les laissera à la surveillance du mari, qui en sera responsable. Si elles sont filles, « ne pourront les filles monter sur le théâtre, si elles n'ont leur père ou mère dans la compagnie. » Si enfin elles sont veuves, eh bien! elles seront obligées de se remarier après avoir donné à leur premier mari un an de regrets, juste la portion congrue. « Les veuves seront tenues de se remarier dans les six
» mois d'après l'an de leur deuil *au plus tard*, et ne joue-
» ront point dans l'an de leur deuil, sinon qu'elles fus-
» sent remariées. » Ce dernier mot semble rogner encore la part laissée au défunt et permettre son remplacement dans l'an de deuil, — tout cela dans l'intérêt de la morale et pour « observer les bienséances du théâtre (1). »

---

(1) L'abbé de Pure devait, lui aussi, dans l'*Idée des spectacles*, tracer un plan de réformes pour les comédiens et le théâtre. En voici quelques dispositions. Il faut supprimer l'égalité entre les comédiens et établir une hiérarchie, pour éviter les disputes trop fréquentes entre eux ; il faut augmenter leur salaire. De Pure préférerait, en outre, contrairement à l'avis de d'Aubignac, que les comédiennes fussent, « s'il se pouvait, toujours filles, ou du moins jamais grosses. » Il invite ensuite les marquis à débarrasser la scène de leur présence. Enfin il voudrait avancer l'heure des spectacles, les commencer « en hiver, à trois heures et demie ; en été, à quatre heures et demie. Les bourgeois et les bourgeoises, qui craignent plus les filous que le serein, y courraient en foule dans les deux saisons. »

VI

Certaines dispositions de cette réforme morale du théâtre font sourire (1). On y sent à la fois l'esprit d'utopie d'un logicien, habitué à ne manier que des idées, et la confiance aveugle d'un courtisan à l'égard d'un pouvoir qui paraissait sans bornes. Toutes, cependant, témoignent, en même temps que d'un amour très vif pour l'art dramatique, d'un profond respect des bonnes mœurs, d'un besoin impérieux du bien moral. « Proposées par un abbé à un cardinal, » elles les justifient l'un et l'autre, dans une certaine mesure de l'attention et du temps qu'ils ont consacrés aux choses du théâtre. Elles prouvent que ni l'un ni l'autre ne s'en sont occupés en mondains, uniquement soucieux de leur plaisir ; ils y ont porté des habitudes et des préoccupations sacerdotales, qui nous étonnent aujourd'hui, parce que l'église et le théâtre nous paraissent

---

(1) « Je ne veux faire aucune comparaison malséante ; mais, quand je vois ce projet de théâtre et même de phalanstère dramatique, si je puis ainsi dire, proposé par un abbé à un cardinal, il m'est impossible de ne pas penser qu'à cette époque, où la vie religieuse refleurissait dans les couvents par les réformes de quelques grands chefs d'ordre, l'idée d'imiter les institutions monastiques s'étendait à tout, et que le bon abbé d'Aubignac se faisait en quelque sorte prieur d'une congrégation dramatique qu'il s'agissait de réformer. » S.-M. Girardin, *J.-J. Rousseau*, tome II, p. 14.

Richelieu avait rêvé d'un autre « phalanstère, » plus étendu, ouvert à tous les gens de lettres et à tous les beaux esprits, « un grand collège, » dit Tallemant, « avec cent mille livres de rente, où il prétendait attirer les plus grands hommes du siècle ; il y aurait eu un logement pour l'Académie, qui en eût été la directrice. » La Mesnardière, dans son discours de réception à l'Académie, parle aussi de cette sorte de cité littéraire, qu'il appelle « un Prytanée de belles-lettres. » « J'eus de Son Eminence de longues et glorieuses audiences vers la fin de sa vie... Il me mit entre les mains des mémoires faits par lui-même, pour le plan qu'il m'ordonna de lui dresser, de ce magnifique et rare collège qu'il méditait pour les belles sciences..., de ce riche et pompeux Prytanée des belles-lettres, dans lequel... il voulait placer l'Académie... et donner un honnête et doux repos à toutes les personnes de genre qui l'auraient mérité par leurs travaux. »

irrévocablement séparés ; mais elles étonnaient moins les hommes du dix-septième siècle, plus rapprochés que nous du temps où cette séparation n'existait pas, et où des drames d'origine liturgique étaient représentés dans le sanctuaire, sous la surveillance et avec la collaboration du clergé. Pourquoi un prêtre tout-puissant n'aurait-il pas essayé de rapprocher les deux alliés d'autrefois, au moins sur le terrain de la morale?

Richelieu mourut avant d'avoir pu appliquer ou faire appliquer les réformes qu'il avait approuvées (1) et sans avoir, par conséquent, modifié la « créance commune » soit à l'égard des comédiens, soit à l'égard de la comédie. Il put seulement faire rendre, par le roi, le décret de réhabilitation demandé par d'Aubignac, « ... En cas que les
» comédiens, ». y lisait-on, « règlent tellement les ac-
» tions du théâtre qu'elles soient du tout exemptes d'im-
» pureté, nous voulons que leur exercice, qui peut inno-
» cemment *divertir* (2) nos peuples de diverses occupations
» mauvaises, ne puisse leur être imputé à blâme, ni pré-
» judicier à leur réputation dans le commerce public (3). »

---

(1) Il faut avouer cependant que certaines pièces commandées par Richelieu et composées sous ses yeux, l'*Aveugle de Smyrne* et *Mirame*, par exemple, nous laissent des doutes sur la manière dont il eût appliqué ces réformes.

(2) Montaigne dit aussi que le théâtre peut être « un divertissement de pires actions et occultes. »

(3) Edit d'avril 1641. Je ne voudrais pas affirmer comme une chose certaine que le décret ait été inspiré par le *Projet*. Ce projet ne fut publié qu'en 1657. Mais, à en croire d'Aubignac, il eût été présenté à Richelieu et approuvé par lui longtemps auparavant, c'est à dire avant 1640, date de sa brouille avec le cardinal (Cf, *suprá*, p. 39), un an par conséquent avant l'édit royal. Mais son œuvre ne subit-elle aucune modification entre la date de sa composition et celle de sa publication? Fut-ce d'Aubignac qui inspira Louis XIII ou Louis XIII qui inspira d'Aubignac? Je ne sais. L'abbé veut évidemment faire entendre qu'il ne doit rien à personne; il parle au futur : « Sa Majesté décrétera. » D'autre part, il parle de Richelieu comme s'il écrivait après sa mort : « feu M le cardinal de Richelieu; » ce qui indique qu'il a apporté à son œuvre quelques corrections matérielles. Voilà mes doutes. Chacun les résou-

Le roi veut qu'on estime les comédiens et qu'on les honore. Mais les décrets sont impuissants à donner la considération, autant qu'à la faire perdre. La « note d'infamie, » « levée » par le roi, fut maintenue et même aggravée par l'opinion publique. Malgré la protection de Richelieu et, plus tard de Mazarin, malgré les exemples de dignité et même, s'il faut en croire Chappuzeau, de piété et d'édification donnés par quelques comédiens, le préjugé qui pesait sur eux devint de plus en plus intolérant ; il éclata violemment, on le sait, à l'occasion de la mort et de la sépulture du plus grand, sinon du plus édifiant d'entre eux.

Il en fut à peu près de même pour la comédie, envers laquelle certains chrétiens devinrent chaque jour plus sévères. Le prince de Conti, Nicole et même Bossuet, la déclarèrent une institutrice d'immoralité. Les poètes dramatiques furent appelés « empoisonneurs publics ; » Corneille lui-même fut accusé de n'avoir eu, dans le *Cid* et dans toutes ses pièces en général, qu'un « dessein formel, » celui de rendre les spectateurs « épris de belles personnes » ou « de la gloire, dont l'amour est plus dangereux que celui de la beauté même (1). » Il n'y eut pas jusqu'à d'Aubignac qui ne tombât sous l'anathème ; on lui reprocha d'avoir travaillé à rendre plus facile « l'art de perdre les âmes (2), » lui qui avait cru travailler à leur salut, en rendant le théâtre non seulement moral, mais « moralisateur. »

---

dra selon l'idée qu'il aura du caractère de d'Aubignac. Pour ma part, j'incline à croire, à cause des relations de l'abbé et du cardinal, que le *Projet*, dans ses dispositions essentielles, est antérieur au décret.

(1) *Maximes sur la comédie.*

(2) Desprez de Boissy, *Lettres sur les spectacles* : « Qu'on lise les ouvrages didactiques de cet art (dramatique)..., on y reconnaîtra que leurs auteurs, tels que les *d'Aubignac*, etc..., n'ont en vue que de proposer aux poètes et aux acteurs les moyens de parvenir à mieux *séduire* les spectateurs. Ainsi... on ne peut refuser de convenir qu'on en a fait un art très nuisible. » II, 424-425.

VII

Cette idée d'un théâtre à la fois honnête et utile, respectant la morale et l'enseignant, a survécu à d'Aubignac. Elle datait d'avant lui, nous le savons (1) ; elle a traversé le dix-septième et le dix-huitième siècle, pour arriver jusqu'à nous, obstinée et tenace, bravant les foudres de quelques théologiens éloquents, les attaques de quelques philosophes déclamateurs, et aussi les démentis et les humiliations de l'expérience. Mille fois jugée, la cause est toujours pendante; le devoir de l'examiner de nouveau, si périlleux qu'il soit, s'impose ici inévitablement. Rappelons donc en quelques mots les solutions du bon sens chrétien.

Et d'abord, un théâtre moral est-il possible? Non, répondent deux sortes de juges qui, partant des principes les plus opposés, se rencontrent dans une même conclusion. — L'art dramatique, disent les premiers, est essentiellement immoral, parce qu'il a pour objet la peinture des passions, dont l'image est toujours troublante et malsaine. — L'art est libre, disent les autres, et il doit l'être sous peine d'être réduit à l'impuissance. La crainte de Dieu, qui est le commencement de la sagesse, est la fin de

---

(1) Il n'est question ici, bien entendu, que des temps modernes et chrétiens, tout ce qui a été dit chez les Grecs, en faveur de l'utilité de la poésie dramatique, ne pouvant s'appliquer que très imparfaitement à notre théâtre, qui n'a pas, avec nos institutions politiques et religieuses, les mêmes liens que le théâtre antique. « Cette éducation par les poètes
» pouvait peut-être se justifier quand les rapports du ciel et de la terre
» étaient dans d'autres conditions qu'aujourd'hui, quand les dieux quit-
» taient à chaque instant l'Olympe pour avoir commerce avec les hom-
» mes, et quelquefois avec les femmes. La morale que les poètes initiés
» à ces mystères divins pouvaient enseigner aux hommes était assez
» faite d'imagination et d'opportunité, pour que les poèmes lyriques et
» dramatiques y fussent suffisants. Mais, depuis,... » il y a eu l'Evangile. (Alex. Dumas, *Réponse au discours de réception de M. Leconte de L'isle.*)

la poésie, et de la poésie dramatique en particulier ; les timidités et les scrupules de la morale ne peuvent s'accorder avec l'étude et la peinture des passions (1).

L'immoralité serait donc soit la condition indispensable, soit la conséquence inévitable de l'art dramatique.

Il faut répondre d'abord qu'il n'est pas vrai que l'art soit libre et qu'il jouisse d'une immunité refusée à toutes les autres manifestations de l'activité humaine. La règle générale des actes humains s'impose aussi aux *actes littéraires*. On appelait autrefois les belles-lettres les Humanités ; laissons-leur ce nom, qui marque si bien leur droit et leur devoir : — droit de peindre l'humanité, devoir de rester dans l'humanité, d'en subir toutes les lois. — L'artiste qui veut s'en affranchir, qui prétend bénéficier d'une différence entre lui et le « bourgeois, » oublie que tous les hommes sont égaux devant la morale, et qu'un privilège contre elle ne serait pas une supériorité, mais une infériorité. S'il était vrai que l'artiste fût au-dessus d'un bourgeois, il s'en suivrait plutôt que ses devoirs sont plus élevés et plus rigoureux. Et c'est ce qu'ont pensé certains moralistes qui ont voulu imposer à l'art une morale plus sévère, des obligations plus strictes qu'aux autres formes de l'activité humaine, exigeant, par exemple, qu'il soit « moralisateur, » sous peine d'être déclaré immoral et illégitime. Exagération condamnable, mais beaucoup moins funeste que celle de la théorie de l'art libre et indépendant !

Quant à ceux qui voient dans l'immoralité une conséquence inévitable de la peinture des passions, on pourrait

---

(1) « Qu'est-ce que tu me chantes avec ta morale ? » dit à un poète un personnage d'une comédie moderne, partisan de l'indépendance de l'art, « depuis quand la morale est-elle une muse ? Qu'est-ce que tu as de com» mun avec la morale, toi ? Es-tu marguillier ? es-tu quaker ? es-tu chré» tien seulement ? Non, tu ne l'es pas ! Tu es un artiste ; ton Dieu, c'est » l'art, et l'art c'est le diable ! » Le chevalier Carnioli, dans *Dalila*, de M. Oct. Feuillet, cité par H. Rigault dans un article sur Mozart, *Journal des Débats*, 24 j. 1858. « D'une idée moderne sur l'art et les artistes. »

leur répondre d'abord que les passions mauvaises ne sont pas l'unique objet de l'art du théâtre. Mais comme ils pourraient nous répliquer que les poètes français, depuis et avant Boileau, semblent penser que la représentation de l'amour

> Est pour aller au cœur la route la plus sûre,

il faut accorder que cette « sensible peinture » est souvent dangereuse ; accordons même plus et reconnaissons que le théâtre en général, image embellie ou enlaidie de la vie humaine, offre le même genre de dangers que le spectacle de cette vie elle-même. Il y a longtemps qu'il a été dit que l'homme est un scandale à l'homme et que « les créatures sont un piège pour les créatures. »

Or, comme il ne peut être permis de s'exposer volontairement à un danger, il faut conclure que le théâtre, « miroir des hommes » et du monde, doit être interdit aux personnes qui ne vivent pas dans le monde, qui se protègent ou qu'on protège contre lui par la fuite ou l'isolement : les enfants, les chrétiens voués à la pratique des conseils évangéliques, les cœurs tendres et toujours neufs à la tentation ; ils en reviendraient moins hommes ou moins disposés à l'être, comme les solitaires (1), qui revenaient moins hommes du milieu des hommes. Quant à ceux qui sont condamnés à vivre parmi les hommes, qui ne peuvent ignorer ou fuir la tentation, qui la rencontrent au logis, dans la rue, partout, ceux-là peuvent aller au théâtre voir, non pas toutes, mais certaines peintures du monde ; car il y a des peintures du monde qui ne sont pas dangereuses pour un homme du monde (2).

Lesquelles ? Les théoriciens d'autrefois n'hésitaient pas

---

(1) Sénèque et l'auteur de l'*Imitation*.
(2) Certains moralistes, dont Saint-Marc Girardin, pensent même que « ce qui est un mal dans le bien peut être un remède dans le mal, » et que la moyenne des gens du monde n'a rien à perdre au théâtre.

à répondre : celles qui offrent la garantie de l'une de ces quatre recettes, à savoir : l'exclusion de toute représentation du vice, la majorité numérique toujours accordée aux personnages vertueux, l'emploi des sentences édifiantes, et enfin le dénouement « vertueux (1). »

Mais la première de ces recettes est trop radicale : elle supprime le problème au lieu de le résoudre, et rétrécit arbitrairement le domaine de la poésie dramatique. La seconde est puérile; que vient faire ici, en matière de morale, la loi des majorités ? Quant aux sentences, il y a une vieille sentence que les théoriciens connaissaient et qui aurait dû diminuer leur confiance dans celles du théâtre : « *Verba docent, exempla trahunt.* » Les paroles n'empêchent rien, quand le spectacle est corrupteur, quand les plus belles sentences peuvent être elles-mêmes compromises et démenties par le geste, les toilettes et l'impudeur de celui ou de celle qui les déclame. Le dénouement qui laisse toujours le vice et la vertu traités selon leur mérite peut avoir plus d'efficacité; il répond à une des exigences du public, à son besoin de logique et de justice immédiate; il nous donne ce plaisir de voir les choses se passer conformément à cet ordre idéal, que nous ne cessons pas d'aimer alors même que nous le violons; mais lui non plus n'effacerait pas l'impression d'une peinture trop complaisante du vice. Corneille, traduisant avec énergie une phrase d'Aristote, se demandait si ces sortes de dénouement ne tenaient pas leur crédit de « l'imbécillité du jugement des spectateurs. » Il serait, dans tous les cas, *imbécile* et naïf de juger de la moralité d'une pièce d'après la moralité de son dénouement. Sentences et dénouement valent ce que vaut la pièce. C'était au sortir de pièces bien dénouées et *étayées* de vertueuses sentences, qu'une femme de sens disait : « On y reçoit des leçons de vertu et on en emporte l'impression du vice. »

---

(1) Voir plus haut, p. 190.

D'Aubignac lui-même n'avait pas confiance en ces quatre recettes ; il les trouvait insuffisantes ou arbitraires ; parlant de la dernière, il disait : « La principale règle du poème dramatique, c'est que les vices y soient toujours punis, ou, pour le moins, toujours en horreur, *quand même ils y triomphent.* » Sous l'hommage apparent, il y a là un véritable abandon de la principale et de la plus sérieuse des garanties imaginées par les « spéculatifs. » Que le dénouement soit ce qu'il pourra, l'important est que le poème ne laisse pas l'impression du vice. Voilà la loi, ou plutôt l'accomplissement de la loi : c'est le résultat, non le moyen.

Ce moyen, d'Aubignac ne l'indique pas, et, il faut bien le dire, aucun théoricien ne pourra l'indiquer avec certitude.

Il n'y a guère que la conscience de l'artiste qui puisse le trouver. « La meilleure garantie de la moralité d'une œuvre, c'est la moralité de l'ouvrier (1). » Grâce à elle, la nudité peut être chaste ; sans elle, les voiles les plus épais peuvent être troublants. Elle aussi risque d'être insuffisante, les actes trahissant parfois les intentions ; mais elle est encore la plus sûre, et la seule obligatoire. S'il est vrai que

> Le vers se sent toujours des bassesses du cœur,

il sera vrai aussi qu'il se ressentira de son élévation et de sa pureté. *Ama, et fac quod vis*, dit au chrétien un maître de la vie surnaturelle ; il nous semble, sauf erreur, que les professeurs de poétique peuvent dire à l'artiste : Aime la vertu et fais ce que tu voudras. Là où ta conscience d'honnête homme aura échoué, nos règles n'auraient pas mieux réussi. Il n'y a pas de « moule » assurant d'avance et absolument la moralité de tes œuvres.

(1) H. Rigault, article cité.

Pareillement, c'est à la conscience du spectateur de reconnaître quels spectacles lui sont nuisibles, et d'avoir la force de s'en abstenir ou de s'en arracher. Les listes qu'on en dresserait d'avance pourraient être utiles ; elles resteraient toujours insuffisantes.

Tout cela revient à dire qu'en matière de moralité, les théoriciens dramatiques doivent céder la place aux maîtres ordinaires et aux éducateurs de la conscience. L'abbé d'Aubignac ne semble pas s'être douté que ses confrères dans le sacerdoce, consacrés exclusivement au ministère des âmes, prêchant l'évangile, jetant des semences de vertu, travaillant à augmenter le nombre des honnêtes gens et par conséquent des poètes honnêtes et des spectateurs honnêtes, travaillaient plus utilement que lui à la réforme du théâtre.

Et maintenant, faut-il croire que les pièces honnêtes d'un honnête homme n'attireraient que des spectateurs honnêtes, c'est-à-dire seulement le petit nombre ? qu'un « spectacle moral ne ferait point d'argent ? » et « que le public n'aime le théâtre qu'à la condition de n'y point trouver de vertu (1) ? »

On l'a dit, et il faut bien avouer que le public de nos jours, par sa complaisance pour des œuvres grossières et misérables, par sa patience à supporter certains attentats à sa propre dignité et même par la perverse lâcheté qui lui permet d'en jouir, mérite qu'on le traite aussi durement que le public païen de Rome dégénérée, dont Cicéron disait qu'il était incapable de s'intéresser au spectacle de la vertu. Mais, il ne faut pas l'oublier non plus, — et l'éminent écrivain que je citais tout à l'heure s'en est souvenu, — au milieu de toutes ses faiblesses, le public garde encore des exigences et des prétentions élevées, qu'il retrouve en certaines circonstances et en certains lieux et qu'il impose aux auteurs, à ceux-là même qui sont les favoris ou les

---

(1) Veuillot, *Molière et Bourdaloue*, p. 72 et 73.

complices ordinaires de ses vices : « Des impies, des dé-
» bauchés, des philosophes professant (certaines) doctri-
» nes, feraient horreur au parterre des boulevards. Là il
» faut de la vertu ou de telles apparences de vertu que
» les spectateurs s'y puissent méprendre. Sans doute les
» spectateurs se prêtent à l'illusion; mais, n'importe, il
» faut de la vertu (1) ! » Il y a bien quelques salles vouées
à l'art mauvais et malhonnête où l'on s'en passe; mais il
y en a d'autres où on l'exige quelquefois, et où on la supporte toujours. La foule qui les remplit se montre parfois si généreuse, si pudique, si vertueuse, si naïve, qu'on
se demande ce que signifie le mot fameux : « Qui assemble
le peuple le corrompt. » Le peuple assemblé au théâtre,
formant cette unité appelée le public, vaut souvent mieux
que les individus qui la composent. Il semble que chaque
spectateur ait laissé à la porte ses passions et ses habitudes, pour ne porter dans la salle que ses principes. Là,
oubliant tout ce qu'il se permet chez lui ou ce qu'il permet aux autres, l'homme le plus relâché devient le plus
exigeant, le plus délicat, le plus intraitable des juges. On
y a vu des filles qui avaient perdu le droit de rougir le
retrouver ou l'usurper devant certaines libertés d'amoureux de théâtre, des financiers véreux s'indigner très haut
qu'un usurier prît 10 0/0 à la veuve et à l'orphelin. Ils
s'écriaient les uns et les autres : C'est immoral ! c'est in-
décent ! Le public des théâtres n'est donc pas foncière-
ment et incurablement mauvais, puisqu'il suffit parfois
d'en faire partie, d'être soumis au courant d'idées et de
sentiments qui s'en dégage, pour sentir se réveiller dans

---

(1) Veuillot, Çà et là, tome II, p. 435-436 de la 5ᵉ édition.
Le grand publiciste chrétien se rencontrait ici avec Diderot : « Les pièces honnêtes et sérieuses réussiront partout, mais plus sûrement chez un peuple corrompu qu'ailleurs. C'est en allant au théâtre qu'ils se sauveront de la compagnie des méchants dont ils sont entourés. C'est là qu'ils trouveront ceux avec qui ils aimeraient à vivre. » *Discours sur la poésie dramatique*.

son âme des vertus endormies ou mortes, et qu'il a cette puissance de transformer, au moins pour une minute, des bourgeois en chevaliers, et des impurs en puritains.

S'il est vrai qu'il se complaise trop souvent au spectacle de ses propres faiblesses transportées sur la scène, il est vrai aussi, — l'histoire du théâtre en contient plus d'une preuve, depuis *Polyeucte* jusqu'à la *Fille de Roland*, — qu'il n'est pas absolument fermé à de plus nobles joies et qu'il est reconnaissant envers qui sait lui donner le plaisir, la surprise, l'orgueil d'une émotion honnête. Quoi qu'en disent les détracteurs du public et les émancipateurs de l'art, la morale n'est pas impopulaire ; quand elle n'a plus nos actes, il lui reste nos désirs. Que les poètes s'adressent toujours à ces désirs et à ces besoins élevés, et ils vérifieront, à leur honneur et à leur profit, l'exactitude et la clairvoyance de ces promesses que leur faisait un honnête homme du dix-septième siècle : « Je
» crois qu'ils feraient mieux si de leurs farces ils bannis-
» saient le déshonnête...; les sots et les badauds ne les
» iraient pas voir en plus petit nombre, les honnêtes
» femmes souffriraient par habitude et par occasion leurs
» bouffonneries et peut-être que les dévots eux-mêmes, et
» les plus sérieux, en useraient comme d'un remède con-
» tre la mélancolie (1). »

Un remède contre la mélancolie! Nous voilà bien loin des hautes destinées, du rôle éminent que rêvaient Richelieu et d'Aubignac pour leur théâtre moral : « Le théâtre
» donc étant ainsi réglé, quels enseignements la philoso-
» phie peut-elle avoir qui n'y deviennent sensibles? C'est
» là... qu'on peut faire paraître la grandeur d'un état
» dans la paix ou dans la guerre, inspirer au peuple le
» courage et l'instruire insensiblement à la connaissance
» de toutes les vertus (2). »

---

(1) *Traité de la disposition du poème dramatique* (1639).
(2) *La Pratique*, chap. I*er*.

Le théâtre école de philosophie, école de politique, école de vertu, purgeant les passions, corrigeant les vices, préparant la réforme des lois et le relèvement des peuples, c'est le théâtre tel que l'ont rêvé les théoriciens de tout temps, tel que la plupart des poètes ont cru rendre le leur. Voltaire lui aussi, Voltaire qui a dit pourtant qu'on n'allait pas au théâtre pour être purgé, affirme gravement que le théâtre purge, même le sien. « J'ai vu de mes yeux, » dit-il, « un prince pardonner une injure après la repré-
» sentation de *Cinna*, un mari se raccommoder avec sa
» femme en voyant le *Préjugé à la mode*, un orgueilleux
» devenir modeste après la comédie du *Glorieux* et plus
» de six fils de famille que la comédie de l'*Enfant prodigue* a corrigés (1). »

Un sermon ne ferait pas mieux! — pas autant, aurait peut-être dit Voltaire, si on l'avait poussé un peu. C'est l'abbé d'Aubignac qui l'a dit à sa place, et Baillet nous apprend que les prédicateurs le lui ont vivement reproché (2). Nous n'avons pas de peine à le croire, ni à prendre leur blâme à notre compte. L'abbé d'Aubignac n'attend pas assez des sermons et il attend trop du théâtre.

Sans doute, le théâtre exerce une influence et il l'exerce en bien quand il est honnête; la qualité de nos plaisirs, de ceux-là surtout qui mettent en mouvement toutes nos facultés, ne reste pas entièrement sans action sur notre moralité. L'art, en général, par la seule contagion du beau,

---

(1) Cité par H. Rigault. *Mélanges*, p. 104.
(2) « Les spectacles sont absolument nécessaires au peuple pour l'instruire... C'est en vain qu'on veut porter (les esprits) à la vertu par un *Discours* soutenu de raisons et d'autorités; ils ne veulent pas comprendre les unes ni déférer aux autres. » D'Aubignac ne nomme pas le sermon, mais il le décrit. « Ce plaisant début, » dit Baillet, « a fait tomber sur ce livre le zèle et la censure des prédicateurs de l'Evangile, et ils ont eu grande raison de condamner les intentions d'un ecclésiastique, qui a prétendu transporter les droits et les privilèges de la chaire au théâtre. » Baillet, *Jugements des Savants*, tome III, p. 305.

par l'attrait de l'idéal, peut exalter en nous les forces morales, la haine du mal, la joie du bien, et nous rendre, au moins pour un moment, « plus désireux d'être honnêtes gens (1). » « L'art épure l'esprit ; il le règle, il y fait régner l'ordre, et, sans obéir à d'autres lois que les siennes, il se rencontre avec la morale, sans la chercher (2). »

Mais s'il la cherche, s'il ne veut pas se contenter de la respecter, s'il veut encore l'enseigner, sera-t-il plus sûrement utile et bienfaisant ? D'Aubignac le croit avec tous les élèves de Scaliger ; et un auteur moderne, Michelet, partageant toutes leurs espérances, s'écrie : « Nul doute » que le théâtre ne soit, dans l'avenir, le plus puissant » moyen d'éducation et de rapprochement des hommes ; » c'est le meilleur espoir peut-être de rénovation natio- » nale. » Et il ajoute, comme pour justifier sa confiance : « La première chose à faire, c'est celle à laquelle les » Grecs ne manquaient jamais : dans le fond de la scène, » présents sur leurs autels, étaient les dieux de la patrie. » Voilà ce qui manque sur la nôtre et ce qu'il faut y re- » placer. »

Nobles et éloquentes paroles, qui rappellent, sans que Michelet s'en soit douté et sans qu'il l'ait voulu, les vers si beaux du vieux Vauquelin :

> Si les Grecs comme vous, chrétiens, eussent écrit,
> Ils eussent les hauts faits chanté de Jésus-Christ.
> Doncques à le chanter ores je vous invite !

Que les critiques renouvellent cette invitation des deux poètes ; qu'ils se souviennent eux-mêmes et qu'ils rappellent aux autres que les foules sont naturellement religieuses, comme elles sont naturellement honnêtes, et qu'elles restent accessibles aux émotions de l'ordre le plus élevé ;

---

(1) Montesquieu, au sortir d'*Ésope à la cour*.
(2) C. Martha, *La moralité dans l'art*.

— et s'ils parviennent à se faire écouter, ils auront bien mérité de l'art dramatique et de la morale :

> Ah! quel plaisir serait-ce à cette heure de voir
> Nos poètes chrétiens *ces* façons recevoir!

Quel plaisir! et sans doute aussi quel bienfait!
Mais il ne faudrait pas s'exagérer ce bienfait.
L'impression que laissent les pièces les plus honnêtes et même les plus religieuses n'est pas assez durable, assez profonde, assez puissante pour qu'on puisse en attendre une véritable transformation des individus et des sociétés, « la rénovation des peuples » et « le rapprochement » des hommes. Les Grecs ne furent jamais moins « rapprochés » que du temps de Sophocle, et les chrétiens du quinzième siècle, devant lesquels on représentait « les hauts faits de Jésus-Christ, » soutenaient entre eux des guerres de cent ans. L'époque des Orphées civilisateurs et dompteurs de fauves est passée, — si elle a jamais existé. — Lorsque les fauves et la barbarie reparaissent dans notre monde moderne, ce n'est pas au son de la lyre ni avec de beaux vers qu'on peut les chasser. Le théâtre n'y réussirait pas mieux que les autres formes de l'art; seul, isolé de toutes les autres influences sociales, il y serait peut-être plus impuissant. Par une loi qui lui est propre en effet, et dont l'abbé d'Aubignac va bientôt nous donner la formule, il n'exprime guère que les idées et les sentiments des spectateurs. Il est plutôt un symptôme qu'une cause. Si, dans quelques circonstances, il s'est fait l'interprète de certaines doctrines philosophiques ou sociales, c'est qu'il rendait au public ce qu'il en avait reçu. Il n'était pas un apôtre, il était un écho. Il est sans doute un écho puissant, il donne du retentissement aux idées reçues ou attendues; il peut en précipiter l'avénement dans les faits; il n'y a pas d'exemple qu'il ait fait accepter des idées impopulaires, contraires aux sentiments présents du public.

Un jour, une révolution est sortie de l'opéra ; c'est qu'elle y était entrée avec la foule.

Il ne suffira donc jamais de relever les autels de Dieu sur la scène pour relever son culte dans les cœurs, ni d'avoir un théâtre héroïque ou religieux pour avoir une nation de saints et de héros. Il est même à craindre qu'il ne suffise pas de demander un pareil théâtre pour l'avoir, que les mœurs nationales ne modifient toujours à leur image la littérature, et que la littérature dramatique ne soit toujours que l'expression de la société.

Il n'y a pas jusqu'à son action sur chaque âme en particulier qui ne dépende souvent de l'état de cette âme. Un Harpagon voyait dans l'*Avare* de bonnes leçons d'économie, et Voltaire trouvait dans *Athalie* des motifs de s'indigner contre le fanatisme sacerdotal ; c'est ainsi que le théâtre « purge » habituellement. Il y a un poète qui a eu le courage de le reconnaître ; et c'est précisément celui dont les œuvres passent pour les plus bienfaisantes et les plus « moralisatrices, » à savoir, Corneille, dont on a dit : « La France lui doit une partie de ses belles actions, » et qui a dit lui-même, en parlant de la purgation des passions par le théâtre (1) : « J'ai bien peur que ce ne soit qu'une belle idée qui n'ait jamais son effet dans la vérité. »

La vérité c'est que le théâtre émeut, et que l'émotion qu'il donne est parfois véritablement morale, c'est-à-dire qu'elle atteint, en même temps que l'imagination, la conscience elle-même. Mais, la plupart du temps, elle l'agite sans la faire agir ; elle n'a souvent d'autre résultat que de

---

(1) *Discours de la Tragédie*, p. 58, édit. Marty-Laveaux. Comme ses contemporains, Corneille entend, par la purgation, l'éducation morale des spectateurs. Il dit encore, p. 57 : « Je doute si la purgation s'y fait jamais. »

A rapprocher cet aveu fait récemment par M. Alexandre Dumas : « J'ai toujours été sermonneur ; je commence seulement à l'être un peu » moins ; je m'aperçois que cela ne sert à rien. » (*Réponse à M. Leconte de Lisle.*)

nous faire illusion sur nous-mêmes, en nous soulageant du besoin que nous avons tous de nous sentir honnêtes, en nous portant à croire que nous possédons les vertus qu'elle nous fait admirer et applaudir. Si on en faisait « le principal instrument de l'éducation des hommes, » elle augmenterait le nombre, déjà trop grand, de ces êtres sensibles et nerveux qui n'ont que des vertus d'épiderme et d'imagination, prompts à vibrer, plus prompts à se décourager, capables, sous une violente secousse, de tout entreprendre, impuissants à rien achever, héros sublimes ne sachant pas être de bons bourgeois, rêvant de devoirs exceptionnels, et dédaignant les devoirs ordinaires ; élèves de la morale du théâtre n'ayant qu'une morale théâtrale. Or, cette morale est trop intermittente, trop inégale, pour suffire à l'honneur comme au bonheur de la vie ; il ne faut pas avoir besoin d'émotion pour remplir son devoir, par conséquent il ne faut pas l'apprendre à coups d'émotion, et, par conséquent aussi, il ne faut pas trop compter sur le théâtre d'éducation.

Enfin, s'il est douteux que la morale gagnât à être enseignée par le théâtre, il n'est pas sûr que le théâtre gagnât beaucoup lui-même à l'enseigner. D'Aubignac, qui l'oblige à être « instructif, » lui défend d'être ennuyeux. Il comprend les dangers du devoir qu'il impose ; il essaie même de les conjurer par des conseils pratiques excellents d'intention (1). Mais comment empêcher une cause de produire son effet ? Comment « rendre sensibles les enseignements de la philosophie, » de la politique et de la morale, sans être didactique et sermonneur ? Or, des drames didactiques seraient ou paraîtraient insuffisamment dramatiques ; ils pourraient avoir toute sorte de propriétés bienfaisantes et « purgatives, » propres à augmenter la vertu de l'auditoire ; mais auraient-ils un auditoire ? Ce sont ceux-là dont on pourrait dire qu'ils ne

---

(1) Cf. *infrà*, p. 251-252.

« feraient pas leurs frais. » Le succès obtenu de nos jours par certaines comédies à thèses, — et à thèses irréprochablement morales et presque édifiantes, — ne doit pas faire illusion : ces thèses morales sont habituellement placées dans une action immorale ou scandaleuse et présentées dans un style dont l'audace va parfois jusqu'au cynisme, en sorte qu'il n'est pas sûr que ce ne soit pas le piquant de ce contraste, plutôt que le besoin d'édification, qui a attiré le public. Les gens qui veulent être édifiés ne vont pas au théâtre, ou, quand ils y vont, c'est pour être amusés. S'ils ne le sont pas, ils bâillent ou sifflent; parfois même ils se fâchent, comme ce sénateur italien dont parle Balzac, lequel, impatienté d'entendre un comédien débiter un long discours de morale, lui jeta son chapeau à la tête, en s'écriant : « *Buffon! fa me rider* (1)! — Bouffon! fais-moi rire! » C'est ainsi qu'il y a des gens intraitables sur la question de la séparation des genres, qui exigent que chacun reste dans son rôle, et qui trouvent qu'après un prédicateur comédien, il n'y a rien de plus insupportable qu'un comédien prédicateur.

En résumé, le théâtre a le devoir absolu d'être moral; il n'a pas au même degré celui d'être « moralisateur; » il a même le droit de rester uniquement un plaisir, à la condition de se soumettre à la règle commune des actes et des plaisirs humains. S'il ne veut pas user de ce droit, et s'il a des visées plus hautes, il faut qu'il se souvienne que son influence dépend moins de ses leçons directes que de sa valeur littéraire. Un poète honnête homme, qui a l'ambition « de servir à quelque chose » et de faire du bien à ses semblables, n'a qu'à faire des chefs-d'œuvre; un chef-d'œuvre de lui aura des chances d'être une bonne action, et sera du moins plus utile que tous ses sermons.

Les efforts de d'Aubignac pour assurer cette utilité et

---

(1) Balzac (sic), *Discours du caractère et de l'Instruction de la comédie.* (Œuvres, édit. L. Moreau, p. 303.)

cette honnêteté du théâtre restent, malgré quelques utopies et quelques naïvetés, l'honneur de sa vie, et les quelques pages de son *Projet* de réformes valent à nos yeux autant, sinon plus, que le gros ouvrage de *la Pratique*, dont nous allons maintenant nous occuper.

CHAPITRE III.

« LA PRATIQUE DU THÉATRE » (1657).

I. — Sujet et nouveauté de ce livre.
II. — Préceptes généraux.
III. — Préceptes relatifs à l'action.
 § 1ᵉʳ. — *Partie théorique* : la vraisemblance et ses conséquences : l'Infidélité historique; les deux unités.
 § 2. — *Partie pratique* : Moyens d'observer les règles relatives à l'action.
IV. — Préceptes relatifs aux parties de quantité : Actes et scènes.
V. — Préceptes relatifs à trois parties de qualité : les personnages, les discours, les spectacles.
VI. — Appréciation générale de la *Pratique*.
VII. — La *Pratique* et la critique.
VIII. — Comparaison de la *Pratique* avec la *Poétique* de Corneille et de Racine.

I

Nous savons déjà, par tout ce qui précède, dans quelles circonstances et à quelle date la *Pratique du Théâtre* avait été conçue. Richelieu « l'avait passionnément souhaitée, » et c'était « pour lui complaire » que d'Aubignac l'avait entreprise et en partie composée, vers 1640 (1).

---

(1) *Pratique*. — « Ayant appris maintenant que, pour satisfaire aux désirs d'une personne éminente en mérite et en condition, il a dressé la *Pratique du Théâtre* qu'il est obligé de mettre au jour » (*Dissertation sur Térence*, édition de 1640 : le libraire au lecteur). — D'Aubignac a dû travailler à son œuvre jusqu'après 1650, car il cite *Andromède* et *Nicomède* de Corneille, qui sont de cette année.

Mais « la mort de ce grand homme » avait « fait avorter cet ouvrage, et failli amener sa destruction. L'auteur l'avait déjà condamné « aux flammes, » lorsque, cédant aux sollicitations de ses amis, il se résolut, en 1657, à le publier, malgré ses « imperfections, ses inégalités » et ses lacunes ; car « ce n'est qu'un abrégé des matières qu'on avait résolu de traiter plus au long. »

Cet « abrégé » n'en forma pas moins un volume considérable, et parut sous ce titre peu modeste : « LA PRATIQUE DU THÉATRE, *ouvrage très nécessaire à tous ceux qui veulent s'appliquer à la composition des poèmes dramatiques, qui les récitent en public, ou qui prennent plaisir d'en voir les représentations* (1). »

Cet ouvrage est « nécessaire, » explique d'Aubignac, parce qu'il est nouveau : il « ne traite que de matières nouvelles, ou du moins donne de nouvelles instructions sur celles que les autres ont traitées ; » et sa nouveauté, c'est d'établir une distinction entre « la connaissance des règles et leur usage, » entre l'art et le métier, et de ne prétendre qu'à enseigner l'usage et le métier. D'Aubignac avoue que cette distinction n'a peut-être pas une valeur logique absolue, et qu'elle n'est pas de nature à satisfaire « les grammairiens critiques et les scrupuleux logiciens ; » mais il espère que les « savants raisonnables » la lui accorderont sans chicane ; car, en fait, l'enseignement théorique de l'art n'est pas la direction pratique de l'artiste telle qu'il la conçoit et telle qu'on la comprendra, dit-il, après avoir lu son œuvre.

Les théoriciens, ses prédécesseurs, ont donné des « traités assez amples » et bien exposé « les maximes générales, » — à part quelques-unes sur lesquelles il se

---

(1) Paris, 1657, in-4°, chez Antoine Sommaville. Paris, 1669, in-4°, chez Denys Thierry. Amsterdam, in-8°, 1715 ; Cf. la Bibliographie en date de ce volume. — Toutes les citations de ce chapitre sont prises dans l'édition d'Amsterdam.

réserve de revenir ; — mais ils ont négligé des « observations très importantes. » Ils disent volontiers, en présentant leurs Arts Poétiques :

> ..... Qui, selon cet art, du tout se formera,
> Hardiment peut oser tout ce qui lui plaira (1).

mais ils laissent les poètes se former tout seuls ; et ceux-ci, naturellement, négligent de se former et de se soumettre, avant d'aborder la composition d'une œuvre, aux fatigues et aux lenteurs d'un sérieux apprentissage : « Il » n'y a point de métier qui n'oblige de faire apprentissage » sous les maîtres... Cependant, pour le plus bel art de l'es- » prit et qui est le plus difficile et le moins connu, on » s'imagine qu'il ne faut avoir que l'audace d'y travail- » ler. » D'Aubignac raille avec une spirituelle vivacité ces impatiences et ces audaces ; il fait la leçon à ces *petits jeunes gens* qui, dès leur rhétorique, font leur tragédie. « S'il se rencontre parmi eux un esprit de feu....., il entreprend hardiment de se faire poète dramatique. Il prend une histoire qui lui plaît, il y fait entrer toutes les Élégies, les Stances, les Chansons qu'il a faites pour Chloris » et toutes ses réminiscences classiques ; puis, « quand il a poussé son œuvre jusqu'au mariage ou à la mort de quelque prince, il sème un bruit secret que c'est une comédie incomparable ; on fait des assemblées solennelles pour l'entendre ; il la débite dans toutes les ruelles ; à la première pointe les dames s'écrient que cela est ravissant ! » Mais lorsque cet enfant gâté des coteries et des salons s'adressera au vrai public, il lui en faudra rabattre ; les applaudissements se changeront en sifflets et l'écolier s'apercevra qu'il ne suffit pas d'avoir « un esprit de feu, » de savoir faire des vers, de connaître les œuvres des poètes et les Poétiques des théoriciens,

---

(1) Vauquelin de La Fresnaye, *Poétique*.

mais qu'il faut encore savoir son métier, — science peu glorieuse, dédaignée et moquée, mais indispensable (1).

C'est elle que d'Aubignac veut enseigner, et c'est pour l'enseigner qu'il a écrit sa *Pratique*. On ne peut nier que l'idée ne soit nouvelle (2) et juste en partie. Comment l'a-t-il mise à exécution ? C'est ce que nous allons voir, en parcourant les quatre livres de son ouvrage, dont le premier est consacré à des préceptes et des conseils généraux, — le second au sujet du poème dramatique, — le troisième à ses parties de quantité, — le quatrième aux parties de qualité, moins le sujet, qui occupe tout le deuxième livre.

II

Parmi les préceptes généraux du premier livre, les uns se rapportent à l'éducation du poète, les autres à la composition du poème.

I. — Avant d'aborder l'étude de la *Pratique*, il faut que l'apprenti poète ait lu et médité d'abord tous les théoriciens : « Aristote, Horace, Castelvetro, Vida, Heinsius, Vossius, Scaliger dont il ne faut pas perdre une parole, » La Mesnardière « et tous les autres, » et d'autres encore que les théoriciens, à savoir, « tous les anciens écrivains » dont il ne faut « laisser passer aucun texte... car souvent

---

(1) « Des jeunes gens nient le métier ou affectent le mépris à son endroit, parce qu'ils ne le savent pas... Le métier, dans un art quel qu'il soit, n'est pas le génie, mais il n'y a pas d'expression claire et durable du génie sans une connaissance profonde du métier » (Lettre d'Alex. Dumas fils, *Le Temps*, 16 octobre 1882).

(2) Nous avons dit plus haut (chap. Ier, art. 2) que Vossius avait eu des idées *pratiques* ; ajoutons qu'il a écrit un court chapitre intitulé : *Methodus Tragediae scribendae*, où se trouvent quelques-uns des conseils que donne d'Aubignac. Mais, quels que soient le nombre et le mérite de ces conseils, d'Aubignac ne doit pas à Vossius l'idée de sa *Pratique* commencée en 1640, sept ans avant la publication de la *Poétique* de Vossius.

une parole dite hors la pensée du théâtre contient un secret et la résolution de quelque grande difficulté. »

Ce professeur de science pratique est loin de mépriser, on le voit, la science théorique ; il a même pour elle cette confiance absolue et superstitieuse qui avait été une des erreurs du seizième siècle. Il est bon, sans doute, que le poète réfléchisse sur son art, qu'il en étudie les lois, qu'il en connaisse les principaux théoriciens, qu'il soit, dans une certaine mesure, un érudit et un critique ; mais il ne faudrait pas que son érudition fût trop considérable ou trop lourde : créature ailée et légère, comment ferait-il pour traîner après soi La Mesnardière « et tous les autres ? » Il ne faudrait pas surtout qu'il développât ses facultés critiques au préjudice de ses facultés créatrices, qu'il perdît entièrement cette inconscience ingénue et puissante, nécessaire, à un certain moment, à la production littéraire ; qu'il devînt soucieux de se mouvoir dans les règles au point d'être incapable de hasarder le moindre mouvement et la moindre hardiesse ; qu'il tombât enfin dans cet état d'impuissance contemplative, punition ordinaire, en art comme en morale, de ces délicats et de ces raffinés, qui sont tellement occupés à se regarder agir qu'ils n'agissent plus. D'Aubignac raconte, quelque part (1), que le comte de Fiesque, instruit par Chapelain des Règles dramatiques et ne trouvant plus aucun plaisir au théâtre où il les voyait toutes violées, vint un jour dire à son maître : « Rendez-moi mon ignorance ! » Les poètes trop savants qui se seraient mis au régime d'études que leur ordonne ici d'Aubignac auraient, eux aussi, besoin qu'on leur rendît leur ignorance. Malheureusement l'ignorance perdue ne se retrouve pas toujours, du moins avec son innocence première et sa sécurité féconde.

Après cette étude des théoriciens et des glossateurs, il faut, poursuit d'Aubignac, lire tous les poèmes grecs

---

(1) *Dissertations contre Corneille.*

et latins « que la bonne fortune a laissé venir jusqu'à nous. »

Il faut, en la mer grecque et latine voguer (1).

Et comme on répétait ce conseil depuis plus de cent ans, d'Aubignac n'y insiste pas davantage. Il rappelle seulement « qu'il faut poser pour une maxime indubitable que nul ne sera savant dans la poésie dramatique que par le secours des anciens. » C'est si vrai que les Règles du Théâtre s'appellent les *Règles des anciens*, « parce que les anciens les ont admirablement pratiquées. » Cependant il faut s'entendre : l'autorité des Règles ne vient pas de l'exemple des anciens, mais de la raison seule ; c'est pourquoi, si on parvenait à démontrer que les anciens eux-mêmes les ont violées, on n'aurait rien prouvé contre elles. « Car il n'y a point d'excuse contre la raison, » déclare d'Aubignac, qui affectera pendant tout le cours de son ouvrage d'être plus ami de la raison que d'Aristote... « En tout ce qui dépend de la raison et du sens commun, comme toutes les Règles du Théâtre, la licence est un crime qui n'est jamais permis. » Maxime excellente, malgré la solennité du ton, et qui aurait pu dispenser d'Aubignac de sa longue et rageuse dispute avec Ménage sur la question de savoir si Térence avait, oui ou non, violé une fois l'unité de temps.

II. — Cette double étude des modèles et des maîtres terminée, on peut aborder celle de la *Pratique*.

La première chose qu'on y apprendra, ce sera celle-ci, qui paraît simple et peu digne d'attention et qui est cependant d'une importance telle, qu'il ne faut pas en perdre un seul instant le souvenir; c'est à savoir, que le poète dramatique ne travaille que pour les spectateurs. Sans doute, il ne faut pas qu'il laisse voir cette préoccupation du public : « Tout ce qui est affecté en faveur des spec-

(1) Vauquelin.

tateurs est vicieux; » mais il n'en est pas moins vrai qu'il faut travailler uniquement « pour leur plaire » et pour leur rendre l'intelligence de la pièce facile et prompte. Les personnages mis en scène doivent être immédiatement compris et connus du public. « Le plus grand art du théâtre consiste à trouver les couleurs, » les motifs de leur faire dire et écouter, ce qui en réalité ne s'adresse pas à eux. Il faut donc tout laisser voir sans paraître rien montrer du doigt, cacher les moyens de l'art et rendre ses résultats clairs, lumineux, logiques, s'expliquant d'eux-mêmes sans le secours du poète ou de ses interprètes.

Tout pour les spectateurs! Ce principe est juste; d'Aubignac l'expose et le commente plus longuement qu'il ne semble nécessaire; peut-être est-ce une habileté de tacticien dialectique et n'insiste-t-il ainsi sur un principe évident que pour avoir le droit de passer plus vite sur la démonstration des conséquences moins claires qu'il va bientôt en déduire.

III

Le livre second de la *Pratique* est le plus important des quatre, celui où d'Aubignac a mis le plus d'idées personnelles, ou plutôt celui où il montre le plus sa personnalité. Les considérations théoriques y tiennent une si grande place qu'il est nécessaire de les détacher des conseils pratiques et de les examiner séparément.

§ 1er.

Le sujet, dans un poème dramatique, doit, avant tout, être vraisemblable (1). La vraisemblance est, en effet, « le

---

(1) La question des *sources du sujet* n'est pas traitée par d'Aubignac. Il dit ici qu'on « peut faire aussi bien une tragédie qu'une comédie, » avec des « sujets inventés. » Ailleurs, à propos des *Discours de piété* et dans un chapitre inédit (voir plus loin), il s'expliquera sur les *sujets chrétiens*.

fondement de toutes les pièces de théâtre..., l'essence du poème dramatique, sans laquelle il ne se peut rien faire ni rien dire de raisonnable sur la scène. »

Mais qu'est-ce que la vraisemblance? On raisonnait beaucoup, à ce moment du dix-septième siècle, sur la vraisemblance et ses espèces, mais on était loin de s'accorder sur sa nature. « Chacun en parle, et peu de gens l'entendent, » nous dit d'Aubignac, qui voudrait bien la faire entendre à tous. Nous avons vu que, pour Chapelain, théoricien inédit du poème dramatique, la vraisemblance, c'est la ressemblance absolue, allant jusqu'au trompe-l'œil entre l'œuvre d'art et la réalité. Pour ce même Chapelain, critique du *Cid*, et pour ses confrères de l'Académie (1), la vraisemblance n'est pas la réalité, et peut même quelquefois lui être opposée. D'Aubignac adopte à la fois ces deux idées contraires, et même, grâce à une distinction dont ne s'étaient pas avisés ses devanciers, il les concilie.

Après avoir rappelé un mot de Synésius sur les arts d'imitation, lesquels « ne suivent pas la vérité, mais l'opinion et le sentiment ordinaire des hommes, » il laisse entendre qu'à ses yeux la vraisemblance dramatique n'est autre chose que la conformité avec les sentiments des spectateurs.

Cette définition, bien qu'il ne la donne pas en termes formels, exprime exactement sa doctrine.

Mais, ajoute-t-il, les sentiments des spectateurs se rapportent soit à la partie du spectacle qui est indépendante de la représentation, à savoir à l'action proprement dite, soit à sa partie matérielle et sensible, c'est-à-dire aux conditions de sa représentation; de là deux espèces de vraisemblances : celle de l'action et celle de la représentation (2).

---

(1) Voir plus haut p. 149.
(2) *Pratique,* liv. I, ch. VI et VII; liv. II, ch. I.

En ce qui concerne l'action ou la fable, les sentiments des spectateurs sont déterminés d'avance par l'éducation, le milieu, les mœurs publiques et privées. La foule apporte au théâtre des idées que le poète n'a ni le temps ni le pouvoir de changer ; c'est à ces idées qu'il faut, sous peine d'invraisemblance, accommoder l'action, serait-ce au préjudice de la vérité historique et de la couleur locale. « Le poète ne s'attachera point à la vérité... il ne choquera pas les sentiments du peuple... il rendra le sujet conforme aux mœurs et aux sentiments des spectateurs (1). »

En ce qui concerne la représentation, les *sentiments* des spectateurs sont au contraire déterminés, au théâtre même, par les impressions organiques, les *sensations* qu'ils y reçoivent. Tandis que le poème épique s'adresse directement à l'imagination, le poème dramatique est un tableau « qui tombe sous les sens (2), » et dont « l'œil est le juge, » comme disait Chapelain. — La vraisemblance oblige donc à ne jamais mettre en contradiction les *sensations* et les *sentiments* des spectateurs, et par conséquent à rendre identique, dans l'action et la représentation, tout ce qui tombe sous les sens, spécialement les conditions de la durée et de l'espace. La représentation dure matériellement et sensiblement quelques heures à peine, et n'occupe que l'espace de quelques mètres ; il ne faut pas demander aux spectateurs de croire que ce temps et cet espace ont plus d'étendue qu'ils n'en perçoivent avec leurs yeux, avec leurs sens ; ils ne le croiraient pas, car il y a toujours identité entre leurs *sensations* et leurs *sentiments*.

Et voilà comment la vraisemblance est à la fois l'obliga-

---

(1) *Pratique*, liv. II, p. 58, 59, 62. — Liv. IV, ch. vi, p. 304.

(2) *Ibid.*, p. 31. — Les mots *sensations* et *sentiments* ont, dans tout ce chapitre, le sens qu'ils avaient au dix-septième siècle dans le langage « des honnêtes gens » et qu'ils ont souvent encore dans le langage courant ; le premier, celui d'impression organique ; le second, celui d'idées, de jugements.

tion d'être vrai et l'obligation d'être faux : faux dans les événements représentés, lorsque les spectateurs seraient rebelles à la vérité ; vrai, dans la représentation matérielle de ces événements ; — faux dans le tableau, vrai dans le cadre. — Et voilà à quelles conséquences imprévues aboutit le principe : tout pour les spectateurs! Le lien logique qui les y rattache toutes n'est pas aussi à découvert et saillant dans la *Pratique* que dans cette analyse, mais il y est.

Reprenons maintenant tout cet ensemble de déductions et disons d'abord que le mot de Synésius sur les arts d'imitation, « qui suivent plutôt l'opinion des hommes que la réalité, » n'est, au fond, que le résumé de l'*Esthétique* d'Aristote. Les créations de l'art diffèrent de celles de la nature en ce qu'elles n'ont pas de vie propre ; elles ne vivent que dans la pensée de celui qui les produit et de celui qui en jouit (1). De là, pour l'artiste, la nécessité d'en appeler à la collaboration du public qui « est obligé d'achever intérieurement les créations toujours imparfaites de l'art, et de leur donner ce qui leur manque, la vie (2). » L'artiste dramatique n'aurait donc pas terminé son œuvre, si cette collaboration nécessaire était impossible, et elle serait impossible toutes les fois qu'il n'y aurait pas une certaine conformité entre cette œuvre et l'état d'esprit des spectateurs.

Seulement, est-il vrai que cet état d'esprit dépende si peu du poète qu'il soit fatalement déterminé, en ce qui concerne l'action, par les préjugés apportés au théâtre, en ce qui concerne la représentation, par les sensations qu'on y éprouve ? Et, par conséquent, que faut-il penser 1° de la loi de conformer les mœurs représentées aux mœurs des spectateurs, 2° de la loi des deux unités ?

---

(1) *Ethique à Nicomaque*, liv. VI, ch. IV. Cf. M. Chaignet, *La Tragédie grecque*, p. VIII, IX, X.
(2) M. Chaignet, *ibid.*, p. XI.

Répondons que la première repose sur une idée partiellement vraie, la seconde sur une idée complètement fausse, — et prouvons-le, sans craindre les longs développements : la matière en vaut la peine.

I. — Le poète dramatique a besoin d'être compris immédiatement. S'il est vrai, en général, qu'on ne comprend bien que ses propres idées, c'est surtout vrai au théâtre, où le spectateur n'a ni le temps ni la volonté de réfléchir aux idées d'autrui et ne peut les comprendre, si elles lui sont trop étrangères. C'est ainsi que nous ne pourrions pas nous intéresser au spectacle de certaines passions que les anciens n'ont pas hésité à représenter ; c'est ainsi qu'avec nos habitudes, faites à la fois d'esprit chrétien et chevaleresque, de scrupules d'honneur et d'un respect superstitieux pour les convenances sociales, nous ne supporterions pas, sur une scène française, qu'un soldat, un héros parlât des ulcères qui le rongent, et poussât de longs cris de douleur (1). On a applaudi en Allemagne, le spectacle d'un général condamné par un conseil de guerre, « et trahissant sa peur de la mort par des plaintes et des larmes (2). » Il eût révolté en France.

« Il ne faut pas mettre sur la scène des choses si contraires aux sentiments des spectateurs, » dit d'Aubignac avec assez de bon sens : « Les raisons historiques ne sont jamais assez fortes pour vaincre la persuasion que l'on puise au sein de sa nourrice (3). » Elles peuvent bien

---

(1) Edelestand Du Méril, *Histoire de la comédie*, préface.

(2) *Id., ibid.* : « Un genre de drame qui tient la mort pour le comble » du malheur, » ajoute le spirituel critique, « n'existerait pas même en » germe dans un pays où, comme au Japon, l'élégance du suicide ferait » partie des bonnes manières, et où tout honnête bourgeois porterait un » couteau bien affilé pour pouvoir, à la première occasion, se fendre le » ventre à la dernière mode. » D'autre part, cette indifférence japonaise ne serait pas comprise chez nous, où la mort ne va pas sans un peu de drame et de lyrisme.

(3) D'Aubignac, *Critique de Sophonisbe*, Recueil Granet, 149.

l'être à la longue après un ensemble d'études et une sorte de régime intellectuel, qui nous habituent à dépouiller nos croyances et nos préjugés pour nous faire les contemporains des événements et des mœurs les plus éloignés de nous ; mais ce n'est pas au théâtre, dans les quelques heures de la durée du spectacle, que ce résultat peut toujours se produire. Il est donc prudent de se conformer aux sentiments du public ; il est plus sûr de se faire porter par le courant de l'opinion que d'essayer de le changer et de lutter contre lui.

Aucun poète, aucun artiste, dans aucun temps ne s'est cru obligé à cette lutte. « Au siècle de Périclès, Sophocle » et Euripide avaient peint les vainqueurs de Marathon, » en croyant retracer les vainqueurs du siège de Troie (1). » « Paul Véronèse donne des figures et des costumes du » seizième siècle aux convives des noces de Cana : dans » la *Cène* de Léonard de Vinci, le Christ et les Apôtres » sont assis à une table et non couchés sur des lits à » l'antique. Leur siècle n'en demandait pas davantage (2), » et probablement n'en eût pas supporté davantage. Au dix-septième siècle on n'était pas plus exigeant, sauf peut-être en matière d'histoire romaine : « Nul n'ignore, » disait Donneau de Visé, « que nous savons mieux l'histoire romaine que l'histoire de France (3), » et que par conséquent le poète peut manquer à la fidélité historique et à la *couleur locale* dans un sujet français. Aveu naïf, et cependant incomplet ! On ne savait guère mieux alors l'histoire romaine que l'histoire de France, quoique on s'en occupât davantage. On s'était forgé depuis Balzac, une image de Romains déclamateurs et solennels, toujours guindés sur

---

(1) M. Petit de Julleville, *Les Mystères*, introduction, p. 13 : « Les héros mythologiques d'Euripide sont avocats et philosophes comme les jeunes Athéniens de leur temps » (M. Taine, *Etude sur Racine*).
(2) Sainte-Beuve, *Seizième siècle*.
(3) Visé, *Défense de Sophonisbe*.

les sentiments les plus sublimes, étonnés de garder quelque chose d'humain et en demandant pardon,

« Car, pour être Romain, on n'en est pas moins homme (1). »

Romains de rhétorique, que le public du théâtre croyait les Romains de l'histoire et qu'il voulait retrouver dans les tragédies comme il les trouvait dans les romans de Mlle de Scudéry. D'Aubignac faisait aux poètes une loi de respecter cette volonté, et il était raillé d'abord par le public, qui aime qu'on flatte ses ignorances mais non qu'on les constate officiellement, et ensuite par quelques poètes, qui cependant obéissaient à sa loi sans la connaître, et parfois même en la reniant. Ceux-là même, en effet, qui prenaient l'engagement de respecter l'histoire et.les « originaux (2), » modifiaient les caractères, alors même qu'ils respectaient les faits ; ils faisaient parler les Romains, les Grecs et les Carthaginois « mieux que les Romains, les Grecs et les Carthaginois (3), » comme le disait naïvement un critique qui ne passe cependant pas pour naïf, leur prêtant le langage châtié, la galanterie chevaleresque, les passions subtiles et combattues des héros à la mode dans les salons et dans les romans.

Il n'y a pas jusqu'aux poètes de l'école romantique, ces apôtres bruyants — et sans doute sincères — de la couleur locale, qui n'aient subi l'influence du milieu contemporain et n'aient conformé aux mœurs des spectateurs les mœurs de leurs personnages. Ils ont eu beau leur donner

---

(1) Corneille.
(2) Corneille, Préface de *Sophonisbe*.
(3) Saint-Evremond, Dissertation sur l'*Alexandre*.

« J'en porterai si loin les brillantes peintures,
Que ta Rome elle-même, admirant mes travaux,
N'en reconnaîtra plus les vrais originaux. »
(Corneille, *Epître à Mazarin*.)

Il y a une sorte d'aveu inconscient dans ces vers où le poète croyait ne mettre qu'une flatterie à l'adresse du cardinal.

les noms et les costumes du passé, ils leur ont donné en même temps la langue et les passions du présent. Les enfants trouvés, les ouvriers, les prolétaires, les bouffons du théâtre romantique, qu'ils s'appellent Gilbert, Ruy-Blas, Rodolfo, Triboulet, Gennaro, sont « des plébéiens révoltés et sombres, fils de *René* et de *Childe-Harold* (1), » des révolutionnaires déclamateurs, marqués du sceau de 1830, reflétant à la fois, comme les héros du théâtre classique, l'état des mœurs et celui de l'imagination sociales à la date de leur apparition.

C'est même dans l'école romantique que le droit de violer l'histoire et de ne pas tenir compte de la couleur locale a trouvé ses plus énergiques et ses plus fiers interprètes. « Il n'y a pas, à proprement parler, de personnages » historiques en poésie. Seulement, quand le poète veut » représenter le monde qu'il a conçu, il fait à certains in-» dividus qu'il rencontre dans l'histoire l'honneur de leur » emprunter leurs noms pour les appliquer aux êtres de » sa création (2). » Ainsi prononce Gœthe, le patriarche des romantiques. Leur « excitateur d'idées, » le plus hardi de leurs critiques, Beyle, dit à son tour : « Si les » usages que vous prenez dans l'histoire passent la science » du commun des spectateurs, ils s'en étonnent, ils s'y » arrêtent ; les moyens de l'art ne traversent plus l'esprit » pour aller à l'âme (3)... » C'est la doctrine même de d'Aubignac. En voici enfin une dernière formule, qu'un romantique seul pouvait trouver, et dont la justesse doit faire pardonner l'audace : « Il est permis de violer l'histoire, mais à la condition de lui faire un enfant (4) ! »

Faire une œuvre vivante, telle est la grande règle, celle qui les résume et au besoin les remplace toutes. Et nous savons déjà qu'une œuvre n'est vivante qu'à la condi-

---

(1) Paul Albert, *Poètes et Poésies*, p. 184, et tous les critiques.
(2) Critique de la tragédie *Carmagnola*, de Manzoni.
(3) Cité par Sainte-Beuve, *La Poésie au seizième siècle*, p. 213.
(4) Alex. Dumas.

tion de vivre dans l'esprit de celui qui l'exécute et de celui qui la contemple. Par conséquent, le devoir de se conformer à l'état d'esprit des spectateurs et le droit qui en résulte de violer l'histoire ne sont en réalité que le devoir et le droit de réussir ; ils devaient trouver leur place dans le livre de la *Pratique du Théâtre* et nous comprenons que d'Aubignac se soit félicité de la leur avoir donnée. « Ce n'est pas, » dit-il souvent, « une des moindres observations que j'ai faites. » Ce n'est pas peu, en effet, que de faire « un mérite (1) » et une obligation de ce que certains poètes croyaient encore une faute, et d'ordonner au nom de l'art ce qui passait pour contraire à l'art.

Mais, il faut se hâter de le dire : d'Aubignac, qui a eu l'honneur de rencontrer et de comprendre en partie un principe à peine soupçonné et parfois désavoué par ses contemporains, ne peut accuser personne que lui s'il ne l'a pas fait accepter. D'abord il l'a compromis par des applications véritablement burlesques, lorsqu'il relève, par exemple, parmi les absurdités de la légende d'Œdipe, ce fait d'un jeune prince qui passe pour le fils du roi de Corinthe, et qui court les chemins seul, sans suite et à pied, contrairement à tous les usages de la cour de Louis XIV (2) ; ou bien encore lorsqu'il interdit de donner aux rois et aux princes du théâtre des mœurs odieuses, de peur de choquer l'amour des Français pour leur monarque (3) ! D'Aubignac se trompe ici sur l'état d'esprit de ses contemporains : il s'exagère leur ignorance de l'histoire grecque et il oublie la Fronde.

En outre, il s'exagère la puissance des préjugés en général, et l'impuissance de la poésie à lutter contre eux. Le public n'est pas toujours et obstinément rebelle à la

---

(1) « On a blâmé Racine d'avoir peint sous des noms anciens des courtisans de Louis XIV : c'est là justement son mérite » (Taine, *Etude sur Racine*).

(2) *Troisième dissertation.*

(3) *Pratique*, page 63 et *passim*.

vérité; il l'attend même d'un poète qui a fait choix d'un sujet historique. Sans doute, il a besoin qu'on l'aide à la comprendre, qu'on la lui rende immédiatement acceptable « sans autre preuve, comme le disait l'Académie. » Mais c'est précisément la vraisemblance qui lui donne ce secours, et sans préjudice pour la vérité.

Seulement, c'est une vraisemblance plus largement comprise que celle de d'Aubignac. On peut la définir comme la sienne : « la conformité avec l'opinion des hommes, » mais on ne doit pas restreindre cette conformité à l'opinion de certains hommes. Or, c'est visiblement ce que fait d'Aubignac; le public dont il s'occupe, c'est le public contemporain exclusivement, ce n'est pas le public de tous les temps et de tous les lieux; ce n'est pas cette postérité à laquelle pensent et s'adressent toujours les poètes. Par conséquent, la vraisemblance, telle qu'il l'entend, n'est qu'une vraisemblance partielle, pouvant différer de celle qui est, d'après Aristote, l'objet propre de la poésie et qu'on nous permettra d'appeler la vraisemblance générale. Celle-ci, en effet, est pareille chez tous les hommes, naît de la nature même de l'esprit humain, et ne peut pas plus changer que lui; celle-là, au contraire, est variable dans sa nature, dans ses causes, dans sa durée : elle est l'usage, la convention, la mode; c'est elle qui établit entre les hommes ces différences qui les rendent étrangers et inintelligibles les uns aux autres. En sacrifiant tout ce qui se rattache à cette dernière, en ne tenant pas compte des usages passés ou en leur substituant les usages présents, l'auteur d'un poème historique s'assure des chances de succès, mais aussi il enlève à son sujet ce qui est souvent sa physionomie particulière, ce qui le distingue entre tous les autres, ce que les spectateurs désirent connaître et comprendre; il a piqué leur curiosité et il la trompe, ou, du moins, il ne la satisfait qu'à demi. Il la satisferait au contraire complètement si, conservant les éléments accidentels, et particuliers de son sujet, il les fondait harmonieusement dans ses éléments essentiels et généraux, si la vraisemblance générale faisait disparaître en quelque sorte dans sa lumière les obscurités et les étrangetés de la vraisemblance partielle, et communiquait à l'œuvre entière ce caractère d'universalité morale qui la rend claire et intelligible pour tous les hommes de tous les temps et de tous les pays. Or, il y a peu de sujets historiques que le poète ne puisse marquer ainsi de cette vraisemblance générale; il y a peu d'hommes, si exceptionnelles qu'aient été leurs actions et leur vie, chez lesquels ne puisse se découvrir ce que Montaigne appelle « l'hommerie. » Et c'est le pouvoir de découvrir cette *hommerie* qui constitue le meilleur privilège de la poésie; c'est par lui qu'elle est « plus philosophique que l'histoire, » qu'elle est la maîtresse et l'enchanteresse de nos esprits, et qu'elle satisfait à la fois notre besoin d'idéal et notre besoin de vérité.

La loi du succès, telle que la formule d'Aubignac, est la méconnaissance de ce pouvoir divinateur de l'art; elle repose sur une notion incomplète de la vraisemblance, et elle ne peut assurer que des succès incomplets. D'Aubignac a raison lorsqu'il conseille de ne pas choquer les goûts et les préjugés passagers de la foule; mais il se trompe lorsqu'il oblige à les servir uniquement et à s'y asservir, au détriment de ses goûts essentiels et permanents. Les œuvres inspirées de la mode sont condamnées à être vite démodées et caduques. C'est la vraisemblance générale qui est « le fondement du poëme dramatique, » la partie fixe et solide qui le fait tenir debout à travers les changements superficiels et les variations de la vraisemblance accidentelle; c'est elle qui a valu une impérissable jeunesse au théâtre grec et qui la donnera aussi à notre théâtre du dix-septième siècle. Si les chefs-d'œuvre de Corneille et de Racine sont, en effet, des « monuments à toujours, » ce n'est pas parce qu'ils ont « le mérite » de nous montrer des Romains galants et des Grecs damerets, mais c'est parce qu'ils expriment, à travers des sentiments particuliers, les sentiments généraux de l'humanité.

Enfin, d'Aubignac aurait dû, tout en donnant une place à sa loi du succès, ne pas la présenter comme la règle suprême de l'art, de cet art dramatique surtout, qui est, à ses yeux, l'instrument de l'éducation et de la réforme des peuples, et qui ne pourra pas l'être, s'il se fait toujours le complaisant et le complice des préjugés, des passions ou des ignorances de la foule. Puisque l'œuvre et le public doivent être de niveau, pourquoi faire une obligation constante d'abaisser l'œuvre et ne pas permettre d'élever le public? Parce que la tentative est périlleuse, le pratique d'Aubignac n'en admet même pas l'idée. Il aurait pu cependant la proposer lui-même comme le plus noble effort du génie, et montrer qu'il y a autant de courage que d'habileté à courir le risque de déplaire aux contemporains pour plaire plus sûrement à la postérité.

II. — Arrivons maintenant à la loi des deux Unités.

D'Aubignac la démontre par la prétendue identité des *sensations* et des *sentiments* chez les spectateurs, et par l'impossibilité de faire accepter la moindre différence entre l'étendue de la représentation et celle de l'action. Or il nous fournit lui-même plusieurs preuves du contraire.

D'abord, il avoue qu'il a « vu des gens, travaillant depuis longtemps au théâtre, lire ou voir un poème par plusieurs fois sans reconnaître la durée du temps ni le lieu de la scène (1); » « chose, » dit-il, « qui est fort étrange. » Ce qui est étrange, c'est que cette *chose* ne l'avertisse pas du peu d'importance qu'ont le lieu et le temps, même pour des esprits cultivés, habitués à raisonner leur plaisir et à s'inquiéter de la vraisemblance.

Ensuite, il accorde à l'action une étendue de douze heures, — trois fois plus grande que celle de la représentation, — ce qui contredit le principe de l'identité absolue

---

(1) *Pratique*, p. 69. Cf. Egger, *Essai sur la critique*.

des sensations et des sentiments chez les spectateurs.

Enfin, il commet une autre contradiction, qui consiste à raisonner comme si la représentation était continue et sans interruption, tandis qu'elle est, au contraire, interrompue par des entr'actes. Cette interruption a un résultat que d'Aubignac trouve fort légitime : elle permet au poète de ne pas mettre sur la scène tous les moments successifs de l'action, d'en choisir seulement quelques-uns, les plus critiques, les plus intéressants, et de rejeter les autres dans l'entr'acte. On comprend que la durée des moments représentés se mesure à peu près sur celle de leur représentation ; mais on comprend moins que la durée des autres, de ceux qui ne sont pas représentés, doive se mesurer sur la durée de leur *non-représentation*.

D'Aubignac essaie de le faire comprendre ; il explique que la représentation n'est interrompue qu'en apparence ; que si les yeux ne la voient plus, elle se continue derrière la toile, où elle reste soumise à toutes les lois du théâtre, et que, par conséquent, les événements qui sont censés s'y passer ne doivent pas durer plus longtemps que l'entr'acte lui-même. « C'est une faute, » dit-il, « et, selon » mon avis, bien considérable, quand on donne aux ac- » teurs plus de temps qu'il ne leur en faut pour agir hors » de la vue des spectateurs (1). » Ce n'est donc plus sur une représentation sensible, c'est sur une représentation *supposée, imaginée*, que d'Aubignac détermine la durée de l'action ; c'est-à-dire que ce ne sont plus les sens seulement qu'il prend pour juges de la poésie représentative, mais, avec eux, l'imagination ; c'est-à-dire enfin qu'il abandonne encore et contredit le principe de sa démonstration, à savoir, que le poème dramatique est « un tableau qui tombe sous les sens » et « dont l'œil seul est le juge. »

Et c'est à l'abandon de ce principe qu'il faut toujours en venir. Vouloir, en effet, se passer de l'imagination des specta-

---

(1) *Térence justifié*, p. 13, et *Pratique*, liv. II, p. 109.

teurs, « poser pour fondement, » avec Chapelain, que l'art dramatique ne s'adresse qu'aux sens et doit leur faire illusion, c'est tout simplement rendre l'art dramatique impossible. Il n'y a qu'à considérer les moyens d'imitation dont il se sert, pour s'apercevoir qu'il n'est matériellement que « feintise, » qu'il a besoin de faire suppléer par notre imagination ce qui manque à ses « images, » qu'il ne peut et ne veut nous donner le sentiment du vrai qu'en nous laissant la sensation du faux (1), qu'il n'existe enfin qu'en vertu d'une convention perpétuelle entre le poète et le spectateur, le premier demandant au second de lui accorder que des chandelles sont le soleil, que les Grecs et les Romains parlent français, que les rois et les nourrices parlent en vers, que les places publiques sont traversées uniquement par les personnages intéressés à l'action, que l'action continue derrière la toile pendant les entr'actes, etc., etc., et le spectateur, accordant tout cela, et plus encore, se faisant le collaborateur, le complice, le compère du poète, et recevant néanmoins de ces réalités imparfaites ou fausses un plaisir complet et vrai.

Tout pour les spectateurs ! avait dit d'Aubignac. C'est au nom des spectateurs, de la puissance de leur imagination, de l'impossibilité de se passer de leur concours, qu'il faut repousser la démonstration donnée par Chapelain et d'Aubignac de la Règle des deux unités.

Quant à la Règle elle-même, elle était l'interprétation erronée, une conséquence exagérée d'une loi incontestable imposée à toute œuvre d'art : la loi de la concentration. Il est certain que l'homme demande à l'art plus qu'à la nature. La nature se développe suivant des lois qui lui sont propres, rencontrant parfois la beauté, mais ne travaillant pas exclusivement pour elle; l'art ne doit pas

(1) Expression de Métastase. — Cf. thèse de Faguet sur Métastase critique.

travailler à autre chose. La nature ne dispose pas ses paysages uniquement pour le plaisir des yeux, et les événements de l'histoire pour l'émotion du lecteur ; mais elle éveille, dans l'esprit de l'être intelligent qui la contemple et l'achève, l'idée et le besoin de ce plaisir complet, sans mélange et sans lacune, de cette émotion continue « croissant de scène en scène. » C'est l'art qui est chargé de répondre à ces besoins, en imitant la nature et en la dépassant, en recueillant dans le vaste cadre où elle se déploie, s'efface et nous échappe, les traits épars dont il doit composer ses tableaux, accommodés à la fois, par leurs proportions plus restreintes et mieux remplies, à l'horizon borné de notre regard et aux exigences de notre idéal. L'art, et l'art dramatique surtout, est, comme l'a dit un de nos poètes, « un miroir de concentration qui ramasse et condense les rayons et fait d'une lumière une flamme. »

Dans quelles limites doit-il opérer cette concentration ? Où prendra-t-il la mesure de son cadre ? Peut-il y avoir une mesure fixe et immuable réglant d'avance les proportions de toute œuvre ? Ou bien le poète doit-il être laissé libre de la choisir selon les convenances de son sujet ? Voilà la question ; la critique moderne la résout en donnant au poète le droit et en lui imposant le devoir de choisir et de trouver lui-même les proportions de son œuvre ; d'Aubignac et le dix-septième siècle, supprimant à la fois ce droit et ce devoir, lui imposaient une mesure unique, applicable à toutes les œuvres et prise, non sur la réalité des événements, non sur la réalité des besoins de l'esprit, mais sur une troisième réalité, la moindre de toutes, la plus étrangère à l'œuvre, celle que le poète et le public doivent oublier s'ils veulent donner ou recevoir le sentiment de la vérité et de la vie, la réalité de la représentation. Cette règle, contre laquelle on a tant crié, n'était au fond qu'une recette simple et commode pour observer sans effort la loi si importante de la concentration. « Elle met les plus beaux sujets à la gêne, » disaient Racan et Corneille ; mais elle met à l'aise les esprits médiocres en les dispensant de découvrir eux-mêmes les proportions naturelles du sujet qu'ils ont à traiter ; de plus, elle donne au public l'illusion de la règle et de l'ordre, l'apparente satisfaction d'un des besoins les plus élevés de son esprit. Ces avantages sont assez grands pour expliquer la fortune de cette règle, malgré son caractère arbitraire et l'insuffisance des arguments qui servaient à la démontrer au temps de d'Aubignac.

Depuis, on l'a démontrée autrement, en s'appuyant non plus sur la vraisemblance, mais sur l'unité d'action et la fixité des caractères. Nous n'avons pas à développer ni à juger (1) cet argument que personne, à ce moment du dix-septième siècle, n'a connu ou su faire valoir. On peut à toute force en voir la première idée dans ce passage de la *Pratique :* « L'action doit être une...; or, je demande si cela pourrait être observé dans une pièce dont l'action » s'étendrait au delà de douze heures ? « Ne faudrait-il pas que les acteurs prissent du repos et leurs repas, et qu'ils s'employassent à beaucoup de choses qui ne seraient point du sujet, qui détruiraient l'unité d'action et la rendraient monstrueuse par un mélange d'autres absolument inutiles ? »

Cette conception d'une unité qui ne supporte aucun arrêt dans le développement de l'action, fût-ce pour cause « de repos ou de repas, » et que détruirait le mélange « de beaucoup de choses de ce genre, » non pas même représentées, mais seulement supposées, est tellement ridicule qu'elle ne mérite pas l'honneur d'être comparée à

---

(1) Il semble cependant difficile d'admettre qu'une action ou un caractère ne puissent garder leur unité que dans les limites de vingt-quatre heures et de vingt-quatre mètres. — Cf., dans Manzoni, *Lettre sur les Unités,* une réfutation de cet argument et la démonstration de cette idée nouvelle, à savoir, qu'une plus grande étendue dans le temps et l'espace peut donner à un caractère et à une passion plus de puissance et d'intensité, sans rien lui faire perdre de son unité.

celle des théoriciens modernes. Tout au plus pouvons-nous rappeler, à la décharge de l'abbé d'Aubignac, qu'elle n'est pas de lui. Il la tient, sans qu'il s'en vante, de l'Italien Castelvetro, lequel nomme expressément ces autres « choses » qui détruiraient l'unité d'action : « La necessità del corpo, e mangiare, bere, deporre i superflui pesi del ventre, della vesica et altre necessità (1). » L'italien dans les mots brave l'honnêteté ; d'Aubignac ne brave que le bon sens.

Nous en aurons fini avec la partie théorique de ses préceptes relatifs au sujet, en disant comment il démontre l'unité d'action et pourquoi il ajoute à la règle des trois unités une règle nouvelle, celle de la continuité.

« Le théâtre n'est rien qu'une image (2); « or » il est impossible de faire une seule image accomplie de deux originaux différents ; » voilà pourquoi l'action doit être une. — On reconnaît l'argument de Chapelain et l'interprétation traditionnelle, mais erronée, du mot d'Horace : « *Ut pictura poesis;* » et l'on sait aussi que ce mot ne peut s'appliquer à la poésie dramatique qu'en l'entendant d'une série et comme d'une galerie d'images (3).

Quant à la continuité d'action, elle consiste en ce que l'action ne soit jamais interrompue, même pendant les entr'actes, et en ce que les événements qui sont censés se passer pendant ces entr'actes se rapportent au sujet et ne demandent pas plus de temps que l'intervalle même de l'acte. « C'est là, » dit-il, « un précepte d'Aristote aussi bien que de raison. » Qu'Aristote ait prescrit cette continuité sur une scène comme la scène grecque, toujours ouverte aux yeux du public et toujours occupée du commencement à la fin de la représentation, on le com-

---

(1) *Poetica d'Aristotele vulgarizzata e sposta*, MDLXX. — Voir, dans la *Revue critique* du 27 décembre 1879, tout le passage cité par M. Breittinger.
(2) *Pratique*, livre II, ch. IV.
(3) Cf. plus haut p. 141.

prend ; mais pourquoi la raison serait-elle aussi exigeante pour une scène où la représentation est interrompue par quatre entr'actes ? Parce que, dit d'Aubignac, l'action ne serait plus une : « les actions morales, telle qu'est celle du théâtre, sont divisées et multipliées dès lors qu'elles sont interrompues ; » j'avoue que ma raison n'est pas convaincue.

§ 2.

« Passons maintenant à des choses qui regardent la pratique, » comme dit d'Aubignac lui-même, en ayant l'air de s'arracher avec peine à ces dissertations théoriques qui sont à la fois son besoin et sa faiblesse. C'est en effet un raisonneur aussi médiocre qu'infatigable ; mais c'est parfois un observateur sagace.

Ainsi il explique mieux la nature de l'unité d'action qu'il n'a démontré sa nécessité. Après avoir conseillé de ne traiter « qu'une action notable parmi celles qui composent la vie d'un illustre personnage, » il permet de grouper autour de cette action centrale d'abord « ses dépendances naturelles, » c'est-à-dire les événements qui lui sont intimement liés et dont on ne peut la séparer, et ensuite même des événements épisodiques. Car l'unité d'action est moins une unité numérique qu'une unité logique et esthétique : elle peut résulter d'événements multiples, à la seule condition qu'ils soient tous liés entre eux et subordonnés à un fait principal. Cependant il faut se méfier des sujets « polymythes ; » il est plus sûr de choisir un sujet peu chargé de matière ; « c'est le conseil que donne Scaliger en termes formels. » A la condition de ne pas l'appliquer comme l'appliquait Scaliger (1), c'est un conseil excellent ; car ce qui intéresse, dans une pièce, c'est moins la multiplicité des événements que le spectacle des passions qui les amènent et les expliquent ; et

---

(1) Voir plus haut, note de la p. 130.

c'est dans le développement des passions que le poète est
« le plus maître de son sujet » et peut faire preuve de talent. Tout cela est fort sensé.

L'unité de lieu, dont Aristote n'a rien dit, mais « à cause qu'elle était trop connue de son temps, » consiste en ce que « le lieu de la scène reste le même jusqu'à la fin ; » ce lieu « c'est l'aire ou plancher du théâtre » et ses côtés. L'aire peut bien recevoir quelques changements, « mais seulement en la superficie, » à la suite, par exemple, « d'une inondation » ou « par magie. » Quant aux côtés, ils peuvent changer plus facilement ; un incendie peut détruire un palais et laisser voir la mer que ce palais dérobait, etc., etc. « L'étendue du lieu ne peut aller au-delà de ce que peut embrasser une vue commune. » Toutes ces prescriptions seront observées, si le poète « a soin de choisir un lieu où tous les personnages puissent vraisemblablement se rencontrer ; » qu'il n'oublie pas de motiver l'entrée et la sortie de tous ces personnages.

Pour l'unité de temps, nous savons déjà que d'Aubignac la borne à douze heures. La règle de vingt-quatre heures n'est pas assez sévère pour lui ; « c'est, » dit-il, « une imagination de quelques-uns qui ont trompé les autres. » Ces autres, en France, c'était tout le monde ; mais d'Aubignac avait pour lui « Castelvetro, Piccolomini, Robortel, Benius, Rossy, Scaliger, » et surtout, croyait-il, « Aristote. » C'est pour faire entrer Aristote dans le parti des douze heures qu'il fait son commentaire fameux sur cette phrase du philosophe : « La tragédie s'efforce de se renfermer dans un tour de soleil. » Que signifie ce tour de soleil ? se demande d'Aubignac. Un jour entier ou un demi-jour ? la révolution quotidienne du soleil autour de la terre, ou son passage sur notre horizon de l'Orient au couchant ? Pour se prononcer en toute sûreté, il n'y a qu'à réfléchir sur la nature de la tragédie, laquelle « est une image des actions humaines. » Or, pendant la nuit, qui est « naturellement destinée au repos, » les hommes n'agissent pas, si ce n'est par exception, et les règles établies « sur ce qui se fait communément et dans l'ordre » ne doivent pas tenir compte des exceptions. Donc, Aristote n'a pas voulu parler de la portion du tour du soleil qui se fait pendant la nuit. Il n'y a rien de plus clair. Maintenant, quelle est la durée de l'autre portion du tour ? Elle est de six mois chez les Lapons, de quinze à seize heures chez nous en été, de dix à douze en hiver; mais comme Aristote a écrit pour toutes les saisons et toutes les latitudes, il faut prendre une moyenne et la fixer à douze heures pour toutes les tragédies du monde entier. On alléguera peut-être les trois mots qui terminent la phrase d'Aristote : ἢ μικρὸν ἐξαλλάττειν, lesquels, pour des traducteurs superficiels et légers, semblent signifier : il est permis de *dépasser* un peu cette durée; mais, pour des hellénistes sérieux, ces mots ne veulent pas dire autre chose que ceci : il est permis de la *changer*, de la *transporter*, c'est à savoir que la tragédie peut prendre ses douze heures, partie dans la nuit, partie dans le jour, etc., etc.

Assez, n'est-ce pas ? Pour un théoricien qui fait profession de ne relever que de la raison, voilà un commentaire bien long et bien inutile; le pauvre abbé aurait pu s'en épargner la peine et le ridicule.

On observera la règle de l'unité de temps, bornée ainsi à douze heures, si l'on a soin : 1º de choisir, « pour y renfermer toutes les intrigues de la pièce, » le jour de la catastrophe; 2º de commencer la pièce le plus près possible de la catastrophe; 3º « d'assembler les incidents si adroitement que la vraisemblance n'en soit pas choquée. » D'Aubignac, soupçonnant peut-être combien il est difficile au poète d'observer à la fois cette règle et la vraisemblance, lui conseille d'être adroit. Ah! le bon conseil qu'a le poète!

Le second livre se termine par trois chapitres sur la préparation des incidents, le dénouement et la tragi-comédie. Tous les incidents doivent être *préparés*, ce qui ne

16

veut pas dire qu'il faut les faire *prévoir*. Cette préparation n'empêche pas les surprises, mais elle les rend explicables immédiatement dans l'esprit des spectateurs; c'est comme une « semence de choses à venir » que le poète fait lever au fur et à mesure des besoins de son poème : c'est ce que la critique moderne a appelé, sans métaphore, la logique dans le développement des caractères et de l'action. Cette logique interdit, par exemple, l'arrivée tardive au dénouement d'un personnage nouveau chargé de finir la pièce. Le dénouement doit être plus soigneusement préparé encore que les incidents; il doit sortir du sujet lui-même, et n'être pas emprunté à un « dieu de machine; » il doit fixer le sort de tous les personnages.

Le dénouement malheureux n'est pas de l'essence de la tragédie, et l'on a tort, par conséquent, d'appeler tragi-comédies des tragédies à dénouement heureux. Ce nom est inutile, s'il sert à désigner une œuvre régulière; il a même un inconvénient : celui de faire prévoir le dénouement. Il ne peut convenir qu'à des œuvres mêlées « de bouffonneries et d'aventures sérieuses » où les genres seraient confondus. Or la *Pratique* n'a pas à s'occuper de pareils monstres! D'ailleurs s'en est-il produit chez nous? D'Aubignac semble dire que non. Il rappelle que la *Bradamante* de Garnier fut une des premières pièces qui *portèrent ce titre de tragi-comédie*; mais il range *Bradamante* parmi les vraies tragédies, parce que « le sujet et les personnes en sont tragiques, » bien que « le dénouement en soit heureux. » Quant aux autres pièces, nommées aussi tragi-comédies par leurs auteurs, et justifiant ce titre par le mélange du comique et du tragique, comme *Tyr et Sidon*, de Schelandre, et *Saint-Genest*, de Rotrou, il les ignore; il affirme que des trois formes usitées chez les Grecs, la forme tragique, comique et satyrique, les Français n'ont « reçu » que les deux premières et qu'ils ont répudié la troisième qui était, dit-il, un mélange des deux autres. En conséquence, il n'éprouve nullement le besoin d'exposer la règle de la distinction des genres, ni même de la venger des attaques de son ami Fr. Ogier. Il y a là un oubli et une méconnaissance des faits absolument inexplicables.

IV

Des dix chapitres du livre troisième, les quatre premiers, consacrés à la discussion de la doctrine aristotélique sur les divisions de la tragédie, et à l'étude des chœurs et des récitateurs grecs, sont complètement étrangers à la pratique du théâtre. D'Aubignac y fait montre d'érudition et, parfois, y fait preuve d'intelligence. Nous en reparlerons ailleurs. Disons seulement ici qu'il n'admet que deux parties de quantité, « à savoir cinq actes et quatre intervalles d'actes, » les divisions aristotéliques en prologue, exode, épisode et chœur, ne pouvant pas s'appliquer à notre théâtre, qui n'a pas de chœur.

Il faut donc cinq actes ; ce n'est pas sur la raison qu'est fondée cette règle, mais sur l'expérience. « Nous ne pouvons, en effet, approuver une pièce s'il y a plus ou moins de cinq actes. » D'Aubignac n'avait pas encore vu des pièces qui, ayant échoué en cinq actes, ont réussi en quatre (1). Chaque acte ne doit « avoir que trois cents vers ou un peu plus, en sorte que tout l'ouvrage soit environ de quinze à seize cents vers ; » un nombre plus grand donnerait de « l'ennui. » Il faut ensuite se garder de faire ouvrir l'acte suivant par le même acteur « qui a fermé le précédent, » à moins qu'il n'ait eu que peu de chose à faire dans l'intervalle, et que ce soit dans une comédie, dont tous les personnages sont de basse condition, « et peuvent bien courir dans la ville et faire tout à la hâte sans aucune indécence. » Mais dans la tragédie, « composée de princes et de grandes dames » c'est différent ; il faut

---

(1) *Le Barbier de Séville*, par exemple. Cf. Edel. Du Meril, *Histoire de la Comédie*.

leur laisser plus que l'intervalle d'un acte. Enfin, il faut mettre au commencement de chaque acte « quelque chose d'éclatant et d'illustre, » soit du côté du spectacle, soit du côté du sujet.

Pour les entr'actes, d'Aubignac fait observer que leur principal avantage est d'aider les spectateurs à se figurer que, dans les trois heures de la représentation, il s'est écoulé les dix ou douze nécessaires à l'action ; il ne prouve pas plus ici qu'ailleurs que cet avantage ne peut aller au-delà de la douzième heure. Le seul conseil pratique qu'il donne à leur occasion, c'est d'y rejeter tout ce qui embarrasserait le développement du poème, mais de n'y laisser rien de ce qui peut être représenté avec succès et fournir « quelque récit ou quelque passion. »

Les actes se divisent en scènes. La grande règle des scènes, c'est qu'elles soient toutes liées entre elles. « J'ai reconnu, » dit-il gravement, « qu'il y a quatre sortes de liaisons de scènes, c'est à savoir : de présence, de recherche, de bruit et de temps. »

La première a lieu lorsque l'un au moins des acteurs de la scène précédente figure dans la scène suivante ; la seconde, « lorsque l'acteur qui vient au théâtre cherche celui qui en sort. » « Il faut se souvenir, » ajoute le subtil conseiller, « que cette liaison ne se fait point quand l'ac-
» teur qui était sur le théâtre en sort pour ne pas être vu
» de celui qui vient, si celui qui vient ne cherche celui
» qui sort. » La liaison de bruit a lieu quand un bruit qui s'est fait sur le théâtre y attire un personnage nouveau « qui n'y trouve plus personne, » et la liaison de temps quand un personnage vient immédiatement après celui qui sort, « mais dans un moment si juste qu'il ne pouvait raisonnablement venir plus tôt ni plus tard. » Cette dernière paraît « un peu trop licencieuse, » et il faut n'en user que rarement.

Signalons vite, dans ce même chapitre sur les liaisons, un passage comme on n'en trouve pas assez de pareils dans la *Pratique*. « On a demandé quelquefois, » dit d'Aubignac, « quel doit être le nombre de scènes dans un acte ? » On demandait tout à ce moment du dix-septième siècle, on attendait tout de l'enseignement et des règles ; on « mettait à se soumettre toute la force que nous mettons aujourd'hui à nous affranchir (1). » Il eût été difficile que la confiance des disciples ne fît pas naître le pédantisme des maîtres. D'Aubignac est sans contredit un des représentants les plus complets de ce pédantisme naïf et convaincu, ne manquant pas une occasion de « prendre la chaire » et de professer. Ici pourtant il a le bon goût de s'y refuser : « Je crois, » dit-il, « qu'en ce qui concerne le nombre des scènes, il n'y en a point de certain ; il faut que le poète s'y conduise avec jugement. » Il se hasarde bien à dire qu'il en faut trois au moins et huit au plus ; mais il conclut par ces paroles, qui sont parmi les plus sensées de son livre et qui pourraient en remplacer bien des préceptes : « En tout cela, néanmoins, je laisse au poète judicieux la liberté... selon qu'il l'estimera nécessaire à son sujet. »

Malheureusement, cet accès de bon sens ne dure pas. Après avoir déclaré légitime l'emploi des *a parte*, pourvu qu'ils soient courts et opportuns, d'Aubignac se demande s'il peut en dire autant des stances, ces monologues lyriques, ces morceaux de bravoure, toujours applaudis par le public et demandés par les acteurs. Il fait ses réserves et pose des conditions. Il prie de remarquer que les personnages de tragédie parlent ordinairement en vers alexandrins, c'est-à-dire dans une forme de langage qu'on peut considérer comme de la prose (2) ; ils ne doivent pas

---

(1) Taine.
(2) « On appelle ces vers communs, parce que, communément, chacun en fait dans le discours ordinaire. » Cf. Aristote, qui dit du vers iambique, employé dans la poésie dramatique : « l'iambe est de tous les mètres le plus approprié au dialogue, et la preuve c'est qu'on en fait

brusquement passer à la forme lyrique des stances sans préparation ; il serait invraisemblable qu'un homme parlant en prose se mît tout à coup à parler en vers. Il faut donc « qu'il ait le temps d'y travailler ou d'y faire travailler... et que l'acteur ait disparu durant un intervalle d'acte au moins..., afin qu'il reste vraisemblable qu'étant éloigné il s'est occupé de la méditation de son bonheur ou de son malheur, et qu'il a composé ces beaux vers ! » C'est lamentable !

V

Il n'y a que huit chapitres dans le dernier livre de la *Pratique*; seulement, loin d'en pouvoir supprimer aucun, il faut y en ajouter un neuvième, resté longtemps inédit et publié pour la première fois au dix-huitième siècle, par le père Desmolets (1).

D'Aubignac, ayant déjà parlé du sujet, divise ce qui lui reste à dire des parties de qualité en trois paragraphes : 1° des personnages ; 2° des discours ; 3° des spectacles. Il préfère de beaucoup cette division à celle d'Aristote, qui a vu trois parties distinctes dans les *paroles*, les *mœurs* et les *pensées*, alors que les mœurs et les pensées sont comprises dans les paroles : *Ordinem neglexit Aristoteles !* D'Aubignac aussi, comme Scaliger, a voulu se donner le plaisir d'une petite chicane au maître !

§ 1er. — *Des personnages.*

1° Quel doit être leur nombre? Horace défend d'en mettre plus de trois ; mais on peut lui désobéir et prendre sur

---

beaucoup dans la conversation, tandis que on fait peu d'hexamètres. » *Poétiq.*, chap. IV.

(1) *Mémoires de littérature*. Le manuscrit est inséré dans un exemplaire de la *Pratique*, dont nous parlerons plus loin, livre III, § 5.

ce point toutes les libertés qui ne compromettent pas la clarté du dialogue.

2° Dès les premiers mots, le personnage qui paraît en scène doit être connu, soit par ce qu'il dit, soit par ce qu'on lui dit.

3° Chacune de ses entrées ou de ses sorties doit être motivée (D'Aubignac ne craint pas de se répéter).

4° Un même acteur peut-il paraître plusieurs fois dans un même acte? Grave question, que d'Aubignac avait entendu poser autour de lui, et à laquelle on faisait des réponses différentes. Lui, il distingue : pour la comédie et la pastorale, il répond affirmativement, la bassesse des personnages rendant vraisemblables les allées et venues ; pour la tragédie, il répond négativement : « J'ai toujours trouvé dur et choquant de voir une personne de condition aller et venir si promptement et agir avec une apparence de précipitation ! »

5° Il faut présenter les principaux personnages dès le premier acte, afin que l'action se déroule ensuite facilement et sans l'embarras de nouvelles explications. Des motifs graves peuvent autoriser une exception à cette règle.

6° Ces principaux personnages « doivent paraître le plus souvent — (et la règle numéro 4 ?) — et demeurer le plus longtemps possible sur le théâtre, » parce que leurs sentiments et leurs actions offrent plus d'intérêt, leur langage plus de noblesse et d'agrément, et enfin leur costume même plus de magnificence. Ce n'est pas que le poète « doive faire des violences extraordinaires à son sujet » pour observer cette règle ; mais il doit s'y appliquer précisément dans l'intérêt de son sujet. « Le seul avis que je puisse donner en général est de ne point faire par récit ce que les principaux acteurs peuvent vraisemblablement faire par eux-mêmes. »

C'est ici que pourraient trouver place de très justes observations que d'Aubignac a faites ailleurs, sur le

rôle trop considérable des confidents et des confidentes, ces personnages qui sont si rarement des personnes, et qui disparaissent à la fin de la pièce, après avoir récité des narrations et écouté des discours qui ne s'adressent pas à eux. « Il en faudrait faire un personnage de l'action du théâtre, » dit d'Aubignac, « et non pas un simple ornement pour le remplir. » *Instrument* serait peut-être plus exact qu'*ornement*. Ces suivantes, ajoute-t-il, « qui
» n'agissent point dans la conduite du poème..., qui
» demeurent sans intérêt à tous les accidents du poème,
» pour qui le spectateur ne désire ni ne craint, ne font
» aucune impression sur son esprit... Il n'est pas vrai-
» semblable que des reines... s'amusent à prôner leur
» bonne ou mauvaise fortune à de simples suivantes, et
» qu'elles en fassent tout leur conseil en des extrémités
» où les plus sages n'en pourraient donner qu'avec bien
» des précautions... De sorte que, soit par le peu d'inté-
» rêt qu'elles (ces suivantes) ont au théâtre, soit par la
» froideur de leurs sentiments ou par le dégoût de leurs
» récits, on ne les écoute point; c'est le temps que les
» spectateurs prennent pour... reposer leur attention,
» ou manger leurs confitures (1). »

La critique est juste et piquante; mais le critique oubliait qu'il avait fait une loi de transporter sur la scène les mœurs des spectateurs, ou bien il ne s'apercevait pas que la cour de son roi était pleine de ces personnages sans personnalité, dont « le mérite était de n'être point des hommes, mais des échos, » prêtant à la volonté de leur maître « leur main, leur langue, leur approbation ou leur silence (2). »

7° Il faut éviter de faire débuter un acteur par des *demi-passions*. Les sentiments tout à fait modérés ou tout à fait violents réussissent mieux à l'ouverture d'un acte

---

(1) *Dissertation contre Sophonisbe*.
(2) M. Taine, *Etude sur Racine*.

ou d'une scène. D'Aubignac prétend que ce conseil a beaucoup d'importance, et il prie les poètes de n'en juger qu'après expérience faite.

§ 2. — *Les Discours.*

Aristote avait dit que l'étude des Discours était « l'affaire de la rhétorique ; » d'Aubignac pense qu'elle est aussi l'affaire de la Poétique dramatique. Les paroles, dit-il, ne sont pas distinctes de l'action au théâtre ; là, « parler c'est agir. » Il y a sans doute des paroles qui sont inutiles à l'action, la suspendent ou même la suppriment ; il y en a d'autres qui l'expliquent et la détaillent à l'esprit, et traduisent éloquemment les sentiments dont les faits sont le résultat. De nombreux événements se renouvelant de scène en scène, à peine notés en quelques mots, ne feraient pas la même impression qu'un « petit nombre d'incidents soutenus d'excellents discours. » C'est la deuxième fois que d'Aubignac fait cette remarque ; il y tient et avec raison. « L'action en effet est complexe, et tous les mo-
» ments en sont simultanés ; tous les détails se présen-
» tent aux yeux à la fois et les appellent également...
» Le discours est successif ; il s'arrête aux diverses phases
» de l'acte (1), » et aide l'âme à ordonner ses impressions et à en jouir. Il importe donc de traiter des Discours au point de vue dramatique.

D'Aubignac annonce qu'il va le faire dans l'ordre suivant : « Je considère, au théâtre, quatre sortes de discours :
» les Narrations, les Délibérations, les Discours didacti-
» ques ou Instructions, et les Discours pathétiques ou
» mouvements des passions ; à quoi je joindrai quelques
» considérations sur les figures. Au reste, » ajoute-t-il,
« je ne me mets pas en peine si cette division est entière-
» ment méthodique... ; je consens que chacun y ajoute

---

(1) M. Chaignet, *La Tragédie grecque*, p. 182, 183.

» ou qu'il y retranche. » Nous n'avons rien à y retrancher, ni même à y ajouter ; mais il nous semble que d'Aubignac aurait pu y ajouter lui-même un chapitre sur le Dialogue, une forme de discours généralement usitée au théâtre.

Des Narrations. — Les règles qu'il y faut observer sont au nombre de sept : elles se rapportent à l'étendue, à la matière, à la forme, aux récitateurs, aux auditeurs, au temps et au lieu desdites narrations. 1° Elles ne doivent pas être trop longues « de matière ou de paroles » surtout au dernier acte ; 2° Le sujet doit en être important ; 3° Elles peuvent être continues ou coupées, selon « que le poète veut découvrir ou cacher une partie de son sujet pour en former les différents actes de sa pièce ; 4° Elles peuvent être explicites ou implicites ; dans ce dernier cas, elles seront déguisées sous la forme d'exclamations, d'interrogations ou d'*a parte* ; 5° Le narrateur doit expliquer comment il connaît ce qu'il raconte ; s'il ne le dit pas, les spectateurs doivent le savoir ; 6° L'auditeur-acteur ne doit pas connaître ce qu'on lui raconte, sinon il jouerait le personnage ridicule d'un auditeur pour le compte d'autrui ; 7° Le lieu et le temps des narrations doivent être convenables et vraisemblables ; ainsi elles seraient déplacées au milieu d'une discussion passionnée, etc.

Ces règles sont sensées ; mais il y en a une qui vaut mieux et qui aurait dû les dominer toutes ; d'Aubignac l'a formulée plus haut : « Il ne faut point faire par récit ce que les acteurs peuvent faire par eux-mêmes. » Par conséquent il n'aurait pas fallu attacher tant d'importance à cette forme du discours dramatique, qui ne doit être employée qu'exceptionnellement ; il n'aurait pas fallu surtout donner la liberté de mettre en récit, non seulement les préliminaires du sujet, mais le sujet lui-même, de manière à former de ce récit les différents actes de la pièce. A ce compte, en effet, le poème dramatique ne serait plus qu'un poème narratif, récité par fragments et donnant cette impression « qu'il doit se passer quelque part quelque chose d'intéressant que le spectateur est mal placé pour voir (1). »

Des Délibérations. — Elles sont, au sentiment de d'Aubignac, « dangereuses » et peu dramatiques. Mais comme le grand succès de celle de *Cinna* avait tenté les imitateurs, voici les règles qu'il y faut observer : le sujet doit en être grand, extraordinaire, le motif pressant, les raisonnements proportionnés à la grandeur du sujet ; les opinions contraires doivent s'entre-croiser et ne pas se succéder tranquillement ; le style doit en être imagé, semé « de prosopopées, d'apostrophes et d'hypotyposes ; » enfin elles doivent être liées le plus étroitement possible à l'action.

Des Discours didactiques. — « Voici, » dit d'Aubignac, « une matière nouvelle en Art poétique....., je l'ai observée le premier. » Il ne l'a pas observée le premier, mais il la traite avec tant de bon sens, qu'il la renouvelle et la fait sienne. « J'entends, » dit-il, « par les Discours didactiques ou Instructions, ces maximes ou ces propositions générales qui renferment des vérités communes, » c'est à savoir les sentences. Comment va en parler le fidèle disciple de Scaliger ? Sans enthousiasme, presque avec sévérité. Il « pose pour assuré qu'elles sont ordinairement défectueuses sur le théâtre, » qu'elles sont nuisibles à l'intérêt dramatique et même inutiles à l'instruction. Il n'abandonne pas, en effet, son grand principe « que le théâtre doit enseigner ; » mais l'enseignement du théâtre ne doit pas être donné directement ; il doit résulter non pas même du dénouement, mais plutôt de ce que Corneille appelle « la peinture naïve du vice et de la vertu. » « L'action, » dit d'Aubignac, « si elle est bien expliquée et bien conduite, fait voir la force de la vertu brillant au milieu même des persécutions, et quand même elle y succombe ;

---

(1) Schlégel.

elle nous découvre toutes les déformités du vice, elle le punit souvent, et quand même il triomphe par violence, il ne laisse pas d'être en abomination...; c'est ainsi principalement que le théâtre doit être instructif. » Les spectateurs ne supporteraient pas qu'il le fût autrement : « J'ai toujours remarqué que le public ne souffre pas aisément, sur le théâtre, qu'un homme égaré du droit chemin rentre en son devoir par de beaux préceptes qu'on vient lui débiter. »

Faut-il cependant bannir de la scène les sentences ? Non. On peut les y conserver, mais à une condition : c'est qu'elles perdent tout caractère de généralité, c'est-à-dire qu'elles ne soient plus des sentences. Ainsi au lieu de dire : « La vertu est toujours persécutée, » il faut dire : « Pensez-vous que la vertu trouve aujourd'hui moins de persécuteurs que dans les siècles passés et que vous soyez plus privilégiés que les Catons ? » C'est plus long, mais plus dramatique. Ce qu'il faut surtout éviter, c'est le style didactique, imité ou renouvelé de Sénèque.

Scaliger avait dit, que les sentences sont le fondement de la tragédie ; d'Aubignac dit, « que les grandes vérités » qui sont le fondement de la vie humaine doivent être » la force du théâtre, » mais « qu'elles doivent se glisser imperceptiblement dans tout le corps du poème pour en faire comme les nerfs. » C'était la doctrine de Heinsius, exprimée avec autant de finesse et de fermeté que dans Balzac ; Corneille ne parlera pas mieux sur le même sujet.

Si d'Aubignac eût moins insisté, au début de son livre, sur l'utilité et l'«instruction » du théâtre, on ne pourrait pas lui reprocher d'avoir encouragé cette « tragédie de rhéteur et de conseiller d'Etat (1) » dont on s'est tant moqué de nos jours, et qui a sévi si longtemps sur la scène française.

C'est après ce chapitre sur les Discours didactiques que devait être placé, dans une deuxième édition de la *Pratique*, un chapitre nouveau sur les *Discours de Piété au Théâ-*

---

(1) Edel. du Méril : *Du Développement de la tragédie en France.*

tre. D'Aubignac les condamne pour les mêmes raisons qui ont fait condamner, au dix-septième siècle, l'introduction de la religion dans la poésie, et pour une autre raison qu'il ne dit pas et qui n'est pas à son honneur. Brouillé alors avec Corneille, il voulait d'abord effacer tous les éloges qu'il lui accordait dans la première éditition de son livre, et démontrer, en outre, qu'aucune de ses pièces n'était bonne, pas même *Polyeucte*, pas même *Théodore* qu'il avait cependant proclamée un chef-d'œuvre. Les héros en sont des chrétiens, des martyrs. Or cette « mode de mettre des martyrs sur la scène » est détestable. Elle ne peut être tolérée qu'à la condition d'observer les règles suivantes, que Corneille a méconnues :

1° Ne mettre jamais dans la bouche d'un païen ou d'un libertin des invectives contre la religion ou la fausse dévotion qui ne soient immédiatement et victorieusement relevées ; 2° Ne jamais employer des termes de théologie ; 3° Ne pas y mêler « les galanteries du siècle. » Corneille a manqué à ces trois règles dans *Polyeucte*, d'abord en faisant tenir par Stratonice « des propos atroces » contre le christianisme, auxquels personne ne répond suffisamment, ensuite en faisant disserter Néarque et Polyeucte sur la grâce, enfin en prêtant à Pauline et à Sévère une conversation « peu convenable. »

De ces trois reproches, le premier est faux, le second et le troisième singulièrement exagérés. Mais on ne me pardonnerait pas de défendre *Polyeucte* contre des reproches à peu près inédits de d'Aubignac ; il suffit de les avoir fait connaître.

Ce qu'il y a de plus remarquable, dans le chapitre des *Discours pathétiques ou Passions*, c'est le conseil, sur lequel nous nous sommes déjà expliqué, de « conformer habilement les passions des personnages à celles des spectateurs. » D'Aubignac ajoute ensuite qu'il faut que ces passions soient vraies dans leur cause, vraisemblables dans leurs effets, justes dans leurs motifs, opportunes dans leur manifestation. Quant à la manière de les exprimer, il faut les pousser à bout et les épuiser, mais en les conduisant de degré en degré et sans soubresauts jusqu'à leur explosion finale. Enfin il faut se garder de l'imitation trop exacte de la nature, qui, dans les manifestations de la passion, est souvent désordonnée et hideuse ; un homme ému n'est pas toujours beau à regarder ; il faut que, sur le théâtre, il garde une certaine beauté et qu'un désordre trop grand « n'affaiblisse pas précisément les marques extérieures de sa douleur. » Remarque excellente et digne d'un disciple intelligent des Grecs.

Des Figures. — Les passions s'expriment par figures. Or, au théâtre, tout étant ou devant être passion, « il ne faut rien exprimer sur la scène qu'avec figures. » — « Si les simples bergers qu'on fait paraître sur la scène portent des habits de soie et des houlettes d'argent, les moindres choses y doivent être dites avec grâce et avec des expressions ingénieuses. » Boileau dira plus tard que la poésie donne à tout un esprit, un visage ; d'Aubignac veut ici qu'on donne à tout un déguisement et un masque, des houlettes d'argent aux bergers et des métaphores à toutes les idées. C'est la théorie du style précieux et artificiel, — du style faux.

§ 3. — *Des spectacles et décors.*

Dans son *Projet pour le rétablissement du Théâtre*, d'Aubignac avait constaté l'insuffisance des décorations, et confié à l'intendant le soin de les rendre « dignes des desseins des poètes. » Mais comme la charge de l'intendant n'a pas été créée, il désespère de cette réforme, et conseille aux poètes de ne pas faire de pièces qui exigent une *mise en scène* compliquée et coûteuse : « Nos comédiens ne sont ni assez opulents ni assez généreux pour en faire la dépense, et leurs décorateurs ne sont pas assez habiles pour y réussir. » Cependant, comme tout est possible en

France, même la générosité des comédiens ou la nomination d'un intendant, « voici quelques réflexions qui contribueront peut-être à l'accomplissement » des pièces à machine et à grands spectacles.

Les spectacles sont de trois espèces : spectacles de choses, spectacles d'actions, spectacles mixtes de choses et d'actions. Encore peut-on dire que les uns et les autres peuvent être considérés comme miraculeux, naturels ou artificiels. » Les spectacles ou décors de choses sont permanents : un palais, une statue, la mer; les spectacles d'actions sont momentanés : la chute d'un personnage, l'incendie d'une maison. Les premiers doivent être nécessaires à l'action, honnêtes et décents, convenables au temps et au lieu où ils sont censés placés (c'est la règle de la couleur locale et de la vraisemblance acceptée pour le cadre, tandis qu'elle est rejetée pour le tableau). Quant aux seconds, il faut en être sobre, parce qu'ils sont dangereux pour les acteurs.

C'est sur ce témoignage de sollicitude pour les comédiens que se termine la *Pratique du Théâtre*.

VI

Après ce que nous en avons dit au cours de cette analyse, quelques mots suffiront pour conclure : « Tout n'y est pas inutile ou faux (1), » répéterons nous avec Egger, et dans une forme négative qui répond bien à l'impression qu'en laisse la lecture.

La théorie proprement dite y occupe trop de place, contrairement aux promesses du titre et aux déclarations préliminaires. C'est peut-être la logique qui a forcé d'Aubignac à « mêler l'art et le métier » qu'il avait cru d'abord

---

(1) « Tout n'est pas inutile ou faux dans la *Pratique*. Elle atteste un homme du métier, dépourvu de talent, mais qui avait beaucoup lu, beaucoup observé, et souvent avec intelligence » (*Hellénisme en France*, II, p. 106

pouvoir séparer ; c'est aussi, semble-t-il, l'ambition de compléter l'œuvre des théoriciens, ses prédécesseurs, qu'il juge insuffisante. Et cependant il ne fait souvent que la recommencer sans l'améliorer, — ce qui ne l'empêche pas de se donner des torts bien personnels, comme lorsqu'il commente la phrase d'Aristote sur le tour du soleil, lorsqu'il raisonne sur les stances, sur les figures, sur le nombre de fois qu'un même acteur peut paraître dans un même acte, lorsqu'il proclame l'impossibilité de faire accepter par les spectateurs une différence quelconque entre la durée de l'action et celle de la représentation, et qu'il avoue en même temps qu'il a vu beaucoup de spectateurs n'y faire aucune attention, ajoutant ainsi une nouvelle inconséquence à toutes celles qu'il emprunte à Chapelain. Il faut louer cependant la défiance qu'il témoigne pour certaines règles à la mode, notamment pour celle de l'enseignement moral au moyen des recettes ordinaires, son interprétation de l'idée de Scaliger sur le *minimum de matière*, l'importance qu'il attache aux développements psychologiques, ses sévérités pour les rôles de confidents, pour les délibérations, pour les sentences ; il n'y a pas même jusqu'à sa règle sur la nécessité de conformer les mœurs et les passions représentées aux mœurs et aux passions des spectateurs, qui ne révèle, malgré ses lacunes, un esprit hardi et pratique, qui sait voir les goûts réels du public sous ses goûts affichés, juger les poètes sur leurs œuvres plus que sur leurs prétentions et leurs programmes, et qui ose dire tout haut ce que tout le monde fait ou accepte sans l'avouer ou sans en avoir conscience. Il n'en reste pas moins inférieur à la tâche qu'il semble avoir entreprise sans l'annoncer, de donner une Poétique définitive ; il n'est pas plus philosophe que Scaliger, Chapelain, La Mesnardière ou Sarrasin.

Quant à la partie pratique de la *Pratique,* elle a un tort général qui résume et explique tous ses torts particuliers : elle est encore trop théorique.

L'abbé d'Aubignac avait eu la bonne fortune de rencontrer une idée juste, et nouvelle au moins dans l'importance qu'il lui donnait, à savoir que les facultés spéculatives ne sont pas les seules qui aient besoin d'éducation et qui en soient capables. Personnellement, il était tout préparé, par ses études, sa connaissance intime du théâtre ancien et moderne, ses succès et même ses échecs dramatiques, à devenir l'éducateur des facultés pratiques des poètes ; rien ne manquait à son expérience, pas même les sifflets. Il ne sut pas profiter de ses avantages, ou, plutôt, il voulut en tirer un trop grand profit. Il pouvait donner des conseils utiles ; il prétendit donner une science complète, fixe et précise, — comme si l'expérience, ou la *pratique*, n'était qu'une science ayant une réalité objective, distincte de son sujet et pouvant se transmettre d'esprit à esprit ; — comme si, à part quelques principes fixes et d'une médiocre utilité d'ailleurs, elle n'était pas ondoyante et diverse autant que l'homme à l'égard de qui elle sert et qui s'en sert, et ne devait pas être découverte à tout instant, au fur et à mesure des besoins. D'Aubignac veut former le bon sens ; mais le bon sens n'est pas une *capacité* qu'il faille remplir, c'est une *faculté*, une force qu'il faut développer par des exercices appropriés et rendre capable d'agir seule, spontanément et rapidement, au milieu de l'infinie variété et complexité des difficultés et des problèmes qui l'attendent. Si elle a besoin de recourir à ses cahiers, à ses règles, à son maître, elle manque à sa fonction ; la culture qu'on lui a donnée l'a diminuée et affaiblie : il aurait mieux valu qu'elle restât en friche. *Ut antea vitiis, ità nunc legibus laboramus*, pourraient dire les élèves de d'Aubignac qui auraient appris et qui voudraient retenir la longue liste de ses observations et de ses recettes numérotées, étiquetées, méthodiquement distribuées en chapitres et paragraphes, formant un manuel du parfait poète, à l'usage des poètes sans initiative, un *guide-âne* en un mot pour les esprits toujours mineurs, con-

damnés à ne jamais sortir de tutelle. On ne peut pas nier que, parmi ces observations, il y en ait de sensées ; mais l'auteur les présente avec trop de solennité et attache à chacune beaucoup trop d'importance. « Il semble, à l'ouïr
» parler, que ses Règles sont les plus grands mystères
» du monde ; et cependant ce ne sont que quelques obser-
» vations aisées que le bon sens a faites... Et le même
» bon sens qui a fait autrefois ces observations les fait
» aisément tous les jours (1). » Le poète qui ne pourrait pas les faire lui-même, et qui aurait besoin qu'on les fît pour lui, aurait surtout besoin qu'on lui dise :

Soyez plutôt maçon, *car* c'est votre talent.

Voilà ce que d'Aubignac ne semble pas avoir compris, et ce qui fait l'inutilité et l'erreur de la plupart de ses conseils pratiques. Où donc peut être l'utilité de son œuvre ? Dans quelque chose que notre analyse a dû forcément négliger, bien que la *Pratique* en soit toute pénétrée, dans les exemples cités à chaque ligne pour autoriser quelque règle ou quelque recette. La règle et la recette sont parfois contestables, mais l'exemple est bon à étudier comme il est étudié là, sans aucune préoccupation de la beauté littéraire, avec le seul souci des détails techniques, des secrets de la composition, ou, pour parler comme Scaliger, de la fabrication dramatique. La beauté, c'est l'affaire du talent et du génie, et d'Aubignac ne tient école que de bon sens. Il s'attache donc à rechercher l'œuvre du bon sens dans l'œuvre du génie ; il examine comment le sujet a été choisi, la vraisemblance gardée, comment les incidents ont été préparés, les « semences des péripéties futures » jetées dans un mot en apparence inutile, les scènes liées, les éléments de l'action concentrés dans le cadre des trois unités, etc., etc. Le chef-

(1) Molière, *Critique de l'Ecole des femmes.*

d'œuvre dramatique est démonté morceau à morceau, ses ressorts intérieurs sont découverts, détachés les uns des autres pour être étudiés isolément d'abord, puis replacés dans l'ensemble pour qu'on saisisse l'harmonie et le mérite de leurs combinaisons. L'apprenti pénètre ainsi dans le travail le plus secret du poète ; il y assiste, et le refait pour son propre compte, mesurant ses facultés naissantes à celles des puissants et des forts, grandissant dans l'intimité familière des maîtres, et puisant dans cette expérience en commun ce que l'expérience peut donner, c'està-dire un bon sens plus avisé, un sentiment plus profond de l'importance de certains mérites réputés secondaires, l'intelligence de tout ce qu'il faut d'adresse, d'habileté, de prudence, de métier, en un mot, pour donner au talent toute sa valeur et à l'œuvre d'art tout son éclat. Pourquoi faut-il que le professeur patient et consciencieux qui préside à des exercices aussi utiles, aussi fortifiants, aussi pratiques, les termine toujours par la dictée de règles absolues, alors surtout qu'ils ont pu donner euxmêmes la preuve de la multiplicité et de la variété des moyens employés par la libre initiative des poètes ?

VII

Le dix-septième siècle eut de l'estime pour la *Pratique ;* Dacier l'appelait « une suite et un supplément de la *Poétique* d'Aristote (1) ; Boileau reconnaissait que son auteur « était fort habile en poétique (2), » et un écrivain qui a laissé un livre sur le *Théâtre français* où l'on peut voir l'écho de l'opinion publique, Chappuzeau, déclare que « M. d'Aubignac a très bien écrit du théâtre » et qu'il plaint « ceux qui n'ont pas lu la *Poétique* de Scaliger et la *Pratique du*

(1) Discours en tête de sa traduction de la *Poétique.* Mme Dacier trouvait aussi la *Pratique* « un ouvrage utile, où il paraît tant de belle érudition et tant de jugement » (Cité par Ménage, *Discours sur Térence*, 79).
(2) *Troisième réflexion sur Longin.*

Théâtre (1). » Les poètes la lisaient et en faisaient comme leur manuel. Quelques-uns s'en vantaient :

> Moi, je sais le *Théâtre* et j'en lis la *Pratique* (2).

Racine ne s'en vantait pas, mais il l'étudiait et l'annotait (3), et Corneille s'en préoccupait autant que des *Sentiments de l'Académie*, ce qui n'est pas peu dire (4).

Enfin « la *Pratique* n'a jamais été blâmée que des sots, » disait d'Aubignac (5) sept ans après sa publication. Ceci semblerait bien prouver tout au moins qu'il s'était produit quelques *blâmes*. Mais il est difficile de savoir lesquels ; Donneau de Visé, qui nous a transmis toutes les critiques et même tous les commérages dont les livres et la personne de d'Aubignac étaient l'objet, n'a rien trouvé à dire contre la *Pratique*, sinon qu'elle était « aussi théorique que pratique (6) ; » il est probable qu'il n'avait pas entendu faire d'autres reproches, car il n'aurait pas manqué de les rapporter.

Le livre faisait donc son chemin, accueilli avec reconnaissance par les uns, avec respect par tous. L'auteur en préparait une nouvelle édition, avec des corrections et des additions importantes ; il ne la publia pas (7). Mais une seconde édition, intégralement reproduite de la première, parut en 1715, à Amsterdam.

Les journaux littéraires du temps parlèrent longuement de cette publication ; mais leurs éloges, encore très vifs, sont mêlés de quelques réserves, sauf peut-être ceux des mémoires de Trévoux. La *Bibliothèque* de Le Clerc reproche à « l'auteur de la *Pratique* d'être un peu trop ri-

---

(1) *Le Théâtre français*, p. 109, 1674.
(2) Boursault.
(3) Voir aux appendices.
(4) Voir plus loin, art. VIII.
(5) *Dissertations contre Corneille*.
(6) Visé, *Défense de Sertorius*.
(7) Voir plus loin, livre III, note du § V.

gide sur les règles qu'il avait tirées des anciens, » et d' « expliquer » inexactement « leurs expressions (1). » Boileau disait aussi qu'il « ne savait que médiocrement le grec (2). » Le *Journal littéraire* attaquait avec une grande vivacité et une remarquable sagacité les chapitres sur les deux unités de temps et de lieu (3); mais il reconnaissait que l'ouvrage était toujours « fort estimé, » et il recommandait « à ceux qui veulent s'attacher à la poésie dramatique de le lire avec attention. » Le *Parnasse français*, résumant une tradition d'estime déjà longue, disait que « la *Pratique* est le meilleur ouvrage qui ait été composé sur ce sujet (l'art du théâtre) au jugement des critiques; il acquit à son auteur une grande réputation. » « Le temps, » ajoutait un autre compilateur de la même époque (4), « n'a fait que confirmer cette réputation. »

Le temps, hélas ! allait bientôt être plus cruel. Voltaire, dans son *Commentaire* sur Corneille, où cependant il se rencontre souvent avec d'Aubignac, parle avec une extrême irrévérence de la *Pratique* et de son auteur. La Harpe les exécute l'une et l'autre dans cette phrase brutale : « La *Pratique* est un lourd et ennuyeux commentaire d'Aristote fait par un pédant sans esprit et sans jugement, qui entend mal ce qu'il cite et qui croit connaître le théâtre parce qu'il sait le grec (5). » Ces disciples de Boileau ne sont pas moins sévères que Lessing, qui appelle d'Aubignac : « un pédant, qui très souvent ne savait pas ce qu'il voulait dire (6). » Il n'y a eu guère, parmi les derniers classiques français, que le bon Andrieux qui ait gardé pour lui un reste de considération : « On ne peut

---

(1) *Bibliothèque* de Leclerc, art. 6, p. 201.
(2) *Troisième réflexion sur Longin.*
(3) Voir aux appendices.
(4) Grand Dictionnaire de La Martinière.
(5) *Lycée*, tome VII, p. 329.
(6) *Dramaturgie*, édition et traduction de M. Crouslé, p. 377. Lessing en dit autant de Dacier, dans la même phrase.

nier, » dit-il, « que l'abbé d'Aubignac n'eût étudié l'art dramatique et qu'il ne fût un homme de bon sens (1). » Andrieux réparait l'ingratitude de La Harpe envers un livre qui consacre toutes les règles suivies par l'auteur du *Philoctète* français, et qui, en outre, ne témoigne pas d'une plus grande inintelligence du théâtre ancien que certaines pages du *Lycée*.

VII

La poétique de l'auteur de la *Pratique*, à part quelques exagérations que nous avons signalées, fut celle de son temps et de tous les temps classiques. Fut-elle celle de Corneille ?

Oui, disait d'Aubignac (2), qui accusait Corneille de lui avoir « escroqué » toute la doctrine de ses trois *Discours sur l'Art dramatique*, et c'est, à l'injure près, l'avis des critiques qui n'ont pas craint d'appeler Corneille « un disciple de d'Aubignac (3). » D'autre part, le même d'Aubignac accusait le même Corneille d'avoir « corrompu et changé toutes les *Maximes de la Pratique* (4), » ce dont convenait presque Corneille en déclarant qu'il avait, dans ses trois discours, contredit quelquefois « Messieurs de l'Académie et Monsieur d'Aubignac (5). » C'est aussi ce qu'ont pensé les critiques modernes qui ont vu dans ces

---

(1) Andrieux, *Revue encyclopédique*, tome XXII, p. 362. — « Andrieux a parfaitement démontré, » dit M. Barthélemy Saint-Hilaire (préface de la *Poétique* d'Aristote), « qu'Aristote n'avait point établi les trois unités, et que l'abbé d'Aubignac, à peu près seul, en était responsable. » Déchargeons la mémoire d'Andrieux d'une erreur qu'il n'a pas commise. Il n'attribue pas l'invention des deux unités à d'Aubignac ; il dit seulement que « d'Aubignac se l'attribue, » ce qui est parfaitement juste (Voir plus haut, p. 176).

(2) *Quatrième dissertation*.
(3) Faguet, thèse sur Métastase.
(4) *Dissertation sur Sertorius*, 283; et *Œdipe*, 13 (Recueil Granet).
(5) Lettre de Corneille à l'abbé de Pure, 25 août 1660.

Discours « une Poétique toute nouvelle (1), » différente par conséquent de celle de la *Pratique*.

Or il y a cela de piquant, que ces assertions contradictoires sont presque également vraies. Corneille poète, nous l'avons montré, peut, à un moment de sa vie, être appelé un disciple de d'Aubignac, ou, du moins, de la doctrine qu'enseignaient d'Aubignac et les théoriciens de Richelieu, — disciple moins enthousiaste que résigné, mais soumis en réalité, faisant dans ses préfaces remarquer sa soumission et s'en prévalant, ni plus ni moins que les auteurs raillés par La Piralière.

Mais Corneille théoricien prend sa revanche. Il avait dit un jour : « Savoir les règles et entendre le secret de les apprivoiser adroitement avec notre théâtre, ce sont deux sciences différentes (2). » C'est l'idée de d'Aubignac sur la différence de l'art et du métier; mais ce mot d' « apprivoiser » est une irrévérence que d'Aubignac ne se fût jamais permise, et qui trahit les vrais sentiments de Corneille à l'égard des Règles. Il vit toujours en elles « comme des monstres farouches (3), » et il leur témoigna un respect craintif, ou, pour employer une de ses expressions, « un respect ennemi (4), » qui ne désarma jamais et ne diminua qu'à la fin de sa vie, lorsque « cinquante ans de travail pour la scène » et de succès glorieux lui eurent donné plus d'audace. Alors il osa se révolter contre elles et contre leurs représentants officiels, « Messieurs de l'Académie et Monsieur d'Aubignac, » non cependant sans couvrir sa révolte de ruses normandes et de subtilités scolastiques.

Les *Sentiments de l'Académie* et la *Pratique* ne sont jamais nommés dans l'œuvre théorique de Corneille; et ce-

---

(1) M. Crouslé, *Etude sur Lessing*, p. 292.
(2) Epître dédicatoire de la *Suivante*, 1637.
(3) Lisle, *Essai sur les théories dramatiques de Corneille*, p. 35. 1852.
(4) *Othon*, vers 823.

pendant ils la remplissent; leurs expressions y sont reproduites, leurs arguments discutés, réfutés, raillés. On ne peut pas l'en isoler. Il faut la lire comme elle a été écrite, les *Sentiments* et la *Pratique* sous les yeux; on comprend alors pourquoi elle manque de clarté et de sérénité; elle n'est pas d'un penseur désintéressé : elle est d'un poète qui se venge ou se défend. C'est, par exemple, uniquement en faveur de son *Cid*, accusé d'invraisemblance dans le sujet et dans les proportions, que Corneille élève son étrange théorie des droits du poète contre la vraisemblance. Quoiqu'il reconnaisse quatre sortes de vraisemblance et qu'il s'attarde à les distinguer toutes du possible incroyable et de l'impossible croyable, il déclare qu'aucune d'elles n'est obligatoire dans le sujet; ceux qui l'ont ordonné ont « établi une maxime très fausse (1). » Est-ce qu'il est vraisemblable que Médée tue ses enfants, Clytemnestre son mari, Oreste sa mère? C'est cependant avec ces trois faits invraisemblables qu'on a fait des tragédies acceptées et applaudies depuis des siècles; on peut en mettre de pareils sur la scène, à la seule condition qu'ils soient vrais ou crus tels, qu'ils soient historiques ou légendaires; c'est seulement lorsque les faits sont inventés que la vraisemblance est obligatoire.

Mais faut-il les traiter d'une manière vraisemblable? On le peut, mais on n'y est pas obligé. Aristote recommande bien « de traiter les choses selon le vraisemblable; » mais il ajoute : « *ou* selon le nécessaire. » De cette disjonctive *ou* et de l'ordre différent dans lequel se trouvent placés « ces termes de vraisemblable et de nécessaire chez » le philosophe, qui tantôt dit : selon le nécessaire ou le » vraisemblable, et tantôt : selon le vraisemblable ou le » nécessaire, » le subtil Corneille tire cette conclusion, qu' « il y a des occasions où il faut préférer le vraisem- » blable au nécessaire, et d'autres où il faut préférer le

---

(1) *Œuvres*, I, 14, premier discours.

» nécessaire au vraisemblable (1). » Mais qu'est-ce que le nécessaire? Aristote ne l'a pas dit; Corneille le définit : « ce dont le poète a besoin pour arriver à son but ou pour y faire arriver ses acteurs; » définition qui donne au nécessaire une extension indéfinie, et ne limite à rien, semble-t-il, la liberté du poète. Mais voici que, par un brusque retour, le nécessaire qui dispense d'une règle, la plus raisonnable peut-être de toutes celles de la Poétique officielle, oblige à toutes les autres et notamment à celle des deux unités qui en est la plus arbitraire. « Le » poète a besoin de plaire selon les règles de son art...; » pour plaire selon les règles de son art, il a besoin de » renfermer son action dans l'unité de jour et de lieu : » cela est d'une nécessité absolue, indispensable... » « L'obéissance que nous devons aux règles de l'unité de » jour et de lieu nous dispense du vraisemblable (2). »

L'argumentation est attristante; heureusement elle n'est pas sincère; car, après s'être servi des deux unités pour échapper à la vraisemblance et les avoir proclamées nécessaires « d'une nécessité absolue et indispensable, » Corneille les sacrifie à leur tour. Il commence par les déclarer vénérables, surtout l'unité de temps, et par blâmer ceux qui « déclament » contre elles; puis il cherche « un accommodement » et propose d'étendre le temps à trente heures, et le lieu à l'enceinte d'une ville; enfin il conseille de ne marquer ni le temps ni le lieu, et de s'en rapporter sur ce point « à l'imagination des spectateurs (3), » qui n'est pas si exigeante que l'esprit des critiques. Grâce à ce « tempérament » final, les deux unités sont à peu près supprimées, et deviennent, comme on l'a dit, les deux nullités. Il est impossible de mieux « apprivoiser » une règle gênante, ni de s'écarter davantage de la *Pratique*.

(1) *Œuvres*, t. I, 83, édition Marty-Laveaux.
(2) *Ibid.*, 95, 84.
(3) *Ibid.*, 112, 119, 120.

Si maintenant nous passons en revue d'autres règles qui peuvent sembler secondaires au regard de celles-là, nous verrons bien quelquefois Corneille se rapprocher de d'Aubignac, comme par exemple lorsqu'il accepte la règle « nouvelle » de faire paraître ou connaître, dès le premier acte, les principaux personnages, lorsqu'il parle du danger des Sentences, lorsqu'il permet de laisser au dénouement le vice impuni. Mais combien plus souvent il se sépare de lui et le contredit! D'Aubignac veut que les personnages tragiques ne paraissent qu'une seule fois dans un même acte; Corneille se promet d'examiner cet intéressant problème, puis il le tranche dans le sens de l'affirmative, sans prendre la peine de le discuter. D'Aubignac exige que le nombre total des vers d'une tragédie ne dépasse pas quinze cents, car au delà de ce chiffre, le spectateur éprouve « un chagrin capable de faire oublier les plus agréables choses; » Corneille se félicite d'être allé jusqu'à deux mille, « sans avoir sujet de se plaindre qu'on ait montré trop de chagrin. » Pour le nombre des actes, d'Aubignac, fidèle à la tradition, en exige cinq; Corneille déclare qu'il ne voit pas la raison de cette règle. D'Aubignac exige que les scènes soient liées au moins par une de ces quatre sortes de liaison, « c'est à savoir, de présence, de recherche, de bruit, de temps. » Corneille disserte longuement sur ces quatre liaisons; il y en ajoute une autre, celle de vue; mais il conclut qu'elles ne sont toutes « qu'un ornement et non pas une règle. » D'Aubignac ordonne que « l'acteur qui récite les stances ait eu quelque temps suffisant pour y travailler ou y faire travailler; » Corneille raille spirituellement cette prescription et lui applique ces vers de Perse :

Nec nocte paratum
Plorabit qui me volet incurvasse querela.

D'Aubignac interdit, ou plutôt n'admet pas même comme possible le mélange du comique et du tragique;

Corneille confond les deux genres, bien que « cela soit sans exemple parmi les anciens. » Enfin d'Aubignac insiste sur le grand précepte de Scaliger, *argumentum sit quam brevissimum*, la simplicité du sujet et le minimum de matière ; Corneille croirait passer pour un esprit sec et sans invention, s'il ne donnait pas de l'étendue à son sujet, et s'il n'entassait pas les « incidents surprenants ; » il convient que le « poème » d'*Héraclius* « est embarrassé, » mais il déclare que dans *Sertorius*, qui comprend cependant quatre ou cinq « intrigues, » « le sujet est simple, » etc., etc.

Corneille théoricien n'est donc pas un disciple de d'Aubignac. Il a bien pu *escroquer* une partie de la *Pratique*, mais pour la *corrompre* et la contredire, pour émettre à son occasion et à son encontre une doctrine nouvelle. Par son audacieuse négation de la vraisemblance, son interprétation captieuse des deux unités, son dédain pour d'autres règles particulières, il se montre le fauteur d'une forme dramatique différente de celle que réglementait d'Aubignac. Si ses pièces furent un moment orthodoxes, ses opinions définitives furent des « hérésies. » C'est lui-même qui le dit, et il dit vrai (1).

Racine ne connut pas ce combat entre le poète et le théoricien, il n'y eut pas deux hommes en lui, du moins en matière dramatique. Il fut un régulier, et c'est lui qui pourrait plutôt être appelé un disciple de d'Aubignac, s'il ne paraissait d'abord inadmissible qu'un tel disciple ait accepté un pareil maître. Il est certain cependant qu'il a lu sa *Pratique*, et avec attention, puisqu'il l'a annotée. Ces annotations, il est vrai, ne sont pas très favorables à d'Aubignac : ce sont des démentis donnés sur un ton irrespectueux. Mais, outre qu'ils portent sur des questions de

---

(1) D'Aubignac ne s'y trompait pas ; en 1663, il lui reprochait d'avoir nié la règle de l'unité de lieu dans ses *Discours* : « Il ne tient pas que l'unité de lieu soit nécessaire dans un poème dramatique » (*Dissertation sur Sophonisbe*).

détail, l'irrévérence envers les maîtres s'allie très bien, chez les esprits ironiques et souples comme celui de Racine, avec la soumission à la doctrine. Or, entre la doctrine enseignée par d'Aubignac et le système dramatique suivi par Racine, les rapports sont si nombreux et si évidents, qu'il est à peine besoin de les signaler. Ces tragédies savantes, où tout est réfléchi et voulu, où les plans sont si simples et si « peu chargés de matière, » l'entrée et la sortie des personnages toujours motivées, les unités scrupuleusement observées, les scènes liées, où le sujet le plus exceptionnel et le plus éloigné des mœurs du temps en prend cependant les couleurs, où les princesses, même Phèdre, ne doivent pas avoir « des sentiments trop bas et trop noirs, » où les rois, même l'époux de Phèdre, ne doivent pas être, ni se croire trompés, parce qu'ils seraient « moins agréables aux spectateurs, » où les jeunes princes enfin, même le farouche Hippolyte, doivent être amoureux et galants pour plaire *aux petits maîtres*, ces tragédies ne sont-elles pas en grande partie conformes aux Règles qu'avait tracées d'Aubignac?

Il ne faudrait pas cependant exagérer l'honneur que cette conformité peut valoir à l'auteur de *la Pratique*. Ces lois, sauf une ou deux, il n'avait pas été seul à les enseigner ; elles avaient eu, au dix-septième siècle, d'autres représentants, moins complets peut-être et moins ardents que lui, quoique aussi pédants, mais dont l'unanimité fut nécessaire pour soumettre les esprits. En outre, on ne peut attribuer à ces lois le mérite des pièces de Racine, à moins de les rendre responsables de celles de Campistron et de celles de d'Aubignac lui-même. Or, c'est le cas de le répéter ici, ces lois

n'ont mérité
Ni cet excès d'honneur, ni cette indignité.

En littérature, les lois ont leur importance, mais elles en ont moins que ne le croient les législateurs. Elles peuvent créer ou imposer des formes, mais elles les laissent vides. Ce que les poètes y mettent appartient en propre aux poètes. Il n'y a rien, dans *Athalie*, que puisse revendiquer d'Aubignac, comme il n'y a rien dans *Zénobie* qu'il puisse répudier.

LIVRE DEUXIÈME

D'AUBIGNAC AUTEUR DRAMATIQUE

I. Liste des pièces auxquelles il a collaboré et dont il est l'auteur. — Courte analyse de *Cyminde*, de la *Pucelle d'Orléans*, de *Sainte Catherine*. — II. *Zénobie* : l'action, le caractère, le style. — Un imitateur de *Zénobie*.

I

« Je parlerai une autre fois des cinq ou six poèmes » dramatiques dont vous avez conduit le sujet ; et, bien » qu'ils soient ensevelis dans les ténèbres, je les déter- » rerai pour faire leur procès (1). » Le contemporain de d'Aubignac, Donneau de Visé, qui prenait ce menaçant engagement, eut le bon esprit de ne pas le tenir : c'est à nous qu'était réservée cette tâche. Acquittons-nous en de notre mieux, c'est-à-dire aussi sommairement que possible.

Et d'abord, combien y a-t-il de poèmes dramatiques imputables à d'Aubignac ? Visé dit cinq ou six ; mais, à en croire, — et je veux l'en croire, — d'Aubignac lui-même, il y en aurait moins : « Quels sont, » dit-il, « ces cinq » ou six poèmes dramatiques ? Je ne les connais pas. On » m'en a montré plusieurs, dont j'ai dit mes sentiments » qui n'ont pas été suivis ; j'ai donné l'ouverture de quel-

---

(1) Apostille à la *Défense de Sophonisbe* (Granet, p. 391).

» ques sujets que l'on a fort mal disposés ; j'ai, d'autres
» fois, fait en prose jusqu'à deux ou trois actes ; mais l'im-
» patience des poètes, ne pouvant souffrir que j'y misse la
» dernière main, et se présumant être assez forts pour
» achever sans mon secours, y a tout gâté. *J'en ai même
» donné trois en prose* à feu M. le cardinal de Richelieu,
» qui les fit mettre en vers ; mais les poètes en changè-
» rent tellement l'économie, qu'ils n'étaient plus recon-
» naissables. Enfin, *Zénobie* est la seule pièce dont j'ai été
» le maître, au sujet, en la conduite et au discours ; c'est
» la seule que j'avoue, et que je n'aurais pas fait néan-
» moins, sans l'exprès commandement de cet incompa-
» rable ministre à qui les rois et toute l'Europe n'ont pu
» résister ; et si c'est une folie de jeunesse, je puis dire
» qu'il en a bien fait faire d'autres à de plus habiles que
» moi (1). »

Voilà qui est tout à fait leste et digne d'un gentilhomme de lettres qui ne s'est occupé d'écrire des pièces qu'en manière de passe-temps et pour faire sa cour à son maître. D'Aubignac critique traite légèrement d'Aubignac auteur dramatique : nous allons voir qu'il n'a pas tort.

Dans les lignes que nous venons de citer, il avoue qu'il est l'auteur de quatre pièces complètes, dont il ne nomme que la quatrième, *Zénobie* ; il reconnaît, en outre, qu'il a collaboré à quelques autres, et qu'il en a fait jusqu'à « deux ou trois actes. »

Parmi ces dernières, il faut compter *la Belle Palène* et *Didon la Chaste* de Boisrobert, et le *Manlius* de Mlle Desjardins. Ce sont trois tragédies romanesques, dans le goût de l'*Aveugle de Smyrne*. D'Aubignac n'était pas des « cinq poètes, » mais il était leur ami, leur conseiller, et il avait leur esprit, ou plutôt l'esprit de leur maître. *Palène* est une belle princesse recherchée en mariage par les plus illustres princes de la Grèce, mais destinée par son père à

(1) *Quatrième Dissertation.*

celui d'entre eux qui sera vainqueur dans la course des chars; les vaincus paieront de leur vie la témérité de leurs prétentions. Ces conditions sont agréées de Clyte et de Dryante; Clyte, le préféré de Palène, s'assure la complicité du cocher de son rival; il est vainqueur. Sa trahison n'est découverte qu'après le supplice de Dryante, lequel toutefois ressuscite à temps pour sauver son rival de la mort et Palène du veuvage; lui-même épouse Hyparine, sœur de Palène.

Cette pièce resta toujours chère au souvenir de d'Aubignac, et il la citait, dans sa *Pratique*, comme un modèle bon à étudier, et en demandant pardon « de s'alléguer lui-même (1) : » il ne fit jamais cet honneur à *Zénobie*.

Didon la Chaste (2) semble d'abord une tragédie historique; elle affiche même la prétention de venger l'histoire des altérations de la poésie : la reine de Carthage s'y montre fidèle à la mémoire de son premier époux; elle monte sur le bûcher et se poignarde pour échapper à l'amour de Iarbas, roi de Gétulie. Mais cette réhabilitation de la femme calomniée par Virgile est moins d'un historien soucieux de la vérité que d'un lecteur de l'*Astrée* heureux de rencontrer, dans l'Afrique de l'an 880 av. J.-C., une princesse qui vit et meurt selon les lois de l'*Académie des Vrais Amants* (3).

Le *Manlius* de Mlle Desjardins (4) n'a aucune prétention historique; il est, au contraire, l'application la plus audacieuse qui ait jamais été faite du droit de n'emprunter aux personnages historiques que leurs noms. Manlius est condamné à mort, non pour avoir désobéi à son père Torquatus, mais pour l'avoir supplanté dans le cœur de la

---

(1) *Pratique*, p. 84, édition 1715.
(2) Cf. Corneille (préface de *Sophonisbe*), affirmant la collaboration de d'Aubignac à cette tragédie. Cf. M. Bizos, *Etude sur Mairet*.
(3) Fondée, en 1624, par des lecteurs de l'*Astrée*.
(4) 1662. D'Aubignac avoue sa collaboration dans sa *Quatrième Dissertation.* — Cf. Tallemant, tome X.

belle Omphale. — Nous voilà bien loin de l'histoire ! C'est, d'ailleurs, le plus grand tort de cette pièce, sortie de la collaboration d'une femme d'esprit et d'un homme d'expérience, de garder encore quelque chose de l'histoire. L'action en est intéressante et bien conduite ; le style, fréquemment imité de Corneille, a parfois de la grandeur et de la fermeté (1). Si les noms en étaient empruntés à l'*Astrée*, nous ne serions pas étonnés du succès qu'elle obtint au moment de son apparition. Pourquoi ce guerrier amoureux et jaloux s'appelle-t-il Torquatus ? Voilà ce qui nous paraît aujourd'hui inexplicable et insupportable.

Les quatre pièces dont l'abbé d'Aubignac fut seul l'auteur sont : *Cyminde* et *La Pucelle*, publiées ensemble en 1642 (2) ; *Sainte Catherine*, dont le texte original ne se trouve plus (3), et *Zénobie*, publiée en 1647 (4).

(1) Voir aux appendices.
(2) L'authenticité de ces pièces n'est pas douteuse. D'abord, l'éditeur raconte qu'il les avait fait imprimer sans connaître le nom de l'auteur ; mais celui-ci, averti par un ami, s'était fait connaître d'une manière bien désagréable : il avait fait procéder à la saisie de tous les exemplaires. « J'appris, par ce moyen, que les deux pièces étaient de l'abbé Hédelin. » L'abbé, cependant, se radoucit et consentit à leur publication ; « mais ce fut à la charge qu'elles ne seraient pas publiées sous son nom ; en quoi je lui tiens parole, ce me semble, car je ne le nomme ici que par honneur et pour le remercier de la faveur qu'il m'a faite. Nous ne sommes pas dans un siècle où sa profession ait dû l'empêcher de donner quelques heures de son étude à des ouvrages de cette qualité. Et comme il les avait faits pour obéir à une personne de grande et éminente condition, on ne considérera pas moins la puissance de cette cause que l'excellence de ses effets. » — *La Pucelle* est, en outre, précédée d'une préface de l'auteur, tout à fait dans le ton et l'esprit de l'auteur de la *Pratique*, et elle contient, au quatrième acte, une flatterie à l'adresse des Brézé, qui ne peut être que du précepteur du duc de Fronsac.
(3) Je n'en ai vu que la traduction en vers, dans deux éditions : l'une faite à Caen, en 1649, chez Eléazar Maugeant, sans nom d'auteur, in-12 ; l'autre à Troyes, 1700, avec cette mention : « Tragédie de M. d'Aubignac. »
(4) D'après La Vallière, il y aurait une cinquième pièce de d'Aubignac, et celle-ci en vers. On lit, en effet, dans son *Catalogue*, t. III, p. 181 : « *L'Heureux prodigue*, comédie en cinq actes, en vers, manus-

Toutes les quatre sont en prose. Il paraît que d'Aubignac partageait l'avis de Chapelain sur l'invraisemblance des vers dans la poésie dramatique; il n'en dit rien dans sa *Pratique*, mais il avait traité la question dans une préface de *Zénobie*, que l'éditeur, à son grand désespoir, ne put *lui arracher des mains* : « Plains, lecteur, » nous dit-il, « plains la perte que tu fais d'un avant-propos qui contenait l'apologie de la prose contre les vers (1). »

Trois de ces tragédies en prose furent cependant mises en vers par des poètes qui ne partageaient pas les opinions de l'auteur, mais qui admiraient son œuvre et la respectèrent, quoi qu'en dise d'Aubignac, au point de n'y introduire aucun changement « soit au dessein, soit en l'économie, soit aux pensées (2), » la traduisant phrase à phrase, avec un scrupule et une fidélité que n'avaient pas toujours à cette heure les traducteurs des anciens. C'est en vers qu'elles furent représentées, et, « avec un favorable succès, » nous dit l'éditeur du texte en prose.

Cyminde, ou les *Deux victimes*, est l'histoire d'une femme qui se substitue à son mari, désigné pour être sacrifié à

---

crit; paraît original, de la main même d'Hédelin d'Aubignac; il vient de sa bibliothèque. » — Nous n'avons pas pu retrouver ce manuscrit.

(1) D'Aubignac a tenu à nous faire savoir que sa préférence pour la prose ne venait pas de son impuissance à faire des vers : « Quand il me plaît, j'en fais qui ne déplaisent pas... Si j'avais voulu les appliquer à diverses tragédies que j'ai faites en prose, pour justifier à M. le cardinal que je connaissais la justesse et la beauté des règles, peut-être n'auraient-ils pas eu moins d'applaudissements que *Zénobie* » (*Dissertations contre Corneille*). — La tragédie en prose avait, au dix-septième siècle, d'autres partisans que d'Aubignac et Chapelain : le Toulousain La Serre d'abord, le plus fécond de tous, et aussi Du Ryer et Scudéry, qui firent, le premier une *Bérénice*, le second une *Axiane* en prose, avec une préface à l'appui, où ils se félicitaient d'avoir renoncé aux vers (Cf. *Frères Parfaict*, t. VI, p. 263 et 283).

(2) Préface de l'éditeur, Targa. *Cyminde* fut versifiée par Colletet; la *Pucelle*, par Benserade ou La Mesnardière. Chappuzeau (*Théâtre français*, p. 116) et Barbier (*Dictionnaire des anonymes*) tiennent pour La Mesnardière; Boyer (*Bibliothèque universelle*) et la plupart des bibliographes, pour Benserade. La Vallière (tome III, p. 22) tient pour tous les deux, mais incline du côté de Benserade.

Neptune, mais que Neptune sauve de la mort en récompense de son dévouement. Le sujet est simple et tient facilement dans le cadre des deux unités. Il y laisse même du vide ; mais l'auteur achève de le remplir, d'abord en ajoutant une narration de douze pages sur l'origine des sacrifices humains en Coracie, le royaume imaginaire où se passe l'action, ensuite en renouvelant jusqu'à trois fois la scène principale, celle où les deux époux se disputent l'honneur de mourir. Cette répétition a des conséquences fâcheuses : Cyminde et Arincidas, n'ayant plus rien de nouveau à se dire, échangent des pensées comme celles-ci. Cyminde vient de déclarer qu'elle mourra avec courage :

ARINCIDAS. — « Vos pleurs contredisent vos paroles, madame ! »

CYMINDE. — « Mes pleurs et mes soupirs sont les enfants de mon amour et non de ma faiblesse. »

ARINCIDAS. — « J'avouerai bien qu'Amour les a conçus, mais confessez, madame, que la faiblesse les enfanta. »

A côté de ces deux précieux, analysant froidement leurs larmes et leurs émotions, il faut mentionner un autre personnage, non moins étonnant, à savoir, le roi de Coracie. Ce roi est un brave homme qui veut du bien à Arincidas et cherche un moyen de le sauver ; il croit l'avoir trouvé en faisant publier, dans tout son royaume, que celui qui consentira à mourir à la place d'Arincidas obtiendra une statue ! Cette offre ne tente personne, ce dont le bon roi s'étonne et s'irrite : « ... Que je ne trouve
» pas un homme qui s'offre pour vous, et tout ensemble
» pour mon Etat ! Que la gloire d'avoir une statue n'en
» puisse émouvoir aucun d'eux ! Quand j'y pense, j'entre
» en fureur contre mes propres sujets comme contre mes
» ennemis. Voilà, certes, un effet bien notable du destin
» des grands qui travaillent incessamment pour les peu-
» ples soumis à leur ministère ! Ils souffrent infiniment
» dans la presse des affaires publiques, ils se consument
» dans les fatigues de la guerre, ils exposent cent fois

» leur vie dans les combats pour le bien d'un Etat; et
» si, puis après, ils ont besoin du peuple, on ne connaît
» plus leur nom, leurs vertus, ni leurs exploits. » Les
grands sont bien malheureux en Coracie... et bien naïfs !

La *Pucelle* est une tentative plus haute que ce roman
héroïque et sentimental; son titre indique toutes ses prétentions : « *La Pucelle d'Orléans*, tragédie en prose, selon
la vérité de l'histoire et les rigueurs du théâtre (1). »
D'Aubignac a écrit une préface pour nous faire comprendre combien était difficile cette conciliation entre la vérité
historique et les rigueurs dramatiques, et combien ingénieux sont les moyens dont il a usé pour y parvenir.
« L'histoire de la Pucelle, » dit-il, « est admirable pour
une épopée, parce qu'elle est pleine d'événements qui se
firent tous dans le cours d'une année; » mais elle est très
difficile à mettre au théâtre, parce que les événements ne
peuvent tenir « en huit heures ou un demi-jour. » Voilà
une première difficulté; en voici une autre : « La Pucelle
fut jugée par des évêques et autres ecclésiastiques, ce que
le théâtre ne peut souffrir. » L'auteur énumère encore
d'autres difficultés qui viennent les unes des règles du
drame, les autres de l'histoire; puis il conclut : « Voici
comment j'ai pensé que l'on pouvait les éviter toutes. »
c'est bien simple, en effet : il supprime le drame et l'histoire quand il ne peut pas les accommoder *aux rigueurs
du théâtre*, dont il ne supprime rien. Ainsi il met en narrations toute « l'histoire de Jeanne, » sa vocation, ses combats, ses victoires, sa mort, et il n'en représente qu'un
épisode : sa comparution devant ses juges; et ces juges
ne sont pas des prêtres, mais des soldats. Ce « conseil des
juges » étant la grande machine dramatique de la pièce,
l'auteur s'en sert deux fois, sans craindre de se répéter.
Cependant deux séances d'un conseil de guerre et des ré-

---

(1) Voir, dans les *Frères Parfaict*, tome III, la liste des pièces de
théâtre antérieurement consacrées à Jeanne d'Arc.

cits ne peuvent remplir cinq actes ; comment remplacer la matière que les Règles ont fait supprimer, et « faire jouer le théâtre ? » D'Aubignac n'hésite pas ; il s'adresse à ce qui faisait alors vivre et *jouer* le Théâtre français, à l'Amour : « Pour y mettre une intrigue qui donnât le » moyen de faire jouer le théâtre, » dit-il, « j'ai supposé » que le comte de Warwick était amoureux de Jeanne et » sa femme jalouse ! » Cette jalousie sera la cause principale de la condamnation et de la mort de Jeanne. Et voilà ce que devient la divine histoire de Jeanne la Pucelle entre les mains de cet ami des règles et de l'exactitude historique : une banalité romanesque !

Grâce à l'addition de cet « heureux épisode, » les cinq actes de la *Pucelle* sont à peu près remplis ; le premier et le second par deux conversations entre Jeanne et Warwick, le troisième et le quatrième par les deux conseils des juges, le cinquième par le récit du supplice de Jeanne.

C'est dans ses conversations avec Warwick que Jeanne trouve moyen de raconter toute son histoire, depuis son départ de Domrémy jusqu'à la bataille de Compiègne. « Tu m'aimes mal, » dit-elle au comte. « Ah ! ce n'est pas ainsi que j'étais aimée dans le camp des Français, alors que j'y arrivais... (un récit), que j'y combattais... (des récits), que j'y triomphais » (autres récits). La Pucelle de d'Aubignac excelle dans l'art des transitions et des prétéritions ; elle accroche un récit et une description au moindre prétexte, au moindre incident de conversation. Elle est aussi prodigieusement érudite et éloquente. On lui parle des droits du roi d'Angleterre sur la couronne de France, elle répond par une conférence (de six pages) sur la loi Salique ; on l'accuse de sorcellerie, elle disserte sur la sorcellerie : « Me nommer magicienne et en » demeurer là, c'est me dire une injure et non m'accuser. » Que n'avez-vous instruit de vos satellites pour soutenir » qu'ils m'ont vue souvent au milieu des ténèbres, cou-

» rir tout échevelée et sans ceinture, fouiller dans les sé-
» pultures des morts, couper en murmurant des herbes
» empoisonnées, chercher des serpents sous les ruines
» des vieux palais, obscurcir l'éclat de la lune et mettre
». toute la nature dans le trouble et l'effroi ! »

Le duc. — « Voyez qu'elle est savante en cet art détestable ! »

Aux reproches qu'on lui fait de ses prétendues tentatives d'évasion, cette « fille savante » répond : « Le désir
» de la liberté est un mouvement naturel, non seulement
» aux hommes, mais encore aux animaux, et vous n'en
» pouvez faire un crime sans accuser la nature, la raison
» et les lois. » C'est le plan de toute une conférence sur
la liberté.

La Pucelle de la tragédie emprunte bien quelques paroles à la Pucelle de l'histoire, mais elle les gâte en les amplifiant. L'une avait dit : « Avant sept ans, Anglais perdront la France; » l'autre dit : « Oui, généreux Dunois, tu n'es qu'au commencement de tes victoires; oui, La Hire, oui, Xaintrailles, je vous vois marcher sur ses pas !... Oui, fameux Brézé, je te vois le premier, à main armée, chasser Sommerset et remettre en l'obéissance de ton prince vingt villes dans le cours d'un soleil ! »

L'auteur de la *Pucelle* se souvient qu'il est le précepteur d'un Brézé. Mais il se souvient aussi qu'il est l'ami de Chapelain. Jeanne va saluer celui qui s'était donné la mission d'être son Homère. « Voyez-vous pas *la* bronze et
» le marbre qui portent en mon image les marques sen-
» sibles de mon innocence et de votre infamie ? Voyez-
» vous pas un temple élevé à la conservation de ma
» gloire ? Mais encore, parce que les superbes monuments,
» les métaux et les pierres rencontrent quelquefois leurs
» chutes, à peine deux siècles seront-ils écoulés, qu'un
» prince illustre, digne héritier du nom et des vertus hé-
» roïques du vaillant Dunois, établira l'immortalité de

» ma gloire par un ouvrage immortel où se conservera
» pour jamais l'histoire de ma vie. »

Le duc. — « Vaine espérance qu'un démon trompeur lui suggère ! »

Malheureuse Pucelle ! c'est en effet un *démon trompeur* qui lui suggère l'espoir de revivre dans l'œuvre de Chapelain. Elle périra deux fois, « ensevelie la seconde fois dans le triomphe que Chapelain lui ménageait dans son poème (1), » sans parler du supplice que d'Aubignac lui ménage dans sa tragédie (2).

Nous ne dirons qu'un mot de *Sainte Catherine*, qui ne nous est connue que par la traduction d'un versificateur anonyme. Catherine est une princesse chrétienne d'Alexandrie, que l'empereur Maximin veut convertir au paganisme et épouser. L'impératrice Valérie, à la nouvelle qu'elle est ainsi menacée d'abandon et de divorce, et sous le coup de la douleur qu'elle éprouve d'abord, sent se réveiller dans son âme les sentiments chrétiens qu'elle avait abjurés pour « ceindre la couronne. » Son repentir et la fierté virginale de Catherine sont d'accord pour braver Maximin et confesser hautement la foi chrétienne. L'empereur, furieux, envoie les deux femmes au supplice. Valérie expire en invoquant le Christ ; mais, ô merveille !

---

(1) M. Wallon, *Jeanne d'Arc*, II, 365.

(2) On peut citer ce fragment de dialogue entre les juges de Jeanne ; ils se font part mutuellement des dispositions qu'ils apportent au « conseil » qui va s'ouvrir :

CAUCHON.

« Moi j'ai déjà mon avis, comme il est nécessaire à l'Etat. »

MIDE.

« Il n'y a pas lieu de délibérer quand il faut sauver tout un peuple ou une accusée. »

Le poète qui a versifié l'œuvre de d'Aubignac traduit ainsi :

CAUCHON.

Je veux régler le mien pour l'Etat, non pour elle.

MIDE.

Moi je serai bon juge, étant sujet fidèle.

Ce que c'est que le style ! Mide, qui n'est que brutal quand il parle en prose, est presque spirituel quand il s'exprime en vers.

l'épée qui la frappe se brise au contact de Catherine. Les soldats ramènent la jeune fille à Maximin, qui tente alors un suprême effort. Il fait apporter sur deux bassins un sceptre et un couteau, et dit : Choisissez ! — Catherine, après avoir adressé un discours au sceptre et un autre au couteau, choisit ce dernier, qui, cette fois, ne se brise plus.

Il y a un peu plus d'action dans cette pièce que dans la *Pucelle*, ce qui n'est pas beaucoup dire ; mais cette action est double, et l'intérêt, — si j'ose me servir de ce mot, — se divise entre deux héroïnes, contrairement « aux rigueurs de la Règle » de l'unité. Mais n'insistons pas sur une pièce dont le texte authentique ne nous est pas connu, et arivons enfin, pour l'analyser avec détail, à cette *Zenobie*, la seule de ses œuvres dramatiques que d'Aubignac consentit à reconnaître, et dont il disait avec orgueil, vingt ans après sa représentation, que le comte de Fiesque l'avait comparée à *Cinna* (1).

II

Il se vante, ici encore, d'avoir « conservé la vérité de l'histoire. » S'il dit vrai, sa tragédie doit être au nombre des plus intéressantes, car c'est vraiment une étrange et bien dramatique destinée que celle de cette Zénobie, reine de Palmyre, qui tint longtemps en échec les forces des Césars, agrandit son empire aux dépens du leur, conquit sur eux l'Asie Mineure et l'Egypte et sembla sur le point de reconstituer en Orient la domination d'Alexandre ! Belle et chaste, tout entière absorbée par l'ambition et l'amour de la gloire, elle partageait sa vie entre le gouvernement de ses Etats et le culte des lettres. Elle avait fait de sa capitale une ville luxueuse rappelant, au fond des déserts, les merveilles de la Babylone de

---

(1) *Dissertations contre Corneille.*

Sémiramis. Sa cour était ouverte aux savants et aux philosophes. Elle lisait Homère et Platon, composait une histoire d'Alexandre, comblait le rhéteur Longin de dignités, et discutait de théologie avec l'évêque d'Antioche, Paul de Samosate. Cette haute et brillante fortune s'effondra tout d'un coup. En une campagne, l'empereur Aurélien lui enleva toutes ses provinces et la réduisit à s'enfermer dans sa capitale. Là, protégée par ses remparts et ses machines de guerre, Zénobie comptait pouvoir attendre les secours des Perses, ses alliés, et fatiguer par une longue résistance les Romains, peu habitués au climat des déserts. Sommée de capituler, elle avait répondu sur un ton plein de fierté. Malheureusement, les secours qu'elle attendait n'arrivaient pas, et les vivres diminuaient dans la place. Zénobie décide alors d'en sortir et d'aller elle-même chez les Perses pour y chercher moins un refuge qu'une armée nouvelle. Mais elle est arrêtée dans sa fuite par les soldats d'Aurélien, et faite prisonnière. L'empereur, devant qui elle est amenée, lui demande : « Comment as-tu osé outrager la majesté des empereurs romains ? — Je te reconnais pour empereur, répondit-elle avec une délicate fierté, toi qui as su vaincre ; les autres ne l'étaient pas ! » L'armée exigeait sa mort ; Aurélien la condamna à vivre et à figurer à son triomphe, le cou, les mains et les pieds chargés de chaînes. Elle finit ses jours dans une petite villa près de Tibur (1).

Tel est le fonds historique où d'Aubignac puisa le sujet de sa tragédie. Certes, « c'était le fonds qui manquait le moins, » on peut le dire ici. La cour fastueuse de Palmyre, la vie des camps dans le désert, une femme souveraine dans un pays où les femmes sont les esclaves de l'homme, les humiliations de la chute et de la captivité succédant aux splendeurs de la royauté, quelle riche ma-

---

(1) Cf. M. V. Duruy, *Histoire des Romains*, VI, 385 et suiv., que je n'ai fait que résumer.

tière à mettre en tragédie, et comme un vrai poète aurait pu en tirer parti ! Voici ce qu'en a fait d'Aubignac :

La pièce commence à Palmyre à la fin du siège, quand la situation de la ville est désespérée. La reine a mandé chez elle de grand matin deux de ses généraux, Timagène et Zabas, avec l'ordre formel de s'y présenter tous deux ensemble et à la même heure. Les deux soldats se rencontrent à la porte de l'appartement royal et se demandent ce que signifie cette singulière convocation. Leur secret serait-il trahi ? car ils ont un secret ; ils se l'étaient mutuellement confié il y a quelque temps, mais en jurant devant les dieux, et malheureusement aussi devant une suivante de la reine, prise comme témoin, de l'ensevelir à jamais au fond de leur cœur : ils aiment Zénobie d'un amour respectueux et muet, qui les fait rivaux et les laisse amis. Ces nobles chevaliers tremblent que la reine n'ait appris cet amour ; les dangers de la patrie les occupent moins que celui-là. Mais la reine paraît et les rassure : « Chers et glorieux confidents, en mes adversités présentes comme en mes prospérités passées, » leur dit-elle, « il ne faut point ici vous dépeindre quelle je fus autrefois et quelle je suis maintenant ! » Il ne faut point le faire, mais elle le fait au moyen de cette hypocrite et insupportable figure de rhétorique appelée prétermission. Elle leur rappelle donc, à ces compagnons de sa vie, comment elle a perdu tous ses Etats, comment elle a été réduite à la seule ville de Palmyre et comment enfin elle vient d'être insultée par une lettre brutale d'Aurélien, qui la somme de se rendre. Timagène s'étonne de tant de dureté de la part d'un homme qui naguère « avait voulu persuader qu'il aimait Zénobie ; » il conseille d'ailleurs à sa souveraine, de concert avec Zabas, de résister jusqu'au bout. « Incomparables et généreux protecteurs d'une princesse affligée, » leur dit la reine, qui décidément aime l'apostrophe, « si les dieux n'ont absolument juré ma perte, vous relèverez mon trône ! » Ceux-ci protestent en effet de leur dévouement à son trône et à sa personne, et ils la quittent pour aller, l'un tenter une sortie à la tête de l'armée, l'autre veiller sur la ville et le palais.

La suivante de Zénobie, Iléone, la félicite d'être servie par de tels hommes, et, croyant la consoler, elle lui livre leur secret. Le premier sentiment de la royale amazone, en apprenant cet amour téméraire, est tout à la dignité blessée : « Me voilà donc tombée, » s'écrie-t-elle, « dans le dernier précipice où la fortune me pouvait engager ! » Et elle veut donner l'ordre de chasser de Palmyre les deux coupables. — « Mais qu'ont-ils fait ? » lui observe Iléone, qui ne comprend rien à cette colère; « est-ce qu'ils sont criminels ? » — « S'ils le sont ! » réplique Zénobie, « oui, puisqu'ils attentent à la liberté de leur reine ! » Cependant, elle reconnaît que ce n'est pas l'heure de les punir, et elle ajourne sa vengeance.

Le second acte s'ouvre par les lamentations d'une jeune fille sur le déplorable résultat de la sortie tentée par Zabas et sur la défaite de l'armée palmyréenne. Cette jeune personne, qui a d'excellents principes dramatiques, et qui sait qu'un personnage doit tout de suite se faire connaître des spectateurs, s'écrie à la fin de son monologue : « Où fuiras-tu, Diorée, fille d'Iléone ? » Nous voilà fixés ! A ses plaintes succèdent celles de la reine, qui s'écrie : « Fut-il jamais sur la terre une personne contre qui les dieux aient fait paraître tant de courroux ? » Et elle fait part à Iléone de ses terreurs : « Mais, » lui dit celle-ci, « que devez-vous craindre du vainqueur ? »

ZÉNOBIE. — « Tout : une honteuse mort, l'opprobre du triomphe, le massacre de mes enfants, la désolation de Palmyre et la servitude de mon peuple. »

ILÉONE. — « D'un homme qui vous a désirée pour épouse ? »

ZÉNOBIE. — « D'un homme que j'ai méprisé dans ce vain projet, comme un indigne villageois de la Pannonie. »

ILÉONE. — « D'un homme qui verra Zénobie ? »

Zénobie. — « D'un homme qui porte un cœur de barbare. »
Iléone. — « D'un Romain ? »
Zénobie. — « D'Aurélien. »
Iléone. — « D'un empereur. »
Zénobie. — « D'un tigre altéré de sang ! »

Vaincue, elle ne croit pas à l'amour d'Aurélien. Ses protestations d'autrefois étaient mensongères, puisqu'il ne s'est pas laissé battre : « Si j'avais eu cet avantage sur son cœur, j'en aurais eu quelqu'un sur sa fortune ; les armes d'un amant ne seraient pas toujours victorieuses contre celle qui pourrait être nommée sa maîtresse. » Et elle déclare qu'elle veut mourir pour apaiser les destins, donner la paix à ses sujets, assurer ce qui reste de sa couronne à ses enfants, et *sauver sa gloire*. « Puisque nous le pouvons encore, mourons en souveraine ! » Iléone s'efforce de la détourner de ce dessein, lorsque Timagène arrive, porteur d'une nouvelle qui va changer la face des affaires : Aurélien a été fait prisonnier par les Palmyréens. L'auteur même de cet exploit, le capitaine Cléade, en raconte toutes les circonstances dans une longue narration où il trouve moyen d'adresser un mot flatteur aux Français du dix-septième siècle dans la personne de leurs ancêtres, les Gaulois, qui combattaient dans les rangs des Romains et qui, dit-il, « nous ont fait tout le mal. » Mais c'est à peine si Zénobie a le temps de se réjouir : Zabas vient annoncer que le prisonnier de Cléade n'est qu'un simple soldat dont « la ressemblance d'âge, de taille et de poil » avec l'empereur a un instant abusé tout le monde. Cependant il laisse l'erreur se répandre dans la ville pour y relever les courages abattus et permettre à la reine de s'enfuir vers l'Euphrate sans exciter les soupçons. Zénobie refuse d'abord de quitter la ville ; elle ne veut rien, que mourir ! Elle finit pourtant par céder à ses conseillers ; elle s'éloignera. Mais avec qui ? demande-t-elle. — Avec Zabas, reprend Timagène ; — avec Timagène, répond Zabas. — Et les deux guerriers amoureux et chevaleresques se disputent l'honneur de rester à la ville, au poste périlleux, et de sacrifier la joie d'accompagner et de défendre la personne de leur reine. C'est Zabas qui l'emporte dans ce combat généreux, et qui obtient de rester ; mais il somme Timagène de ne pas abuser de ses avantages : « Qu'il vous souvienne, » lui dit-il noblement, « que vous serez seul avec la reine, et que je combattrai ici nos ennemis. »

Le troisième acte ne contient que trois scènes. La première, qui est la plus longue et la moins dramatique, est une conversation entre Iléone et sa fille Diorée. J'y relève ces deux traits : Diorée s'étonne que Zénobie les ait laissées toutes deux à Palmyre et ne les ait pas fait suivre avec elle. « Si l'on doit participer aux disgrâces des princes, il faut que ce soit auprès de leurs personnes, car ils ne sont jamais entièrement malheureux ! » Cette jeune fille est pratique, et trouve moyen, à travers l'emphase tragique et la préciosité du langage qu'on lui fait parler, de placer un mot juste et naturel, digne d'une camériste qui n'oublie pas ses intérêts.

La mère en dit un autre aussi remarquable. Diorée lui fait part des craintes que lui inspire, pour sa vie et son honneur, la brutalité des soldats vainqueurs : « Apprenez, » lui répond Iléone, « que Mars ne s'approche jamais de notre sexe avec la fureur, ou bien il ne la garde pas longtemps. » Iléone parle comme si elle s'appelait Léonie, et comme si elle avait reçu des leçons de mythologie d'un militaire français.

Zabas survient, blessé à mort. — Il a cependant la force de raconter l'insuccès de sa seconde sortie et de ses derniers efforts, et d'expliquer qu'il a voulu mourir dans le palais de Zénobie. Il expire en proférant ces dernières paroles : « Je donne mon sang à Zénobie, mes prétentions à Timagène, mon nom à la gloire de la postérité ! » Pendant ce temps, Aurélien s'empare du palais, et fait rechercher la reine. — « Je n'ai rien gagné si je la perds, » dit-il, moitié en amoureux que d'anciens espoirs reprennent, moitié en général qui craint tout encore de Zénobie libre et vivante.

Mais, au commencement du quatrième acte, il apprend qu'elle est prisonnière. Marcellus, général de la cavalerie romaine, s'était mis à sa poursuite et avait rejoint son escorte du côté de l'Euphrate. Un combat furieux s'était engagé. « Dans le combat, » raconte-t-il, « je m'imaginai
» reconnaître les armes que Timagène avait en la bataille
» d'Emèse ; je l'appelle donc par son nom, et je lui pro-
» mets toutes les conditions honorables. Je me nomme
» aussi pour lui donner quelque croyance ; mais la personne
» qui portait ces armes ne me répond qu'à coups d'épée :
» elle vient à ma voix et nous combattons quelque temps ;
» mais, aussitôt, un cavalier de sa suite se précipite entre
» nous deux, couvre de son corps celui que je prenais pour
» Timagène, et tous les autres s'étant fait immoler aux
» pieds de leur reine, ces deux-ci nous restent seulement
» à vaincre. »

Aurélien. — « Aux pieds de leur reine ? »

Marcellus. — « Oui, seigneur, c'était Zénobie qui com-
» battait sous les armes de Timagène même, moins remar-
» quable par ses armes que par ses actions, qui s'était venu
» jeter entre elle et moi. Nous les pressons à la Romaine,
» et ils résistent de même ; mais Timagène reçoit un coup
» dans le bras qui lui fait tomber l'épée. Alors, pour sauver
» la reine, qu'il ne pouvait plus défendre, il s'oppose à tous
» les traits qu'on lui tire, à tous les javelots qu'on lui pré-
» sente, à toutes les épées qui la menacent ; enfin son
» habillement de tête est brisé de coups, et je le recon-
» nais. Il s'écrie : « Au moins, sauvez la reine ! » et puis
» il tombe mort à ses pieds, tout couvert de sang et de
» plaies. »

Aurélien. — « Cruelles et généreuses marques de sa
» valeur et de sa fidélité ! »

Marcellus. — « Ainsi nous arrêtons Zénobie seule et

» sous les armes de Timagène, lasse de combattre et
» désespérée d'être vivante. »

A la fin de ce récit, le plus dramatique de la pièce, la reine, qui a quitté les habits de guerrière, se présente devant son vainqueur. Cette entrevue est la scène principale, la *scène à faire*; d'Aubignac a dû y mettre tous ses soins : donnons-lui une large place dans cette analyse.

Aurélien, en voyant entrer Zénobie, admire sa grâce et sa majesté; puis, lui adressant la parole : « Madame, » lui dit-il, « j'aurais grand sujet de plaindre votre malheur,
» et je le ferais avec beaucoup de ressentiment si les Ro-
» mains n'en avaient encore davantage de se plaindre de
» vous; mais, si le devoir de l'humanité m'oblige de
» compatir à la douleur d'une reine, la dignité que j'ai
» dans l'empire m'empêche d'oublier la rébellion que
» vous avez commise; cherchez donc la consolation de vos
» maux dans leur cause; ne vous en prenez pas au vain-
» queur, mais seulement aux dieux qui punissent juste-
» ment les coupables; et, si vous condamnez la faute que
» vous avez faite, vous pourrez bien absoudre Aurélien et
» sa fortune. »

ZÉNOBIE. — « J'ai toujours estimé qu'il était de la sa-
» gesse de révérer ceux que les dieux élèvent en quelque
» éminente et célèbre prospérité, pourvu que la généro-
» sité n'y soit point offensée : elle fléchit un peu par mo-
» destie, et toutefois elle demeure inébranlable. La splen-
» deur de votre couronne est augmentée de celle que j'ai
» perdue; mon sceptre est passé dans vos mains; je sau-
» rai bien vous respecter autant que la vertu me le permet,
» et souffrir constamment. Je vous reconnais donc, Auré-
» lien, pour empereur, parce que vous avez su vaincre,
» et que les dieux, favorisant vos armes, autorisent vo-
» tre grandeur, et je ne vous mettrai pas au rang d'Au-
» réole, de Galiénus et des autres, dont les vices et les
» lâchetés ont contaminé le trône. Mais ne m'accusez
» point; je vous prie. Si je suis coupable devant les Ro-

» mains, c'est seulement parce qu'ils sont plus heureux
» que moi ; tous ceux qu'ils ont subjugués ont perdu de
» même leur innocence en perdant leur bonne fortune ;
» et si j'avais examiné les motifs de cette guerre et les
» moyens dont vous vous êtes servis, vous ne seriez pas
» innocents, ni moi coupable ! Mais il n'appartient pas
» aux vaincus de condamner les vainqueurs : et, pour vous,
» Aurélien, contentez-vous d'accuser ma fortune et n'ac-
» cusez point ma vie. »

Aurélien. — « Que cette femme agite puissamment
» mes esprits ! »

Il faut avouer que les esprits d'Aurélien sont faciles à agiter, et que d'autres resteraient froids devant cette subtile et compassée raisonneuse.

— « Ah ! madame, » reprend l'aimable et sensible guerrier, « si vous eussiez autrefois été favorable à l'affection
» d'Aurélien, vous ne seriez pas maintenant aux termes
» de vous plaindre de la fortune, ni de justifier votre
» vie. »

— « Me justifier, » réplique la reine ; « mais qu'ai-je fait
» contre les lois et contre la vertu ? »

Aurélien. — « Contre les lois ? Où trouvez-vous qu'el-
» les autorisent dans la conduite de la guerre un sexe à
» qui la nature n'a permis de faire des conquêtes qu'avec
» les yeux ? » Zénobie réplique que si les lois le défendent c'est tant pis pour les lois, puisqu'elles méconnaissent les faits : « La souveraineté des femmes est d'autant plus
» juste que la nature leur en a donné les caractères sur
» le visage et les commencements dans le respect de tous
» les hommes. »

Cette reine d'Orient oublie les harems de son pays, et croit être évidemment, non pas dans le camp d'un empereur romain, mais dans un hôtel de Rambouillet, en face d'un capitaine à la Montausier. Elle est d'ailleurs excusable, Aurélien parlant lui-même un langage qui peut autoriser son erreur. Celui-ci finit cependant par la menacer et par l'engager à se montrer plus humble, ne serait-ce que pour ménager un vainqueur. « Qui ne veut rien de » son ennemi ne cherche pas à lui plaire, » réplique la fière amazone.

AURÉLIEN. — « Ces outrages détruisent tout ce que vos » beautés avaient déjà fait pour vous en mon âme... Ren-» trez dans votre cabinet, et, là, vous saurez mes inten-» tions. »

ZÉNOBIE. — « Il est facile de les prévoir et (en soi-» même) de les prévenir, » c'est-à-dire de mourir.

Cette scène termine le quatrième acte. Le cinquième a cet avantage, sur beaucoup de cinquièmes actes de cette époque, qu'il n'est pas narratif et qu'il met sous les yeux la catastrophe. La rhétorique n'y perd rien cependant. Il s'ouvre par une conversation entre Zénobie et Iléone sur la mort et les vertus de Zabas et de Timagène. « Pleure et » soupire, Zénobie, » se dit la reine à elle-même, « souf-» fre autant pour leur mort qu'ils ont souffert pour t'en » garantir. Que ton âme sorte par tes yeux en les regret-» tant, comme la leur est sortie par leurs plaies en te » protégeant !... Mais serait-il possible que la douleur de » leur perte me découvrît quelques mouvements favora-» bles à leurs désirs ?... les ténèbres de la mort pourraient-» elles bien allumer le flambeau de l'amour ? »

Ce singulier monologue, à peine coupé par quelques complaisantes interjections et interrogations d'Iléone, est tout entier consacré à l'analyse du sentiment nouveau qu'elle ressent pour ses deux serviteurs, sentiment qui est « plus que de l'amitié et moins que de l'amour. » Mais quel est-il donc? Au bout d'un quart d'heure au moins (cinq pages) de distinctions et de raisonnements, elle renonce à résoudre ce problème psychologique, pour se préparer à mourir. On lui apprend qu'Aurélien la réserve au triomphe ; sa résolution, annoncée depuis le deuxième acte, est enfin arrêtée : elle va se tuer. Elle demande à voir ses enfants avec l'idée de les frapper avant elle et de les soustraire ainsi à l'esclavage qui les attend. Mais elle n'a pas le cœur d'accomplir ce farouche dessein ; deux fois ses mains maternelles laissent tomber l'arme levée, et deux fois le monologue recommence : « Mourons ! oui, mourons ! J'aurai cet avantage en mourant comme les Romaines, qu'elles n'auraient jamais vaincu les Romains comme moi ! » Enfin, elle se frappe, meurt et se tait. L'amoureux Aurélien, dans un premier moment de douleur, veut se tuer ; mais bientôt il se console et finit même par se féliciter de ce dénouement, qui le délivre d'une passion désagréable à ses prétoriens et qui lui aurait fait commettre quelque sottise.

J'ai essayé de m'en tenir à l'analyse de la pièce, mais je pense qu'elle est déjà jugée. Ce n'est pas une pièce, c'est une narration en cinq actes, contenant à peine deux péripéties : l'erreur de quelques minutes, qui fait croire à la capture de l'empereur Aurélien, et la tentative de Zénobie pour s'échapper de Palmyre. Dès le second acte, tout l'intérêt se réduit à savoir si Zénobie se tuera ou si elle ne se tuera pas. « Je veux mourir ! » déclare-t-elle au second acte ; elle ne dit guère autre chose au quatrième et au cinquième ; et si elle ne le dit pas au troisième, c'est qu'elle n'y paraît pas. Enfin elle se tue, en disant ces mots qui jugent la conduite de la pièce : « Les grandes actions ne doivent pas être si longtemps délibérées. »

Les caractères sont à la hauteur de l'action. Aurélien est un empereur de salon, qui a lu Balzac et Voiture ; Timagène et Zabas sont deux héros de l'*Astrée*, égarés en Syrie ; leur amour est un épisode inutile qui encombrerait la pièce, s'il ne l'égayait. Zénobie enfin est une Précieuse, une rhétoricienne pédante et pincée, qui n'a rien de commun avec la reine de l'histoire, si brève, si digne et si adroite dans ses réponses. C'est une reine de théâtre. Elle se tue parce qu'il est convenu, au théâtre, que rien n'est plus vulgaire que la résignation au malheur et la fin paisible d'un bourgeois, et parce qu'un héros qui a été sublime pendant sa vie ne doit pas être vulgaire dans sa mort. Son attitude toujours solennelle, toujours sublime, répond ainsi aux habitudes romanesques du commencement du dix-septième siècle, et, en même temps, à cet idéal de dignité royale, familier à l'imagination des poètes et particulièrement à celle du grand Corneille. Qu'on me pardonne ce rapprochement : *Zénobie* n'est pas « la femme de *Cinna* » comme le disait d'Aubignac et le croyaient peut-être quelques-uns de ses amis; mais elle est la parente, — parente éloignée si l'on veut, — de ces reines de Corneille, qui parlent toujours de leur gloire, de leur naissance, de leur couronne, semblent toujours en représentation, même auprès de leurs confidentes, et s'écrient à tout instant :

..... Je sais vivre et mourir en reine.....
Un roi né pour la gloire et digne de son sort,
A la honte des fers sait préférer la mort.....
Quand il en sera temps, je mourrai pour ma gloire.

Seulement la reine de d'Aubignac meurt trop tard pour sa gloire et notre plaisir.

Quant au style de cette étrange tragédie, il est évidemment le résultat de la théorie exprimée dans la *Pratique* : « Il ne faut rien dire au théâtre qu'avec figures... Si la poésie est l'empire des figures, le théâtre en est le trône (1) ! » Apostrophe, prosopopée, ironie, exclamation, hyperbole, interrogation, imprécation, toutes les figures qu'il énumère lui-même, toutes celles qu'il recommande d'étudier dans Scaliger, il s'est escrimé à en illustrer sa prose, et il a réussi, à grands frais, à la rendre absolument insupportable.

Zénobie eut quelques représentations (2); il n'est pas sûr qu'elle n'ait pas eu quelque succès. On connaît le mot

---

(1) *Pratique du Théâtre*, liv. IV, ch. VII.
(2) Probablement en 1640. Chapelain écrit, le 6 avril de cette année, qu'il est allé voir *Zénobie*. Il n'ajoute, d'ailleurs, aucun commentaire.

de Condé : « Je sais bon gré à l'abbé d'Aubignac d'avoir si bien suivi les règles d'Aristote ; mais je ne puis pardonner à Aristote d'avoir fait faire une aussi mauvaise tragédie à l'abbé d'Aubignac. » J'aime à croire que le prince était l'interprète de tous les spectateurs. Cependant l'éditeur de la pièce affirme qu'elle reçut beaucoup « d'applaudissements au théâtre. » Et, chose étonnante, il n'est pas le seul à rendre ce témoignage ; il en est jusqu'à deux autres que je puis nommer : le comte de Fiesque d'abord, qui appelait *Zénobie* « la femme de *Cinna*, » et Donneau de Visé, qui tout en répondant que *Cinna* « eût été bientôt veuf, » reconnaissait que *Zénobie* avait vécu quelques jours, et avait, « en quelque façon, réussi sur le théâtre (1). » Quoi qu'il en soit, près de vingt ans après la première représentation, elle reçut un hommage qui dut être bien sensible à l'auteur : elle fut imitée. Il est vrai que l'imitateur, un nommé Magnon, était ou devint à peu près fou (2). Le gazetier Loret l'appelle :

> Un des forts auteurs de nos jours,
> Un des favoris du Parnasse,
> Qui pouvait égaler un Tasse,
> Magnon, esprit tout plein de feu (3) :

Cet esprit tout plein de feu était, j'imagine, ce qu'on appelle aujourd'hui une tête brûlée ; il avait conçu le plan d'une *Encyclopédie poétique* en dix volumes de vingt mille vers chacun ; « mais si bien conçue, » disait-il lui-même, « et si bien expliquée, que les bibliothèques, lecteur, ne te serviront plus que d'un ornement inutile. »

Ce fut ce rêveur qui remit *Zénobie* au théâtre, et la fit jouer par la troupe de Molière. Il demande pardon à d'Au-

---

(1) *Défense de Sophonisbe* (Recueil Granet, 357).

(2) Il y a une autre *Zénobie* d'un certain Montauban (1650) ; mais le sujet en est différent : c'est celui que traita, plus tard, Crébillon dans sa pièce de *Radamiste et Zénobie* (Cf. *Frères Parfaict*, VII, 263, 269).

(3) Loret, 13 décembre 1659.

bignac de la grande audace qui lui a fait porter une main téméraire sur ce chef-d'œuvre : « Voici ma *Zénobie,* » dit-il, « si toutefois elle est plus à moi qu'au fameux abbé d'Aubignac, qui, l'ayant autrefois mise en prose avec un si beau succès, ne peut voir qu'avec confusion que j'en ai altéré les principales beautés. » Que pouvait être la *Zénobie* de d'Aubignac privée « de ses principales beautés (1)? » « Une admirable chose, » répond le gazetier Loret, qui a pourtant la bonne foi d'avouer qu'il ne l'a pas encore vue ;

Avec raison je le suppose,

ajoute-t-il. Il vaut mieux en effet le supposer que d'y aller voir. Sachez seulement que cette « admirable chose » ne réussit pas, et que Magnon en eut tant de chagrin qu'il renonça au théâtre et se consacra tout entier à son *Encyclopédie.*

Telles sont les œuvres dramatiques de d'Aubignac. Elles se ratachent par leurs caractères, leur origine, leur destination, à l'œuvre de la Brigade ; elles complètent l'histoire du théâtre à la cour de Richelieu, et, à ce titre, elles peuvent arrêter un moment l'attention des érudits. Mais on comprend que, dès 1663, elles fussent oubliées, et qu'il fallut du courage à Donneau de Visé pour « les déterrer. » L'imagination n'était pas la faculté maîtresse de notre auteur ; la critique lui convenait mieux que la pratique.

(1) Cf. l'analyse qu'en donnent les *Frères Parfaict*, tome VIII, p. 328 à 331. Magnon avait ajouté deux personnages : Odenie, fille de Zénobie, aimée secrètement par Timagène, qui cependant laisse croire à Zabas que c'est toujours de la reine qu'il est épris ; et Martian, le soldat romain fait prisonnier à la place d'Aurélien. Cette dernière péripétie a paru si heureuse à Magnon, qu'il l'a reproduite une deuxième fois en faisant d'abord arrêter Iléone à la place de Zénobie.

LIVRE TROISIÈME

D'AUBIGNAC CRITIQUE DRAMATIQUE

I. Sa critique du théâtre ancien. — II. Sa double critique de Corneille dans la *Pratique* et dans ses *Quatre Dissertations*. — III. *Dissertation contre Sophonisbe*. — IV. *Dissertation contre Sertorius*. — V. Résumé des deux dernières dissertations.

I

C'est surtout de D'Aubignac critique dramatique qu'on peut dire qu'il s'est « jeté à tout. » Il n'y a guère de pièces dans le théâtre ancien qu'il n'ait rencontrées et jugées au cours de sa *Pratique*. On ne nous pardonnerait pas cependant de relever tous ces jugements et de les apprécier : la tâche serait énorme et l'intérêt nul. Nous connaissons assez le juge pour connaître déjà l'esprit et la portée de ses arrêts. Rappelons seulement que c'est à la régularité des œuvres qu'il mesure leur beauté. C'est ainsi qu'il condamne sans hésiter une partie du théâtre d'Eschyle et d'Aristophane, parce que « Eschyle était encore dans le dérèglement » et que « Aristophane s'est entièrement abandonné aux désordres de l'ancienne comédie. » Ce qui ne l'empêche pas d'affirmer énergiquement que, parmi les poèmes de ce même Eschyle et de ce même Aristophane, comme parmi ceux de Sophocle, d'Euripide, de Plaute, de Térence, de Sénèque, « il n'y en a pas un dont l'action ne soit renfermée dans l'espace d'un demi-jour. » Assertion étrange, contraire aux faits les plus évidents, mais qui est une des preuves les plus décisives qui existent de la puissance d'aveuglement d'un préjugé (1). C'est à travers une idée arrêtée d'avance que d'Aubignac étudiait les faits ; c'est pourquoi il passait sa vie à ne pas voir ce qu'il regardait, et mettait toute son ardeur et ses efforts à se tromper. Ce fut d'ailleurs le malheur, à quelques exceptions près, de toute la critique du dix-septième siècle, de ne pas étudier les faits en eux-mêmes, et de ne les estimer que par leurs rapports avec un système accepté *a priori*. « En général, » a dit Egger, « la critique du dix-septième siècle connaît peu l'histoire littéraire ou ne sait pas en profiter (2). »

D'Aubignac cependant avait eu un jour la perception assez nette de ce que doit être la véritable critique. Dans un chapitre de son *Térence justifié*, intitulé précisément « De la bonne et de la mauvaise critique, » il avait opposé à la critique étroite et pédante « des grammairiens, scoliastes et glossateurs » pleine « d'inepties et d'ordures, » « vraie chicane de la République des Lettres, » à peine digne de l'estime qu'on accorde à « un esclave, à un valet, » la grande critique historique, s'élevant à l'intelligence des œuvres par l'étude des institutions « des vieilles cérémonies de religion, des coutumes de politique, » par « de longues méditations sur les restes illustres des peuples, » et ne tirant ses conclusions qu'après une enquête générale sur « la jurisprudence, la politique, la morale, la philosophie, etc., etc... » « Mais, » ajoutait-il, « que peu de gens la connaissent, et que peu s'en servent sérieusement ! »

Lui-même, qui avait eu le mérite de l'entrevoir, ne s'en

---

(1) Métastase a dressé une liste des pièces grecques et latines où ne sont pas observées les deux unités. — Cf. *Métastase critique* de Faguet.
(2) Egger, *Hellénisme en France*, II, 114.

servit jamais sérieusement. Il la « connut » lorsqu'il « devina que l'*Alceste* d'Euripide pouvait bien être un drame satyrique, chose qu'a précisément démontrée la découverte d'une didascalie de cette pièce (1); » il la connut surtout lorsqu'il exposa le sens du mot *épisode*, dans la division de la tragédie donnée par Aristote, et le rôle du chœur dans le développement du Théâtre grec. Montrant une connaissance et une intelligence de l'antiquité qui avaient manqué à Scaliger et à beaucoup d'autres, il rappelait que le chœur et l'éloge de Bacchus avaient composé d'abord toute la représentation tragique, et que ce fut plus tard qu'un sujet étranger, des légendes nouvelles s'y introduisirent et y occupèrent une place de plus en plus grande. Ces histoires ou légendes, qui sont le fond même des tragédies d'Eschyle, de Sophocle et d'Euripide, se sont appelées *épisodes* et ont gardé ce nom, « non par » rapport à leur sujet, mais par rapport à quelque autre » chose qui subsistait sans elles, et à laquelle elles sont » survenues hors la cause de son institution (2). » Voilà qui est bien « déduit; » et voici qui l'est encore mieux. La présence du chœur eut, sur la manière dont furent représentées ces légendes, une influence qu'il faut comprendre : « c'est le fondement... et la lumière de toutes » les règles de ces poèmes. » Le chœur fut, en effet, comme le facteur inconscient de la tragédie grecque ; c'est par sa présence sur la scène que s'expliquent, dit d'Aubignac :

1° Le petit nombre des monologues : il y aurait eu invraisemblance à parler haut et longtemps devant des témoins nombreux, qui ne devaient pas entendre.

2° Le petit nombre de scènes sanglantes : les témoins les auraient empêchées, à moins d'en être ou de s'en faire complices.

---

(1) Egger, *Mémoires de littérature ancienne.*
(2) La *Pratique*, liv. III, ch. II.

3° La continuité de l'action : la scène était toujours occupée.

4° L'observation constante (c'est toujours d'Aubignac qui parle) des deux unités de temps et de lieu : les personnages du chœur ne quittaient pas la scène ; au delà d'un certain temps assez court, cette présence continue dans un même lieu eût été une invraisemblance et une impossibilité.

Ces « observations, » sur l'influence d'une cause purement accidentelle et locale, sont d'autant plus méritoires qu'à cette époque la critique était portée à tout expliquer par des raisons d'art pur et de métaphysique. Mais quelles conclusions va en tirer d'Aubignac ? Reconnaîtra-t-il que, la cause ayant disparu, les conséquences doivent disparaître aussi, et que le théâtre moderne, débarrassé du chœur, n'a pas à se modeler sur le théâtre ancien ? On sait que non. Il admet la suppression des deux premières conséquences, mais non celle des deux dernières ; il permet les monologues et les scènes sanglantes sur la scène moderne, mais il ne permet pas de manquer à la continuité de l'action ni aux deux unités. Et voilà comment la critique ne savait pas profiter de l'histoire, alors même qu'elle la connaissait, et comment elle se faisait « l'esclave et le valet » d'un préjugé et d'une fausse tradition.

Il n'y a donc pas à discuter plus longuement sa critique du théâtre ancien ; il suffit d'avoir rappelé qu'il y fait preuve souvent d'étude et de sagacité, mais qu'il s'y montre moins un juge qu'un avocat, avocat entêté et retors, prêt à écrire des volumes pour justifier Térence, mais prêt à sacrifier Térence pour sauver sa thèse ; invoquant les anciens lorsqu'il les croit de son avis, et ne soutenant lui-même cet avis que parce qu'il le croit celui des anciens, mais invoquant la raison seule quand il a besoin d'affirmer son indépendance, et qu'il veut s'épargner la peine ou la difficulté de répondre à des objections embarrassantes.

Sa critique du théâtre français en général est beaucoup moins étendue. Il ne connaît pas plus que ses contemporains le théâtre du moyen âge; il n'estime celui des disciples de Ronsard que comme une tentative qui n'a pas abouti, n'en parlant presque jamais, trouvant moyen toutefois de le juger avec beaucoup de bon sens dans quelques lignes du *Projet*, où il lui reproche d'être uniquement rempli « de beaux discours, mais trop grands et sans représentation agréable. » Il accuse Hardy qui, « au contraire, cherchait à plaire par la variété des choses représentées, » d'avoir « arrêté les progrès » commencés au siècle précédent, en donnant l' « exemple du désordre » de l'ignorance ou du dédain des règles de l'art.

Il est aussi bref sur le théâtre contemporain, sauf lorsqu'il s'agit de Corneille. Il ignore, nous l'avons vu, la tragi-comédie, telle qu'on la pratiquait au temps de Richelieu; il méprise la comédie, qui est restée, dit-il, malgré les efforts de quelques poètes imitateurs ou traducteurs des anciens, « dans la bassesse et l'infamie, » et n'est « bien reçue » que de « la populace élevée dans la fange; » en quoi il exagère, mais ne se trompe pas entièrement, la comédie vraiment originale et digne d'être « bien reçue » des honnêtes gens ne datant guère, pour la décence du langage, que de *Mélite*, pour l'entente de la scène et la régularité de la composition, que du *Menteur*.

Quant à la tragédie, il ne faudrait pas le pousser beaucoup pour lui faire dire, — du moins dans la *Pratique*, — qu'elle ne date aussi que de Corneille. Les éloges qu'il accorde à Mairet, à Tristan, à Du Ryer sont si brefs, si insignifiants, qu'ils ne valent pas la peine d'être cités ni revisés.

C'est avec d'autres développements qu'il a parlé de Corneille et qu'il l'a jugé. Malheureusement, il ne l'a pas jugé rien que dans la *Pratique*; il a écrit sur lui quatre dissertations où il revise et casse lui-même son premier jugement. Rendons compte de l'un et de l'autre.

II

Jusqu'en 1663, Corneille avait été pour d'Aubignac le « maître de la scène, » le plus grand et même le plus régulier de nos poètes dramatiques. L'unité de lieu n'était observée dans aucun poème moderne, « hors les *Horaces* de M. Corneille. » « M. Corneille pratique aussi fort ingénieusement l'unité de temps dans les *Horaces*, *Cinna* et beaucoup d'autres. » Les délibérations sont, chez lui, des « merveilles, » et c'est « ce qui l'a rendu si célèbre. » Il excelle à développer les passions et à les pousser « jusqu'au bout » dans toute leur violence ; mais il sait, en outre, en distribuer habilement l'expression, de manière à ne pas les épuiser « du premier coup, » montrant autant de jugement que de « fécondité d'esprit. » Il se permet « d'assez fréquentes sentences, » et il les fait « applaudir, » mais c'est parce qu'elles sont « hardies, nouvelles, illustres, » exprimées « en vers éclatants, » admirablement « appliquées à leur sujet, » et qu'elles sont le fruit d'autant « d'étude que de génie (1). » L'éloge de Corneille remplit ainsi la *Pratique*; ses pièces y sont citées à chaque page pour prouver le caractère obligatoire des règles, ou donner un exemple de la manière ingénieuse de les pratiquer. Les observations critiques ne manquent pas ; mais elles portent sur des détails, et sont faites sur le ton respectueux qui convient. C'est ainsi que d'Aubignac blâme, dans le *Cid*, le rôle inutile de l'Infante, l'invraisemblance des entrevues de Chimène et de Rodrigue, et le silence de don Sanche laissant Chimène croire à la mort de Rodrigue ; dans *Horace*, le meurtre de Camille par son frère, et le peu d'intérêt du cinquième acte ; dans *Rodogune*, l'insuffisante préparation du dénouement ; dans *Andromède*, l'absence de quelques vers expliquant les déco-

---

(1) La *Pratique*, p. 99, 113, 297, 261, 306, etc., etc. (édition 1715).

rations; dans *Théodore*, le choix du sujet. Mais ces fautes et ces défauts lui ferment si peu les yeux sur les mérites de Corneille, son « génie » et son entente du métier, qu'il « ne voudrait pas, » dit-il, « que don Sanche fût plus prudent » que Chimène et Rodrigue fussent plus raisonnables, parce qu'on y perdrait trop de *beaux sentiments*, de *beaux discours*, de *violentes passions*, d'*ingénieux entretiens*. Il ne craint pas même de louer avec enthousiasme la *conduite* de cette même *Théodore*, dont le sujet était si *malheureux*, et dont l'insuccès avait été si grand : « Il faut avouer, » dit-il, « que quand M. Corneille a médité fortement sur la conduite des incidents, *il n'y a point d'auteur, parmi les anciens et les modernes*, qui s'y gouverne avec plus d'adresse. En sa *Théodore* il y a cinq incidents, mais tous si bien préparés, qu'ils « sont dans toute la justesse que le poème dramatique eût pu souhaiter... Je ne sais, » ajoute-t-il, « quels sentiments M. Corneille a de cette pièce ; mais, je le répète, c'est, à mon jugement, son chef-d'œuvre... ; tout ce qui dépend de l'art et de la prudence du poète y est dans la dernière régularité, et si le choix de la matière eut répondu à la conduite de l'ouvrier, j'estime que nous pourrions proposer cette pièce comme un exemplaire achevé (1). »

Or, ce même homme, qui allait ainsi en 1657 jusqu'à se compromettre en faveur de Corneille, écrivait, en 1663, ces lignes invraisemblables : « J'ai formé le projet et l'ordre d'une dissertation en laquelle après avoir discuté tous les défauts de vos poèmes, monsieur Corneille, je prétends montrer que tous les endroits que l'on estime excellents en chacun d'eux sont contre le sens commun. » Que s'était-il passé, dans cet intervalle de six ans, qui pût

---

(1) *Pratique*, p. 119-120. — Sainte-Beuve (*Port-Royal*, tome I**er**, p. 141), rappelant ce jugement, ajoute : « Il y a de ces gens qui ont ainsi, dans leurs préférences, une certitude de mauvais goût qui rassure et qui vérifie par le contraire tout ce qu'on doit penser d'un auteur et d'un livre. »

amener un pareil changement et provoquer un projet si complètement insensé ? Plusieurs choses, dont quelques-unes sont à la décharge de d'Aubignac.

Corneille avait publié ses *Examens* et ses trois *Discours sur le poème dramatique* (1660), sans nommer une seule fois la *Pratique*, mais sans cesser d'y faire allusion et de la contredire. Ce silence et surtout cette hostilité blessèrent au vif le bilieux abbé et furent la vraie cause de sa rancune (1). Ce fut pour se venger qu'il publia sur *Sophonisbe*, des *Remarques* dont le ton contrastait avec ses précédents éloges, mais cependant restait courtois. Malheureusement cette critique provoqua une réponse où l'abbé était pris à partie et grossièrement raillé. Celui-ci, attribuant d'abord ces injures « dignes des halles et des carrefours, » à Corneille lui-même, riposta par deux dissertations sur *Sertorius et sur Œdipe*, beaucoup plus vives que la dissertation sur *Sophonisbe*. Et comme elles amenèrent des répliques encore plus injurieuses, l'abbé, qui était « tout de soufre, » prit feu, perdit la tête, et lança une *quatrième dissertation* remplie de personnalités aussi violentes que celles dont on le frappait; on l'accusait d'être vain et pédant, il accusa Corneille d'être avare; on niait tout mérite à *Zénobie*, il répondit que les pièces de Corneille n'avaient pas le « sens commun, » et qu'il le prouverait (2).

(1) C'est l'opinion de Niceron et de Granet, partagée par Chauffepié, qui trouve même *un peu d'orgueil* dans le silence de Corneille. Tallemant indique une autre cause : « Corneille dit quelque chose contre *Manlius* (la pièce de Mlle Desjardins faite avec la collaboration de d'Aubignac), qui choqua cet abbé, qui prit feu sur-le-champ, car il est tout de soufre. Il critique aussitôt les ouvrages de Corneille » (X, 231). Mais cette critique ne dut être que la cause occasionnelle de la détermination de l'abbé. Il était blessé, nous avoue-t-il lui-même, que Corneille n'eût « rien dit de lui ni de la *Pratique*, lorsqu'il traitait sérieusement de l'art du théâtre » (*Remarques sur Sertorius* Recueil Granet, p. 283).

(2) Dans l'intervalle, les amis s'étaient mêlés de la querelle et l'avaient avivée. Il avait été fait, de part et d'autre, des épigrammes « qui toutes ne valaient rien, » dit Tallemant de celles composées par les amis de

Il ne le prouva pas, et, probablement, il n'essaya pas de le prouver. Une fois l'ardeur de la lutte apaisée, il dut comprendre la folie de sa menace.

L'auteur de ces réponses qui mirent hors de lui le pauvre abbé était le sieur Donneau de Visé, un jeune homme, rédacteur des *Nouvelles nouvelles*, léger de savoir, léger de caractère, léger de scrupules, se préoccupant moins d'être estimé que d'être lu (1). Il avait, avant d'Aubignac, publié une critique de *Sophonisbe*; « la témérité, » disait-il, « appartient aux jeunes gens. » Attaquer Corneille, c'était, pour un débutant, un moyen sûr de faire du bruit et d'attirer l'attention; mais le défendre, c'était bien plus glorieux. C'est ce que pensa Visé après la publication des *Remarques* de d'Aubignac; aussi il n'hésita pas à publier une *Défense de Sophonisbe*, où il reconnaissait franchement qu'il n'avait d'abord attaqué la pièce que parce qu'il l'avait insuffisamment étudiée, et où il réfutait l'une après l'autre les critiques de d'Aubignac et les siennes. Persuadé, d'ailleurs, qu'il lui reviendrait un double honneur d'une lutte où il

---

l'abbé. « On n'a pas daigné en prendre copie, » ajoute-t-il, et cependant il en reproduit une. Quant à celles des « Corneilliens, » il en reproduit quatre, dont la plus connue est celle de Richelet contre *Macarise*, citée plus haut (tome X, 235, 236).

(1) M. Victor Fournel, dans ses *Contemporains de Molière*, a donné de Visé un portrait à la plume admirablement enlevé. Mais on ne peut admettre ce qu'il y soutient, à savoir que les *Nouvelles nouvelles*, où avait été publiée la critique de *Sophonisbe*, soient de l'auteur Villiers. L'auteur de la *Défense de Sophonisbe*, qui est certainement Visé, s'attribue lui-même les *Nouvelles nouvelles* : « Vous vous étonnerez peut-être de ce qu'ayant parlé contre *Sophonisbe*, dans mes « *Nouvelles nouvelles*, je viens de prendre son parti » (Cf. Robinet, *Panégyrique de l'Ecole des femmes* (1664), p. 38 : « ... Il s'est trouvé un petit David qui a fait si vigoureusement claquer sa fronde contre lui (d'Aubignac désigné ici sous le nom de Philarque), qu'il l'a obligé à rengaîner. »

BELISE.
Quel est ce petit David ?

LEDAMON.
Comment ? Vous ne connaissez pas ce jeune auteur qui a fait, entre autres choses, les *Nouvelles nouvelles* ?

avait Corneille pour client et d'Aubignac pour adversaire, il écrivait : « J'ai beaucoup à gagner et rien à perdre en ce combat ; si je suis défait, je ne dois point rougir ; et si je vaincs, je dois être bien glorieux..., puisque je suis un David auprès de vous et que je combats un Goliath ! »

Racontons ce combat dont Corneille est l'objet et tout l'intérêt.

III

L'histoire de Sophonisbe, cette Carthaginoise, épouse de Syphax, roi de Numidie, poussant son vieux mari à la guerre contre Rome, le répudiant après sa défaite pour épouser son vainqueur, et prenant, le jour même, du poison pour échapper à la captivité, avait été déjà mise à la scène par un poète italien et cinq poètes français, et avait valu au dernier, Jean de Mairet, un succès qui n'était pas encore épuisé (1). En la reprenant à son tour, Corneille protestait qu'il n'avait d'autre « dessein que de faire autrement » que Mairet, « sans ambition de faire mieux. » En réalité, il condamnait les inexactitudes historiques que s'était permises son devancier pour accommoder au goût du jour les aventures de la reine de Numidie. Mairet, en effet, avait cru devoir faire mourir Syphax avant le second mariage et Massinissa après l'empoisonnement de Sophonisbe, le premier parce qu'il ne pouvait reparaître sur la scène sans faire rire, — un mari trompé ou abandonné étant depuis longtemps au théâtre un personnage extrêmement ridicule, — et le second, parce qu'il eût manqué à tous les devoirs d'un gentilhomme en survivant à sa femme. « Ces grands coups de maître, » disait Corneille avec son altière ironie, « dépassent ma portée, et je les laisse à ceux qui en savent plus que moi. » Pour lui, il prétendait faire une œuvre historique et présenter « les

(1) Cf. *Etude sur Mairet*, de M. Bizos.

originaux » tels qu'ils se trouvent dans Tite-Live. Faire accepter, par un public habitué aux sentiments chevaleresques et aux désespoirs amoureux des héros de roman, le spectacle d'une femme mourant entre deux époux qui l'adorent et ne font rien pour la sauver, c'était peut-être difficile. Mais la difficulté était faite pour tenter le génie de Corneille. Sut-il en triompher et rester fidèle à son plan d'exactitude historique? C'est ce que nous allons voir.

La Sophonisbe qu'il met en scène n'a épousé Syphax qu'au mépris d'une parole, précédemment donnée au jeune Massinissa qu'elle aimait, et pour gagner à Carthage un ami de plus. C'est une âme haute et fière, une patriote prête à sacrifier tout au bien de son pays :

> J'immolai ma tendresse au bien de ma patrie;
> Pour lui gagner Syphax j'eusse immolé ma vie;
> Il était aux Romains, et je l'en détachai;
> J'étais à Massinisse, et je m'en arrachai.

De plus, elle avait voulu arracher à Massinisse ses Etats, et elle y était parvenue. Mais le jeune prince s'était allié aux Romains, et, vengeant ses premiers échecs, était rentré en vainqueur dans son royaume, avait envahi celui de Syphax et réduit le vieux roi à s'enfermer dans Cirtha, sa dernière citadelle.

Cependant les Romains, qui ne veulent pas voir la Numidie réunie sous un seul maître, font offrir la paix à Syphax et la restitution de tout ce qu'on lui a enlevé, à la seule condition qu'il abandonnera la cause de Carthage. Le Numide, qui n'a plus qu'une ville et qu'une faible armée, trouve ces propositions inattendues fort acceptables; mais il ne veut y souscrire que si elles agréent à sa femme, et il la prie de les examiner. Sophonisbe soutient qu'il faut les repousser, et elle donne de son avis des raisons très élevées et très éloquentes, tirées de la plus mâle politique, et appuyées, à la péroraison, par des larmes très féminines. Son vieux mari se laisse toucher par les larmes plus que par les raisons.

> La paix eût sur ma tête assuré ma couronne ;
> Il faut la refuser : Sophonisbe l'ordonne.

Et il la refuse, mais sans conviction; il va livrer sa dernière bataille, persuadé qu'il la perdra. Mais, dit-il à sa femme,

> Le plus grand des malheurs serait de vous déplaire;

car pour être Numide, on n'en est pas moins galant.

Il l'eût été moins probablement, s'il eût connu les véritables motifs de la conduite de Sophonisbe et entendu les confidences qu'elle venait de faire à sa suivante, immédiatement avant cette belle conférence sur la politique africaine. L'ancienne fiancée de Massinisse n'avait pas oublié le passé ; elle gardait dans le secret de son cœur un reste d'amour pour le jeune prince ;

> Ce reste ne va point à regretter sa perte,

dit-elle, mais il va jusqu'à désirer que Massinisse n'épouse pas une autre femme qui lui est destinée, Eryxe, une princesse numide, prisonnière de Syphax ; or, si l'on conclut la paix, Eryxe sera réclamée et épousée par Massinisse ; et c'est pour empêcher le mariage que la reine condamne Syphax à une lutte sans espoir. La suivante, qui est un esprit calme, ne peut comprendre qu'un pareil motif justifie de pareilles résolutions, ni même que sa maîtresse soit jalouse d'un homme qu'elle a sacrifié d'abord, qu'ensuite elle a voulu dépouiller de ses Etats, et qu'enfin elle a voulu marier elle-même à la sœur de Syphax. A quoi la Carthaginoise, si farouche dans Tite-Live, fait la réponse suivante :

> Ah ! que de notre orgueil tu sais mal la faiblesse ;
> . . . .

> Des cœurs que la vertu renonce à posséder,
> La conquête toujours semble douce à garder ;
> Sa rigueur n'a jamais le dehors si sévère,
> Que leur perte au dedans ne lui devienne amère ;
> Et de quelque façon qu'elle nous fasse agir,
> Un esclave échappé nous fait toujours rougir.
> Qui rejette un beau feu n'aime point qu'on l'éteigne.
> On se plaît à régner sur ce que l'on dédaigne,
> Et l'on ne s'applaudit d'un illustre refus
> Qu'alors qu'on est aimée après qu'on n'aime plus.
> Je veux donc, s'il se peut, que l'heureux Massinisse
> Prenne tout autre hymen pour un affreux supplice ;
> Qu'il m'adore en secret ; qu'aucune nouveauté
> N'ose le consoler de ma déloyauté.
> Ne pouvant être à moi, qu'il ne soit à personne,
> Ou qu'il souffre, du moins, que mon seul choix le donne.
> Je veux penser encor que j'en puis disposer,
> *Et c'est de quoi la paix me va désabuser.*
> Juge si j'aurai lieu d'en être satisfaite !

Seulement cette femme philosophe, qui connaît si bien les secrets du cœur féminin, ne connaît pas la faiblesse des ressources qui restent à son mari. Au moment où elle espère la victoire, Syphax est battu et Cirtha est prise. Massinisse entre dans le palais, y rencontre Eryxe et lui offre de l'épouser, conformément à la foi jurée. Eryxe, qui est fière et intelligente, et le sent préoccupé de Sophonisbe, le prie d'ajourner cette cérémonie, et elle sort. Sophonisbe apparaît ; Massinisse lui offre de l'épouser et sur l'heure, sans attendre au lendemain. Sophonisbe se recrie : « Syphax encor vivant ! » Massinisse lui répond par une leçon de droit romain, ou carthaginois : « La captivité d'un des deux conjoints rompt le mariage ; » Syphax est prisonnier ; Sophonisbe est libre de le répudier et d'épouser Massinisse ; et si elle veut échapper au triomphe où la traîneront les Romains, il faut que le mariage se fasse sans retard, immédiatement. — Il se fait. Et c'est Sophonisbe elle-même, qui en fait part au vieux Syphax, qui venait tranquillement la revoir et se consoler auprès d'elle de sa défaite. En apprenant qu'il a tout perdu, son royaume et sa femme, le malheureux se répand en plaintes et en reproches, rappelle que c'est pour obéir à l'infidèle qu'il vient de jouer sa couronne dans une partie désespérée : « Regagnez-la, » lui répond Sophonisbe, « et je vous épouse de nouveau :

Sauvez-moi des Romains, je suis encore à vous!

Un premier divorce nous a séparés, un second nous réunira. »

Syphax trouve la plaisanterie mauvaise, et il n'a plus qu'une pensée : se venger de Sophonisbe. Il déclare aux Romains que c'est l'influence de cette femme qui le détacha de leur alliance, et qu'elle en détachera Massinisse. Les Romains, qui en sont persuadés, somment le jeune prince de leur livrer Sophonisbe. Celui-ci envoie alors à sa nouvelle épousée, pour la sauver de la captivité, du poison, qu'elle refuse ; mais elle en a d'autre qu'elle porte sur elle, et qu'elle avale, au moment où les Romains viennent pour la saisir.

Telle est la pièce. Visé l'attaqua le premier, il en critiqua tous les caractères ; celui de Sophonisbe, comme manquant d'unité, grand dans sa haine contre Rome, mesquin dans sa jalousie contre Eryxe ; celui de Massinisse, comme puéril et peu galant, s'offrant à deux femmes à quelques minutes d'intervalle, envoyant du poison et n'en gardant point pour lui ; celui enfin de Syphax, comme ridicule et odieux : il a la grossièreté de ne pas mourir après sa défaite, et de laisser ainsi sa femme dans l'embarras ; il n'y a pas de gentilhomme qui se fût rendu coupable d'une telle inconvenance ! Enfin Visé conclut que, dans cette pièce, « tout ennuie, » rien n'attache ; qu'elle est « mal conduite et mal écrite, malgré quelques beaux endroits. »

D'Aubignac n'a pas la même vivacité insolente. Ses critiques sont plus courtoises, moins tranchantes, plus méthodiques ; il procède en forme.

Il constate d'abord que « le théâtre n'éclata que quatre ou cinq fois » pendant la représentation et que le reste du temps il resta froid. Puis, s'en prenant à la pièce, il l'examine d'abord au point de vue du plan et de la disposition générale :

1° Elle est dans les vingt-quatre heures; mais Corneille n'en a pas le mérite, les événements qu'il a mis à la scène ne durant pas plus d'un jour dans l'histoire;

2° Le lieu de la scène n'est pas suffisamment désigné, de sorte qu'on ne sait pas si la règle de l'unité de lieu est observée; cette négligence est une faute volontaire « que M. Corneille a faite sur un faux principe; »

3° Les narrations sont faites pour la plupart à des confidentes qui connaissent déjà ce qu'on leur raconte, et dont la personne même n'est pas engagée dans l'action;

4° Les discours politiques occupent trop de place, étouffent le développement des passions et sont mis dans la bouche de femmes « qui font les Catons; » ce qui est déplaisant; cependant, ils sont « grands, solides, et dignes de M. Corneille; »

5° La catastrophe ne termine pas tout. Elle nous laisse ignorants du sort d'Eryxe, de Syphax, de Massinisse. De plus, elle est mal préparée, mal racontée, trop rapide. Le Romain qui a vu la reine s'empoisonner et qui raconte sa mort ne dit pas « qu'il ait fait le moindre effort pour la secourir. »

Voilà pour la conduite de la pièce. Quant aux caractères, ils ne sont pas « bien gardés; » Sophonisbe « n'a pas un seul sentiment de vertu; » elle contraint Syphax à la guerre « par des motifs de rage » et non « par des motifs de gloire et de nécessité; » enfin, elle change trop facilement de mari, conformément à l'histoire sans doute, mais contrairement au sentiment des spectateurs, que ce prompt divorce étonne. Syphax est un mari patient et doux jusqu'au ridicule; quand il apprend le mariage de sa femme, il devrait « crier contre le ciel et la terre, » étrangler quelqu'un « ou s'étrangler lui-même; » dans tous les cas, il devait mourir, soit avant le mariage, soit après la mort de sa femme. Massinisse « est encore moins honnête homme ; » il fait des discours d'amour à Eryxe, et, « deux heures après, il épouse Sophonisbe. » Il envoie du poison et n'en prend pas; il vit, comme Syphax ; on n'est pas plus mal élevé ! Il fallait que Corneille tuât l'un et l'autre « pour rétablir le désordre de l'histoire qui les laisse vivants. » Enfin, Eryxe est inutile, Lélius, le général romain, est un soldat grossier qui ne respecte pas les bonnes mœurs, et les deux suivantes sont des personnages sans vraisemblance et sans lien avec l'action. D'ailleurs, il en est ainsi de toutes les suivantes, et d'Aubignac voudrait les voir disparaître de la scène.

Cette longue critique n'était pas entièrement injuste. Cependant, elle ne valait pas les quelques lignes écrites à la hâte par cet étourdi de Visé. Comment s'y prit celui-ci pour « chanter sa palinodie » et faire expier à un autre ses propres torts et sa clairvoyance ? Il commença par attaquer la personne de son adversaire pendant près de dix pages. Puis : « J'en viens, » dit-il, « à la longue et ennuyeuse observation que les suivantes, *qui sans doute ne vous ont jamais été favorables*, vous ont obligé de faire. » C'est ce que Visé appelle ne pas faire de personnalités et argumenter sérieusement.

Je dégage de cette insolente réplique un passage assez piquant. Il s'agit du reproche fait à Syphax et à Massinissa d'avoir survécu à Sophonisbe, contrairement à la bienséance et à la vraisemblance. « Dites-moi, je vous prie, s'il y a rien de plus vraisemblable que de se conserver la vie? Si nous voyons des maris se tuer après la mort de leur femme? si le soin qu'ils prennent de leur salut a quelque chose de contraire à l'honnêteté? si c'est être généreux de se tuer, parce que l'on a perdu sa femme? Vous avouerez, si vous y faites attention, que *cela n'aurait rien du héros, et qu'au lieu d'être marqué dans l'histoire des grands, il ne devrait l'être que dans l'Almanach d'Amour*... Loin de blâmer M. de Corneille, vous devriez blâmer tous ceux qui jusqu'ici ont fait mourir des gens que l'amour seul n'aurait jamais obligés à se tuer. » — Il est fâcheux que Visé ne croie pas un mot de tout cela ! Le reste de la défense est beaucoup moins remarquable ; c'est une série de démentis opposés à toutes les assertions de son adversaire, sans aucune preuve sérieuse ; ils ne méritent pas d'être relevés ni discutés en détail.

Résumons et concluons le débat en reconnaissant que Corneille n'a pas pu réduire à l'unité et à la simplicité dramatiques les éléments qu'il empruntait à la fois au roman et à l'histoire. Il avait entrepris son œuvre avec le dessein formel de respecter les « originaux » de dégager de la vérité historique, pure et simple, tout ce qu'elle contient de vérité poétique ; puis, à mesure qu'il s'était avancé dans son travail, il avait subi le joug d'influences plus fortes que sa volonté première et que ses efforts répétés pour s'en affranchir. Interprète éloquent et profond de l'histoire dans une scène, il était, dans la suivante, l'écho involontaire, et inconscient des sentiments et du langage à la mode dans les salons et les romans de son temps. De là, dans le caractère de ses héros, ces inégalités et ces disparates qui étonnent et affligent, et que d'Aubignac avait le droit de relever. Seulement, il avait le tort de conclure que, des deux éléments si divers juxtaposés tout le long de la pièce et n'arrivant jamais à s'unir, c'était l'élément historique qu'il fallait toujours et nécessairement sacrifier. Il reproche à Sophonisbe « de faire la Caton ; » il aurait dû lui reprocher de faire aussi la Cathos et de se livrer à ces subtiles analyses du cœur féminin qui sont d'une Parisienne du temps des Précieuses et non d'une Africaine, fille d'Asdrubal. Quant à Massinisse et à Syphax, on leur pardonnerait de ne pas mourir et de manquer ainsi aux règles les plus élémentaires du savoir-vivre, s'ils ne se donnaient pas, Massinisse en particulier, des torts plus graves qu'ils n'ont pas dans l'histoire, et qu'ils se donnent précisément par un trop grand souci des devoirs d'un parfait gentilhomme. Ce n'est donc pas ce que la pièce garde de l'histoire qui est attaquable, mais ce qu'elle y ajoute ; elle est à la fois trop carthaginoise et trop moderne ; en un mot, elle manque d'unité.

IV

« Le sujet en est simple, » dit Corneille de *Sertorius*, la seconde tragédie critiquée par d'Aubignac. S'il est simple dans la tragédie, ce que nous verrons tout à l'heure, il ne l'est pas dans l'histoire. La vie et la mort de Sertorius se passent au milieu d'intrigues et de contradictions qu'il est assez difficile de démêler. Ce dernier des chefs marianistes fait la guerre au sénat romain avec l'appui des Lusitaniens, qui pensent ainsi travailler à leur indépendance, et avec celui de Mithridate, le plus redoutable ennemi de Rome ; malgré ces alliances, il reste patriote, poursuit le triomphe du « bien commun, » c'est-à-dire de la démocratie romaine, ne veut pas consentir à une diminution de « l'empire de Rome » et ne fait entrer aucun Espagnol dans le sénat de trois cents membres qu'il a constitué en Lusitanie. D'autre part, il a un ennemi dans son lieutenant lui-même, Perpenna, qui s'était jeté en Espagne, espérant y trouver les honneurs du premier rang, et qui, obligé d'accepter l'humiliation du second, pense à se débarrasser de son chef par un assassinat. Enfin, dernière contradiction et dernière « intrigue, » Pompée, venu de Rome pour le combattre, laisse croire un moment qu'il pourra s'unir à lui et en fait même la menace au sénat, qui l'a envoyé et à qui il est suspect.

Voilà, certes, de grands intérêts, mais bien confus et bien complexes ! Pourront-ils entrer tous dans le cadre étroit de la tragédie régulière ? Corneille l'a si bien pensé qu'il y en a joint d'autres, tirés de l'amour de deux hommes pour la même femme et de l'amour de deux femmes pour le même homme. En outre, et comme pour augmenter à plaisir la complexité des événements par celle des sentiments, l'amour des deux femmes n'est pas de l'amour. Elles veulent épouser Sertorius, mais elles lui signifient très nettement que c'est par intérêt et non par tendresse.

> Vous savez que l'amour n'est pas ce qui me presse...
> Je ne veux point d'amant, mais je veux un époux,

lui dit Viriate, reine de Lusitanie. — Elle veut Sertorius parce qu'il est le seul homme capable de lui conserver sa couronne et de rendre aux Lusitaniens, tributaires de Rome, l'indépendance qu'ils attendent pour prix de leurs services. — Si le général refuse cet « hymen, » il est exposé « au malheur irréparable » de perdre les contingents espagnols.

L'autre femme qui veut imposer « l'hymen » à Sertorius, c'est Aristie, épouse divorcée de Pompée. — Elle aussi, elle offre « sa main mais non son cœur, » ce cœur appartenant encore à l'ingrat époux ; de plus, cette offre partielle n'est que conditionnelle : elle sera retirée si Pompée, dans une entrevue suprême qui doit avoir lieu bientôt, ne refuse pas de reprendre son bien.

Sertorius montre quelque hésitation à accepter « la main sans le cœur ; » mais l'intrépide Romaine le rappelle à des sentiments plus héroïques : — « Qu'importe de mon cœur ? » lui dit-elle ; « notre hymen grossira le parti marianiste, il vous vaudra l'alliance de tous mes amis de Rome ; est-ce que vous demanderiez plus ?

> Laissons, seigneur, laissons à de communes âmes
> Ce commerce rampant de soupirs et de flammes,
> Et ne nous unissons que pour mieux soutenir
> La liberté que Rome est prête à voir finir.

Sertorius n'ose d'abord rien répliquer à ce discours

sublime; mais quand, Aristie partie, il se retrouve seul et libre, il s'écrie piteusement :

> Dieux ! souffrez qu'à mon tour avec vous je m'explique :
> Que c'est un sort cruel d'aimer par politique !

Sort d'autant plus cruel pour lui, qu'il s'était laissé toucher aux grâces de la Lusitanienne Viriate, et que c'est elle que son cœur choisirait, s'il était libre d'écouter son cœur. Mais à tous les motifs politiques qui plaident en faveur d'Aristie, voici qu'il vient s'en ajouter un autre. Perpenna, son lieutenant, lui confie que lui aussi aime la reine. Aussitôt, le vieux guerrier fait noblement le sacrifice de son amour, et il se résigne à « l'hymen d'Aristie » à la condition que, le même jour, Viriate épousera Perpenna et restera par conséquent dans l'alliance romaine. Lui-même fait part de cet arrangement à Viriate, qui déclare, dans une réponse équivoque, qu'elle obéira.

Cependant, il faut savoir les intentions de Pompée, qui a demandé un entretien avec Sertorius et qui peut-être consentira à abandonner Sylla, à s'unir aux marianistes et par conséquent à reprendre sa femme répudiée par ordre et par peur du dictateur. Et c'est ce que lui propose Sertorius dans la longue et célèbre entrevue du troisième acte : Pompée refuse, mais en même temps il déclare qu'il ne cède à personne son Aristie. Celle-ci ne comprend pas :

> Me voulez-vous, seigneur ? Ne me voulez-vous pas ?

lui demande-t-elle. Il répond qu'il ne la veut pas maintenant, mais qu'il la veut pour plus tard, quand Sylla lui en donnera la permission ou ne pourra plus rien empêcher. Aristie, indignée, lui dit alors :

> Adieu pour tout jamais !

et va sommer Sertorius de la venger et de l'épouser. Mais

le vieux Romain est revenu de ses dispositions héroïques ; il s'est aperçu que le sacrifice de Viriate lui coûterait non pas « deux ou trois soupirs, » comme il se l'était d'abord « figuré, » mais le bonheur de sa vie et sa vie même ; il est dans un état à « faire pitié. » Aristie a pitié de lui, en effet, et le cède à Viriate. Celle-ci vient, à son tour, le mettre en demeure de se prononcer. Mais, lié par la parole donnée à Perpenna, et qu'il veut tenir, « dût lui en coûter le jour, » Sertorius s'éloigne sans rien décider, et l'on ne sait à quel parti il s'arrêterait, lorsqu'on apprend qu'il a été assassiné par Perpenna. Il y avait longtemps que le traître méditait son crime ; un moment, quand il a eu l'espoir d'épouser Viriate, il y a renoncé ; il l'exécute quand il se voit dédaigné par la reine et sur le soupçon qu'il a été trompé et desservi par Sertorius.

Telle est la conduite et la « charpente » de la tragédie. D'Aubignac observe, d'abord, que le sujet manque d'unité et de simplicité. Les intérêts, sinon les événements, y sont multiples et divers. Corneille a oublié le conseil de Scaliger : *Argumentum sit quam brevissimum* ; il s'est trop chargé de matière. Lui qui savait faire quelque chose de rien, il a pris ici cinq histoires pour en faire une : l'histoire d'Aristie, celle de Viriate, celle de Perpenna, celle de Sertorius, celle de Pompée. Sans doute, les intérêts de ces cinq personnages sont liés les uns aux autres, mais combien laborieusement et péniblement ! « Et ce qui rend
» cette pièce d'autant plus vicieuse en cette circonstance,
» c'est qu'on voit une infinité de nœuds... l'esprit tra-
» vaille tant que la pièce dure... Cette polymythie ôte à
» M. Corneille le moyen de faire paraître les sentiments
» et les passions ; c'est son fort, c'est son beau, et c'est ce
» qu'on ne trouve pas en ce poème... Il lui faut tant de
» temps pour expliquer les desseins et les intérêts de ses
» personnages qu'il en reste fort peu pour mettre au
» jour les sentiments de leur cœur... Il en fait les ou-

» vertures, et tout à l'heure il les abandonne ; il nous
» montre M. Corneille, et aussitôt il le cache. »

Cette première critique, si juste, est assez finement exposée, et le brutal démenti que lui oppose Visé n'en diminue en rien la portée. « Tout Paris, » dit-il, « n'a pu s'empêcher de dire qu'il n'y avait presque point de sujet dans *Sertorius*. » Si le témoin est de bonne foi, le témoignage est curieux ; il signifie peut-être que, malgré la multiplité des intérêts et des passions en lutte dans la pièce, il n'y a point d'action proprement dite, et que les cinq actes se passent à expliquer et à exposer une situation qui reste toujours la même, — ce qui n'infirme en rien les observations de d'Aubignac.

Le critique passe ensuite à l'examen de la catastrophe, à laquelle il trouve deux défauts : d'abord elle n'est pas suffisamment préparée ; Perpenna, apprenant le refus de Viriate, ne montre pas qu'il soupçonne Sertorius d'en être cause ; il quitte la scène, troublé, agité, mais sans laisser voir les sentiments de haine et de colère qui vont, dans une heure, le pousser à un crime. Ce crime surprend de la part d'un homme que tous les actes précédents nous ont montré capable de générosité.

Mais comme ils l'ont montré aussi capable d'un crime, ce premier reproche n'est qu'à moitié juste. Le second l'est tout à fait ; la catastrophe, dit le critique, termine la pièce, mais ne termine pas les irrésolutions de Sertorius ; là était le nœud : il est tranché, il n'est pas dénoué.

Le consciencieux d'Aubignac reconnaît ensuite que la règle de l'unité de temps est observée, et il s'en montre satisfait. Quant à l'unité de lieu, il n'en peut rien dire, M. Corneille n'ayant marqué nulle part le lieu de la scène, sauf au cinquième acte, où il dit que la scène est dans le cabinet de Viriate. Est-ce que l'action des autres actes se serait passée dans ce cabinet ? Ce serait impossible !

Visé répond que rien n'est, au contraire, plus facile, ce cabinet n'étant pas une pièce intime de l'appartement de la reine, mais son antichambre : « Je vous apprends, si vous ne le savez pas, que ce qu'on appelle cabinets chez les grands, sont des antichambres où plusieurs personnes se peuvent, en plusieurs endroits, entretenir de leurs affaires les plus secrètes. » Il faut remercier Visé de ce renseignement, indispensable pour comprendre la plupart des tragédies conçues d'après le système de l'unité de lieu. Mais voici ce que Visé ne pourra pas expliquer si triomphalement : comment Sertorius aurait-il reçu Pompée dans une antichambre et pas dans la sienne encore, dans l'antichambre d'une femme ?

Nous ne prononcerons pas d'ailleurs sur cette grave question de l'unité de lieu, entre d'Aubignac et Visé, et nous passerons, avec eux, à l'examen des caractères.

D'Aubignac se montre sévère pour Sertorius, ce vieux soldat placé entre deux femmes, qui ne l'aiment pas et qui veulent l'épouser, aimant l'une, la sacrifiant, puis voulant mourir si ce sacrifice est accepté, et poussant de gros soupirs qui étonnent la suivante de Viriate :

> Nous n'entendons pas bien ce qu'un soupir veut dire,
> Et je vous servirais de meilleur truchement
> Si vous vous expliquiez un peu plus clairement.

Caractère inégal, indécis, héroïque et ridicule à une heure d'intervalle, Sertorius manque de suite et d'unité dans sa conduite et ses paroles.

Quant à Viriate, c'est une grande reine qui entend bien ses intérêts ; mais elle manque aux usages et aux convenances en s'offrant elle-même à un homme : elle aurait dû faire intervenir ses ministres.

Aristie, qui s'offre aussi, est plus excusable, « parce qu'elle n'agit point de sang-froid. »

Mais c'est Pompée surtout qui paraît inacceptable au critique. Quel est cet homme, qui a répudié Aristie et qui veut la reprendre, mais seulement quand son maître Sylla le lui permettra ? Est-ce bien le Pompée de l'histoire, si fier en face même du dictateur, qui ose avouer des sentiments aussi bas et aussi lâches? Est-ce bien même un héros de roman, qui laisse ainsi aux mains de ses ennemis une femme qu'il aime? C'est un caractère incompréhensible et déplaisant, dont la générosité finale, lorsqu'il méprise les révélations de Perpenna et l'envoie à la mort, ne rachète pas la première lâcheté.

Tout cela est assez juste. Malheureusement, d'Aubignac ne se contente pas de critiquer le personnage de Pompée, il veut le refaire. « Pompée devait se conduire en héros,
» emmener sa femme chez les Parthes ou chez les Celtes,
» se jeter dans le parti de la rébellion..., se rendre vaga-
» bond sur terre et sur mer, implorer l'assistance de tous
» les peuples du monde, s'exposer aux dernières persé-
» cutions, suivre l'exemple des maris généreux, maltraités
» de la même sorte, et s'ériger lui-même en exemple
» illustre et fameux de constance, d'amour et de fidélité
» pour les âges suivants. »

Visé répond : « Vos discours nous font voir, Monsieur
» l'abbé, que si vous aviez une femme, vous seriez le
» meilleur mari du monde et que vous feriez bien des
» lâchetés pour lui plaire. » Cette impertinence ne vaut pas ce qu'avait écrit le même Visé à propos de *Sophonisbe* : « Tous ces beaux sentiments conviennent moins à une œuvre historique qu'à l'*Almanach d'Amour*. »

D'Aubignac ajoute : « Il est temps de venir aux deux beaux endroits de cette pièce que le peuple a tant estimés : d'abord, la conversation de Sertorius et de Viriate, et, ensuite, l'entrevue de Sertorius et de Pompée. »

Dans la première de ces deux scènes, Sertorius, décidé à se sacrifier à Perpenna, répond à Viriate qui lui avoue son désir d'épouser un Romain :

> J'ose, après cet aveu, vous faire offre d'un homme
> Digne d'être avoué de l'ancienne Rome ;
> Il en a la naissance, il en a le grand cœur ;
> Il est couvert de gloire, il est plein de valeur.

> De toute votre Espagne il a gagné l'estime ;
> Libéral, intrépide, affable, magnanime.
> Enfin, c'est Perpenna sur qui vous emportez.....
> VIRIATE. — J'attendais votre nom après ces qualités.

« A ce vers, le parterre éclate, » dit d'Aubignac, « et, sans plus rien considérer, on s'écrie partout que cette pièce est admirable. On devrait néanmoins se contenter de dire : « Voilà un bel endroit. »

Pour lui, il avoue « la grâce de cet endroit, » mais il y trouve un défaut qui le lui gâte : « Un amant, » explique-t-il, « peut bien prier sa maîtresse en faveur de son rival ; mais il ne faut pas qu'il soit connu pour rival. De sorte que je ne puis goûter le plaisir de ce passage. »

D'Aubignac est bien dégoûté ! Autant Sertorius se montre ailleurs indécis, déclamateur, autant il est ici simple et noble ; c'est un héros qui suit l'élan de sa générosité et accomplit sans phrases un sacrifice pénible. Les applaudissements qui le saluaient ne se trompaient pas.

La scène entre Sertorius et Pompée avait eu encore plus de succès. Quelques-uns de ses vers, sonores comme les meilleurs du *Cid*, et pleins de choses comme les meilleurs de *Cinna*, étaient et sont restés dans toutes les mémoires.

> Je n'appelle plus Rome un enclos de murailles
> Que ses proscriptions comblent de funérailles.
> Ces murs, dont le destin fut autrefois si beau,
> N'en sont que la prison ou plutôt le tombeau.
> Mais, pour revivre ailleurs dans sa première force,
> Avec les faux Romains elle a fait plein divorce.
> Et, comme autour de moi j'ai tous ses vrais appuis,
> Rome n'est plus dans Rome, elle est toute où je suis.

Jamais le souffle cornélien n'avait éclaté en plus fiers accents, et l'on comprend que les contemporains aient « crié à la merveille. » D'Aubignac ne partage qu'à moitié leur enthousiasme ; il trouve, dans cette belle scène, deux défauts : 1° Elle est invraisemblable ; Pompée est trop bon général pour venir seul dans le camp de Sertotorius. 2° Elle est inutile ; elle se passe en dissertations politiques et reste sans résultat sur la conduite des deux interlocuteurs et sur le dénouement de la pièce.

Corneille avouait la première de ces deux fautes en l'imputant à « l'incommodité de la règle » de l'unité de lieu ; mais il croyait qu'on « la pardonnerait au plaisir » que donnait cette conférence, — en quoi il n'espérait pas trop des lecteurs ou spectateurs, à une exception près.

Voltaire a pris à son compte la seconde critique en l'appuyant de ce vers de Sertorius lui-même :

De Pompée et de moi l'entretien inutile.

Quoiqu'il soit pénible d'être contre Corneille avec d'Aubignac, et même avec Voltaire, il faut avouer que cet entretien si long, puisqu'il forme à lui seul plus de la moitié d'un acte, si important puisque chacun en attend l'issue pour prendre un parti définitif, reste sans influence sur les résolutions de tous et semble même augmenter les irrésolutions de Sertorius. Le vieux général passe les deux derniers actes à soupirer, et il meurt sans s'être décidé entre Viriate et Aristie. Cette « conférence, » étroitement liée aux deux premiers actes, et présentée d'abord comme le principal ressort du drame, reste un incident, un épisode sans lien avec les deux derniers actes ; on en espérait tout, « elle ne produit rien. » C'est d'Aubignac qui le dit, et nous sommes condamné à le répéter, tout en ajoutant que nous partageons le sentiment « des personnes » qui, au témoignage de Corneille, estimaient cet épisode « autant qu'une pièce entière. »

Concluons que la tragédie de *Sertorius* n'a que de belles parties et que, considérée dans son ensemble, elle ne répond pas aux conditions essentielles de l'art dramatique. C'est, d'ailleurs, l'avis unanime des critiques modernes. Il s'en est même trouvé un, parmi ceux qui font le plus profession d'admirer et de comprendre le Grand Corneille, pour déclarer qu'il y aurait méprise et presque sottise à chercher dans cette pièce les « misérables conditions d'intrigue et d'intérêt, » qui s'imposent aux tragédies ordinaires, attendu que *Sertorius* est une œuvre historique et même allégorique, que Viriate et Aristie ne sont que la personnification de deux idées politiques, et que l'amour du général romain n'est qu'un symbole (1). — Il est donc avéré que *Sertorius* est une pièce mal faite.

D'Aubignac a eu incontestablement le tort de ne pas être touché de sa valeur historique, de la fidélité, de la profondeur, de l'éloquence avec lesquelles Corneille exprime « les vérités à qui il s'est attaché; » il a encore moins compris la signification allégorique de l'amour des deux femmes pour Sertorius et de l'amour de Sertorius pour Viriate. Mais enfin il était strictement dans son droit : « Le sens allégorique, » quoi qu'en ait dit Chapelain, ne fait pas tout le mérite d'une œuvre d'art, et un drame n'est jamais dispensé d'être dramatique.

V

Nous n'allons pas, d'ailleurs, prolonger inutilement ce chagrin et cette humiliation de constater, aux dépens du grand Corneille vieilli, que d'Aubignac ne manquait pas entièrement de clairvoyance, bien qu'il manquât d'impartialité. Nous ne suivrons pas le critique dans ses nombreuses observations sur le style de *Sertorius*, ni surtout dans ses *Remarques* sur *Œdipe*, où d'abord il fait porter à Corneille la responsabilité de toutes les invraisemblances de la *fable* elle-même, sous prétexte que celui-ci s'était vanté de la rectifier, et où ensuite il relève cruellement « l'heureux épisode de Dircée, » les insolences de cette fille envers sa mère, les « soupirs » de Thésée transformé en Céladon, les violences, suivies de faiblesse, d'Œdipe, et

---

(1) Cf. E. Desjardins, *le Grand Corneille historien*.

enfin, ce qui est plus curieux, la mauvaise éducation de tous les personnages s'interrompant familièrement et se coupant la parole, contrairement aux bienséances d'une cour bien policée et aux règles de la tragédie.

Laissons d'Aubignac s'acharner à ces œuvres de la vieillesse de Corneille et triompher de leurs défauts; insulter ensuite, dans sa quatrième *Dissertation*, à la pauvreté du grand homme; railler son avarice de bourgeois; opposer, à l'infériorité sociale du poète qui vit de sa profession, la situation élevée d'un homme de qualité qui n'a pas besoin des fruits de son travail; plaider en passant la cause de Zoïle, un méconnu et un calomnié dont il craint vaguement de partager la réputation « dans les siècles futurs, » et s'arrêter enfin sur cette menace de démontrer que les meilleurs endroits de Corneille n'ont pas le sens commun.

Les *Quatre Dissertations* étaient adressées à une duchesse de R..., que Voltaire nous dit être la duchesse de Retz : « J'ai commencé pour vous plaire, Madame, » lui dit d'Aubignac, « je finirai quand il vous plaira. » J'aime à croire que la dame, après cette odieuse quatrième dissertation, dit à son critique : « C'est assez ! »

Quand même tous les reproches faits aux dernières œuvres et à la personne de Corneille eussent été fondés, le sentiment qui les animait était de nature à impatienter et même à blesser une âme délicate, amie des lettres. Ce n'est pas aujourd'hui seulement, après deux siècles d'admiration pour le naïf grand homme, qu'on a pu dire avec une éloquente justesse : « Notre affection le défend contre notre jugement; une sorte de passion l'environne d'un voile de respect et d'amour, que la raison ne perce qu'avec répugnance (1). » Déjà ses contemporains parlaient ainsi; sa gloire faisait partie du patrimoine national, et l'on veillait avec un soin jaloux à la préserver de tout attentat : « Nous avons un grand homme parmi nous qui honore

---

(1) Guizot, *Corneille et son temps*.

toute notre nation, et vous voulez faire voir que l'on s'abuse lorsque l'on reconnaît son mérite. Tous les étrangers se railleront de vous, et tous les Français vous auront en horreur (1)! »

C'est Visé qui parle ainsi à d'Aubignac. Qu'il soit beaucoup pardonné à ce jeune étourdi pour cette protestation indignée et qui paraît sincère ! Sa prophétie s'est d'ailleurs vérifiée : la déconsidération qui pèse sur la mémoire de d'Aubignac a pour cause principale cette triste querelle. Le sentiment public, vivement blessé, a puni l'insulteur de Corneille en le laissant peu à peu déchoir au rang des « barbouilleurs Claveret et Scudéry (2). »

---

(1) Visé, *Défense de Sophonisbe* (Recueil Granet, p. 369). — D'après Tallemant (tome X, 234), les éditeurs de Corneille auraient aussi protesté à leur manière, en représentant l'abbé d'Aubignac sous les traits de l'Envie foulée aux pieds par le poète (édition in-f° de 1664). « Ils disent que cette Envie a le visage de d'Aubignac. » C'est une erreur; cette Envie n'a pas les traits de d'Aubignac, pas même ceux d'un homme.

(2) La Harpe, *Lycée*, IV, 326. — Faut-il ajouter que l'abbé n'arrêta pas les hostilités avec sa *quatrième dissertation*, et qu'il préparait en silence « un véritable foudre » contre son adversaire, c'est à savoir une édition de la *Pratique* « purgée » de toute mention bienveillante des œuvres de Corneille ? — Il existe à la bibliothèque nationale un exemplaire de la *Pratique*, couvert de corrections, de la main de d'Aubignac lui-même. De larges feuilles de papier blanc sont collées sur les éloges un peu longs accordés à Corneille, notamment sur celui de *Théodore*, au chapitre *des incidents*; les éloges plus courts sont raturés et remplacés à la marge par des variantes comme celles-ci : « La *Théodore* de M. Corneille n'a pas eu tout le succès *qu'il s'en promettait*, » au lieu de : « *qu'elle méritait*. » — « M. de Corneille, l'un de nos auteurs les plus célèbres, » devient « M. Corneille » tout court, etc., etc., etc. — J'avais recueilli ces variantes; qu'on me permette d'en épargner la publication à la mémoire de d'Aubignac. Nous n'en avons plus besoin pour le juger en toute connaissance de cause.

CONCLUSION.

En l'élevant de quelques degrés au-dessus de ces grotesques, on lui rend justice sans s'exposer à lui faire trop d'honneur.

« Hédelin, abbé de d'Aubignac, » écrivait Chapelain en 1663, « est un esprit tout de feu, qui se jette à tout et qui se tire de tout, sinon à la perfection, au moins en sorte qu'il y a plus lieu de le louer que de le blâmer. Il prêche, il traite de la poétique, il fait des romans profanes et allégoriques. On a vu des comédies de lui et des sonnets assez approuvés. Il a pour cela une assez grande érudition et son style n'est pas des pires (1). »

On peut, moyennant quelques explications, accepter les termes de ce jugement porté par un homme qui valait mieux comme critique que comme poète ou théoricien.

D'Aubignac fut en effet un esprit vif et entreprenant « qui se jeta à tout, » et n'excella à rien, parce que ses entreprises furent en général déterminées et dirigées par la mode, le désir de faire sa cour, de servir les caprices et les engouements de ses contemporains. S'il eût obéi à ses propres goûts, s'il eût été aussi hardi envers Richelieu qu'envers Homère, si, au lieu de se faire le peintre complaisant des Précieuses, il fût resté leur conseiller et leur directeur, il eût certainement laissé un nom plus honoré et des œuvres plus connues. L'auteur des *Conseils d'Ariste*,

(1) Liste des gens de lettres proposés pour une pension royale.

des *Conjectures académiques*, et même des *Essais d'éloquence* n'était pas seulement un pédant : il avait des qualités d'esprit qui n'auraient demandé, pour se développer, qu'un milieu plus favorable ou plus de fermeté de caractère. Ce romancier extravagant, ce dramaturge impuissant, cet « alcôviste » maniéré et subtil, ce disciple superstitieux des Anciens devient, quand il ne veut plus imiter ni flatter personne, un moraliste pénétrant, un écrivain sobre et judicieux, un critique hardi (et même aventureux), proclamant les droits de la raison et en usant. Ses défauts ne lui appartiennent pas tous en propre ; les plus énormes sont précisément ceux qui lui sont venus de son milieu et de ses maîtres : la greffe, de qualité inférieure, a détourné à son profit la sève de cet « esprit tout de feu. » D'Aubignac est à la fois le représentant et la victime de son époque.

Dernier venu parmi les législateurs du théâtre, travaillant sur une matière léguée par les Castelvetro, les Scaliger, Chapelain et l'Académie française, il a eu toutes les lacunes d'esprit de ses prédécesseurs ; comme eux, il a manqué d'une philosophie sérieuse de l'art, et surtout de cette indépendance de la raison, qui était leur prétention à tous, et qui eût été leur sauvegarde ; car elle aurait suffi, sinon à leur faire trouver la vérité, du moins à leur épargner bien des étroitesses et des erreurs. Héritiers les uns et les autres d'un système issu de l'esprit scolastique et qui se présentait sous le patronage d'Aristote et des anciens, ils n'avaient pas eu la force de s'en affranchir ; ils n'avaient pas même conservé assez de liberté pour s'assurer si, oui ou non, les *deux Unités*, qui étaient le centre et le résumé de ce système, avaient été formellement enseignées et toujours pratiquées par les anciens. Ces érudits infatigables et ces logiciens acharnés étaient asservis à une erreur de fait et à une idée préconçue ; ils ne cherchaient dans les textes et les spéculations théoriques que ce qu'ils avaient résolu d'avance d'y trouver, se montrant plus soucieux « de la victoire que de la vérité (1), » et continuant, en pleine Renaissance, les errements des pseudo-dialecticiens du moyen âge, qu'ils ne cessaient pourtant pas d'appeler des barbares.

D'Aubignac éprouva peut-être de plus grands besoins que ses prédécesseurs en matière de preuves historiques et logiques, mais il n'eut pas conscience des dangers qu'il courait à raisonner à outrance après avoir fait abdication de sa raison : son interprétation du « Tour du soleil, » son commentaire sur Térence, sa théorie de la vraisemblance de la représentation sont les exemples les plus frappants et les plus attristants de cette érudition sans sincérité et de cette logique sans liberté qui furent le tort et le malheur communs des théoriciens dramatiques du seizième et du dix-septième siècle.

(1) Cf. L. Vivès, *In Pseudo-Dialecticos* et *De causis*, stc.

APPENDICES

APPENDICE I

(Voir p. 90)

Je crois devoir ajouter ici quelques détails sur la partie des préfaces de *Macarise* qui est relative à la théorie et à l'histoire du roman en général.

D'Aubignac avait fait une théorie du roman, comme il a fait une théorie des billets doux, des sermons et des poèmes dramatiques : « Il en avait formé les règles depuis longtemps sur » ce que les Anciens et les Modernes avaient de mieux » (*Macarise*, p. 144). Heureusement, d'Aubignac n'a pas écrit ces Règles, et le roman l'a échappé belle. Imaginez une Pratique du Roman pareille à la *Pratique du Théâtre* : aurions-nous eu la *Princesse de Clèves* ?

Il expose seulement la partie négative de sa théorie ; il supprime tous les genres de roman qui fleurissaient à son époque, et qu'il divise en trois classes : les romans historiques, les romans d'imagination et les romans de mœurs et de portraits.

Aux premiers, il reproche de compromettre l'histoire et d'être la cause d'erreurs, que ne peuvent détruire ensuite la découverte des documents et des mémoires. C'est le tort aussi des épopées, qui ne sont, d'après lui, que des romans en vers, ce qui lui permet d'indiquer, en passant, que les Règles de l'épopée, données par Aristote, doivent également régir les romans.

« C'est par ces fictions des romans, » conclut-il, « que l'ori- » gine de tous les empires est ordinairement inconnue. Or, » si je n'ai jamais désiré être devin et connaître l'avenir, j'ai » toujours désiré connaître le passé. » A quoi l'on pourrait répondre qu'il n'a qu'à ne pas lire les romans et à se souvenir de ces lignes qu'il écrit dans cette même préface : « Le poète n'est pas un historien... et celui-là serait certes bien impertinent qui viendrait au théâtre (ou à un roman) prévenu d'un incident d'histoire qu'il voudrait y rencontrer. »

Les seconds, les romans d'imagination, ne vaudraient pas la peine qu'on s'en occupât : « les sages se contentent de les mépriser sans les blâmer. » Il est aussi facile que peu honorable d'y réussir; il peut le dire, lui qui en a fait « deux ou trois » dans sa jeunesse, mais sans les publier, et qui, même en conversation, « en a fait sur-le-champ plus de cinquante qui n'étaient pas moins divertissants que s'ils avaient été les effets de quelque longue méditation. » Il n'en connaît pas d'ailleurs, hormis chez les anciens, qui méritent l'honneur d'être cités.

Quant à la troisième espèce de romans, mise si fort à la mode par Mlle de Scudéry, et qui transporte dans les temps passés les aventures, les mœurs et les personnages à peine déguisés de la société contemporaine, d'Aubignac les enferme dans ce dilemme : Ou ces livres disent du bien des personnes mises en scène, et alors leurs fictions sont inutiles; ou ils en disent du mal, et alors ils sont coupables. Dans les deux cas, ils sont condamnables. « Ce qui les rend plus condamnables, c'est qu'ils sont remplis de portraits où l'on ne peut entrevoir un honnête homme, qui le déguisent au lieu de le faire reconnaître, et où l'on reconnaît aisément un vicieux, à cause de notre inclination à railler et à médire. »

Et après cette démonstration des périls que font courir à la charité, au sérieux emploi du talent et à la vérité, les trois

formes du roman contemporain, il conclut : « Nos derniers
» romans, de quelque espèce qu'ils soient, m'inspirent un
» grand dégoût, parce qu'on n'y reconnaît point d'art, point
» de grâce, point de doctrine, et l'on est étonné de ceux
» qui les lisent sans voir les fautes grossières dont ils sont
» remplis. Quant à moi... » Le malheureux ! il en est encore,
à soixante ans, à cette témérité naïve qui rend les jeunes
gens si difficiles pour les autres et si confiants en eux-mêmes,
leur fait comparer les œuvres qu'ils voient à celles qu'ils ima-
ginent et préparent, et dont l'idéal va toujours s'élevant et
s'embellissant dans des rêves paresseux, jusqu'au jour où une
première tentative leur a fait mesurer la distance qui sépare
leurs désirs de leurs forces ! L'idéal de d'Aubignac, c'est la
perfection : « Quant à moi, » conclut-il, « je me suis efforcé
d'éviter en ce roman tous les inconvénients que je viens de
remarquer. »

On sait que s'il a évité ceux-là, il n'en a pas évité d'autres
que ses prédécesseurs et contemporains n'avaient point connus.

Il y a, dans les *Conjectures académiques*, quelques lignes
qui valent mieux que ces puériles considérations. D'Aubignac
y montre un vif et juste sentiment de ce que doit être un
roman, ou plutôt une œuvre d'art en général. Il condamne les
romans qui représentent « les hommes si parfaits qu'ils les
» rendent inimitables, toujours généreux, toujours amants
» fidèles et accomplis en toute sorte d'excellence et impecca-
» bles. Enfin, on est tellement dégoûté de leurs imaginations
» si peu convenables à la conduite de notre vie, qu'ils font
» souhaiter de voir la peinture d'un méchant homme. » Voilà
qui est presque spirituel et rappelle le mot connu : « Il manque un loup à ces bergeries. » Voici qui n'est pas moins juste :
D'Aubignac, qui ne veut pas des fadeurs du roman optimiste
et héroïque, ne veut pas des grossièretés du roman pessimiste
et réaliste : « Mais si l'on ne veut que des portraits d'hommes
» faibles, lâches, perfides, vivant dans la corruption et le
» désordre et dans l'iniquité, il ne faut point se mettre en
» peine de faire des poèmes et des romans : l'histoire nous en

» peut fournir assez d'originaux ; il ne faut point employer
» ainsi le secret d'inventer et de bien dire. »

Pourquoi d'Aubignac n'a-t-il pas toujours pensé avec cette justesse et écrit avec cette vivacité ?

APPENDICE II

(Voir p. 131, n. 2)

Voici tout le plaidoyer de Grévin en faveur de la liberté :
« En cette tragédie, on trouvera par aventure étrange que,
» sans être avoué d'aucun auteur ancien, j'ai fait la troupe
» interlocutoire de gendarmes des vieilles bandes de César, et
» non de quelques chantres ou autres, ainsi qu'on a accou-
» tumé ; mais où l'on aura entendu ma raison, possible ne
» leur sera-t-il de si difficile digestion, comme il a été à
» quelques-uns. J'ai eu en ceci égard que je ne parlais pas
» aux Grecs ni aux Romains, mais aux Français, lesquels ne
» se plaisent pas beaucoup en ces chantres mal exercités,
» ainsi que j'ai souventefois observé aux autres endroits où
» l'on en a mis en jeu. Davantage puisqu'il est ainsi que la
» Tragédie n'est autre chose qu'une représentation de vérité,
» ou de ce qui en a apparence, il me semble que ce pendant
» que là où les troubles tels que l'on les décrit sont advenus ès
» Républiques, le simple peuple n'avait pas grande occasion
» de chanter, et que, par conséquent, l'on ne doit faire chan-
» ter non plus en les représentant qu'en la vérité même ; au-
» trement à bon droit nous serions repris, ainsi qu'un mauvais
» peintre auquel on aurait donné charge de faire un portrait,
» et qui aurait ajouté quelques traits qui ne se reconnaî-
» traient au visage qui lui aurait été présenté. Que si l'on
» m'allègue ceci avoir été observé de toute antiquité par les
» Grecs et les Latins, je réponds qu'il nous est permis d'oser
» quelque chose, principalement où il y a occasion et où la

» grâce du poème n'est offensée. Je sais bien qu'on me répli-
» quera que les anciens l'ont fait pour réjouir le peuple fâché
» possible des cruautés représentées. A quoi je répondrai que
» *diverses nations requièrent diverses manières de faire*, et
» qu'entre les Français il y a d'autres moyens de ce faire sans
» interrompre le discours d'une histoire. De ceci je te laisse-
» rai le jugement, t'avertissant que je n'ai voulu (à la manière
» de ceux lesquels, prenant peine de s'enfler, crèvent tout en
» coup) rechercher un tas de gros mots propres pour épouvan-
» ter les petits enfants » (Préface de *Jules César*).

APPENDICE III

(Voir p, 132, n. 2)

ART POÉTIQUE DE P. DELAUDUN D'AIGALIERS, *divisé en cinq livres*. — Dans les quatre premiers livres, il s'agit de la versification en général et de tous les genres de poésie, sauf la poésie dramatique, qui occupe le cinquième livre. Delaudun ne néglige aucune forme de la poésie, depuis l'*ode* et le *cantique* jusqu'à l'*acrostiche*, le *lay*, le *virelay*, le *sonnet* et le *demi-sonnet*, qui est de son invention : « Le demi-sonnet est une sorte d'épigramme fort peu usitée, et ne s'en trouve point ès auteurs pource qu'ils ne l'ont pas connu; je l'ai inventé et à bon droit m'en puis dire auteur... C'est un *septin*, divisé en deux parties, duquel la partie première est un *quatrain* et la dernière un *troisin*... Il a trois rimes. »

Le livre cinquième, consacré à la poésie dramatique, est divisé en neuf chapitres. L'auteur avertit « l'ami lecteur » qu'il va désormais citer beaucoup de grec et de latin, « car il ne faut pas qu'on se mêle d'en vouloir user soit à composer, soit autrement, s'il n'est versé passablement en l'humanité et connaissance des langues grecque et latine. » Lui-même se montre passablement versé en la connaissance d'Aristote, d'Horace, et surtout de Scaliger, dont il reproduit la doctrine sur les sentences et sur les chœurs. Il aime la règle et les règlements jusqu'à spécifier le nombre des scènes, — neuf ou dix par acte, — et celui des vers : « Chacun acte doit contenir
» deux cents carmes au moins, jusqu'à cinq cents et six cents ;
» les actes le plus souvent pareils, c'est-à-dire ne différant les

» uns des autres de plus de quarante ou trente vers. » A propos des convenances dramatiques et de tout ce qu'elles excluent de la représentation, il a un mot qu'il faut noter et qui est caractéristique : « Je dirai, en passant, que la moitié de la tragédie se joue derrière le théâtre. » Il le dit sans ironie, sans vouloir blâmer ces tragédies de son époque, qui rejettent dans les coulisses toute la partie dramatique de leur sujet, et n'en mettent sur la scène que la partie oratoire et élégiaque.

Ce naïf élève de Scaliger mérite pourtant d'être compté au nombre des esprits indépendants, pour son fameux chapitre neuvième du livre cinquième, intitulé : « *De ceux qui disent qu'il faut que la tragédie soit faite de choses faites en un jour.* » Le voici en entier :

« Je n'avais pas délibéré de traiter touchant ce que aucuns
» disent qu'il faut que la tragédie soit des choses faites en un
» jour et non en plusieurs, comme quand l'on la fait de
» l'état, vie et mort de quelques-uns qui ne peuvent avoir eu
» des honneurs, des infortunes, donné des batailles, régné et
» morts en un jour, ains en l'espace d'un nombre d'ans,
» attendu que cette opinion n'est pas soutenue d'aucun bon
» auteur approuvé. Toutefois j'en donnerai quelques raisons
» pour contenter l'esprit des plus curieux. Premièrement,
» cette loi, si aucune y en a, ne nous peut obliger ou astrein-
» dre à cela, attendu que nous ne sommes pas réglés à leur
» façon d'écrire ni à leur mesure de pieds et syllabes desquels
» ils font leurs vers; secondement, que s'il fallait observer
» cette rigueur, l'on tomberait en des grandes absurdités
» pour être contraints introduire des choses impossibles et
» incrédibles pour embellir notre tragédie, ou autrement elle
» serait si nue qu'elle n'aurait point de grâce ; car, outre que
» ce serait nous priver de matière, aussi n'aurions-nous pas
» moyen d'embellir notre poème des discours et autres événe-
» ments. La troisième est que la *Troade*, plus excellente tra-
» gédie de Sénèque, ne peut avoir été faite dans un jour, ni
» même de Euripide ni de Sophocle (?) La quatrième est que,
» selon le chapitre sus allégué, la définition de la tragédie

» est le récit des vies des héros, la fortune et grandeur des
» rois, princes et autres, ce qui ne peut être fait dans un jour,
» ce qui se conforme par Euripide au passage allégué, en la
» réponse de Archélaüs; et outre que il faut que la tragédie
» contienne cinq actes, desquels le premier est joyeux et les
» autres suivants comme j'ai dit ci-dessus, de façon qu'il est
» impossible du tout que cela puisse être d'un jour. La cin-
» quième et dernière est que si quelqu'un a observé cela, sa
» tragédie n'en a pas mieux valu, et que les poètes tragi-
» ques, tant Grecs que Latins, et même nos Français, ne
» l'observent ni doivent ni ne peuvent observer, attendu qu'il
» faut que bien souvent, en une tragédie, toute la vie d'un
» prince, roi, empereur, noble ou autre y soit représentée, —
» et mille autres raisons que j'alléguerais si le temps me l'eût
» permis, remettant tout à la seconde impression. »

APPENDICE IV

TROIS DISSERTATIONS INÉDITES DE CHAPELAIN

(Bibl. nat., ms. FF, n° 12847. — *Œuvres diverses de Chapelain*)

(Voir p. 139, n. 4)

I

DÉMONSTRATION DE LA RÈGLE DES VINGT-QUATRE HEURES ET RÉFUTATION DES OBJECTIONS.

Monsieur,

A moins que d'auoir quelque grand dessein pour honorer le Théatre François (1), vous ne pouués me presser comme vous faittes sur l'esclaircissement du doute ou vous estes de la nécessité des vingt-quatre heures pour les poèmes dramatiques. Je juge mesme qu'il faut que vostre projet, comme vous l'aués disposé, ne souffre pas cette restriction à l'estendüe d'un jour naturel, et que, pour le reste, vous riant extremement, il vous ait suggeré toutes ces oppositions délicates, afin de nous faire trouuer bon qu'il demeure en l'estat qu'il est. Autrement de gayeté de cœur et par diuertissement tout pur, vous ne vous

---

(1) Bien que je n'aie pas reproduit l'orthographe des livres imprimés du seizième et du dix-septième siècle, que j'ai cités au cours de cette étude, j'ai cru devoir reproduire celle de ce manuscrit.

seriés pas arresté sur cette matière trois grandes pages, et n'auriés pas cherché la résolution d'une chose qui vous deust estre inutile, après la peine qu'elle nous auroit donnée à tous deux. Dans cette créance, je vous féliciteray premièrement sur la glorieuse entreprise que vous aurés faitte, et vous conjureray de la poursuyure auec la mesme patience que les autres ouurages dont vous estes si bien sorti ; en second lieu je vous diray que, pour la faire estimer judicieuse en toutes ses parties, mon auis seroit que vous y obseruassiés cette règle des vingt-quatre heures aussi bien que toutes les autres, et que vous l'estimassiés nécessaire dans ce genre de composition, sinon absolument, au moins de cette sorte de bienséance qui approche fort de la nécessité absolue. Et pour ce que ne me demandés point des loix mais des raisons dans vne question qui vous est douteuse et sur laquelle vous aués discouru fort raisonnablement, bien que je n'aye, pour en tenir l'affirmatiue, que la pratique des anciens suiuie d'vn consentement vniuersel par tous les Italiens, et qu'il ne *me souuienne point si Aristote l'a traittée* ou aucun de ses commentateurs, j'essayeray, pour vous satisfaire, *de fournir, de mon chef*, les motifs qui doiuent auoir obligé tous les bons poëtes dramatiques à cette obseruation, et de respondre à toutes les objections que vous y aués faittes; à condition que vous n'en croyés pas la cause moins bonne pour estre mal deffendue, et qu'il vous souuienne, en lisant cette lettre, que c'est moy qui suis foible et non pas mon opinion. Je pose donc pour fondement que l'imitation en tous poèmes doit estre si parfaitte qu'il ne paroisse aucune différence entre la chose imitée et celle qui imite, car le principal effet de celle-cy consiste à proposer à l'esprit, pour le purger de ses passions desréglées, les objets comme vrays et comme présents ; chose qui, régnant par tous les genres de la poésie, semble particulièrement encore regarder la scénique, en laquelle on ne cache la personne du poëte que pour mieux surprendre l'imagination du spectateur, et pour le mieux conduire sans obstacle à la créance que l'on veut qu'il prenne en ce qui luy est représenté. A ce dessein seul la judicieuse antiquité, non contente des paroles qu'elle mettoit dans la bouche de ses histrions et des habits conuenables au roolle que chacun d'eux joüoit, fortifioit l'énergie de la représentation, la demarche pleine d'art et la pronontiation harmonieuse, le tout pour rendre la feinte pareille à la vérité mesme, et faire la mesme impression sur l'esprit des assistants par l'expression qu'auroit fait la chose exprimée sur ceux qui en auroient veu le véritable succès. Et pour ce qu'auec toutes ces précautions les mesmes anciens se desfioient encore de l'attention du spectateur et craignoient qu'il ne se portast pas assés de luy mesme dans les sentimens de la scène comme véritables, ils trouuèrent à propos, en beaucoup de leurs représentations, de faire imiter à des baladins, par des dances muettes et des gesticulations énergiques, les intentions du théatre, et les accompagnèrent toutes de modes différens de musique entre les actes rapportans aux différentes passions qui y estoient introduites, afin d'obliger l'esprit par toutes voyes à se croire présent à vn véritable euènement, et à vestir par force dans le faux les mouuemens que le vray mesme luy eust peu donner. Pour cela mesme sont les préceptes qu'ils nous ont donnés concernant les habitudes, aages, les conditions, l'unité de la fable, sa juste longueur, bref, *cette vraysemblance si recommandée et si nécessaire en tout poëme, dans la seule intention d'oster aux regardans toutes les occasions de faire réflexion sur ce qu'ils voyent et de douter de sa réalité.*

Celà supposé de la sorte, et considérant le spectateur dans l'assiette où l'on le demande pour profiter du spectacle, c'est à dire présent à l'action du théatre comme à vne *véritable* action, j'estime que les anciens qui se sont astreints à la règle des vingt-quatre heures ont creu que s'ils portoient le cours de leur représentation au dela du jour naturel, ils rendroient leur ouurage non vraysemblable au respect de ceux qui le regarderoient, lesquels, pour disposition que peust auoir leur imaginatiue à croire autant de temps escoulé durant leur séjour à la scène que le poëte luy en demanderoit, ayant leurs yeux et leurs discours tesmoins et obseruateurs exacts du contraire, ou mesme, quelque probable que fust la pièce, d'ailleurs s'apperceuroient par là de sa fausseté et ne luy pourroient plus adjouster de foy ni de créance, surquoy se fonde tout le fruit que la poésie peust produire en nous. Et la force de ce raisonnement consiste, si je ne me trompe, en ce que, pour les poèmes narratifs, l'imaginatiue suit, sans contredit, les mouuemens que le poëte luy veut donner, estant particulierement née à ramasser les temps en peu d'espace, et suffisant d'entendre que l'on veut que les jours et les années soient passées en certain nombre pour s'accommoder à le croire et conformer à cette impression son indéfinie capacité ; mais que, pour les représentatifs, *l'œil*, qui est vn organe fini, *leur sert de juge*, auquel on ne peut *n'en faire voir que selon son estendüe*, et qui détermine le jugement de l'homme à certaines espèces de choses selon qu'il les a remarquées dans son opération.

Et pour me seruir de votre propre comparaison dans le sens opposé, il en est de cecy précisément comme des tableaux réguliers dans lesquels jamais vn bon Desseigneur n'employera qu'une action principale, et s'il en reçoit d'autres dans les enfonceures ou dans les éloignemens, il le fera bien pour ce qu'elles auront nécessaire dépendance de la première, mais ce sera plus encore par ce qu'elles se passeront au moins dans le mesme jour, par la seule raison *de l'œil qui ne scauroit bien voir qu'une chose d'un regard et duquel l'action est limitée à certain espace*; d'où procéderoit si l'on n'accommodoit point la peinture à la portée de l'œil humain qui en doit estre le juge, qu'au lieu de persuader et d'esmouuoir par la viue représentation des choses, et d'obliger l'œil surpris à se tromper luy mesme pour son proffit, on luy donneroit visée pous esclaircir l'imagination de la fausseté des objets présentés, et l'on frustreroit l'art de sa fin qui va à toucher le spectateur par l'opinion de la vérité. Et cette maxime a lieu ne plus ne moins en ce point cy qu'en toutes les autres qui semblent au vulgaire constituer vniquement l'essence de cette faculté, en sorte qu'un plan de tableau ne seroit pas moins faux pour estre supposé représenter deux temps ou deux lieux différens, et ne feroit pas moins par la connoistre à l'œil la fausseté de la chose représentée que si les proportions des corps particuliers y estoient mal entendües, que les lumières et les ombres y fussent jettées sans jugement, que l'on n'y eust point eu esgard aux choses qui doiuent estre placées proches de l'œil et celles qui en veulent estre esloignées ; bref qu'il fust besoin, pour faire comprendre l'histoire imitée, d'adjouster un escriteau à chaque partie qui accusast cecy est vn homme et cela est vn cheual. Il paroist par ce que j'ay dit jusqu'icy que cette doctrine est tirée de la Nature mesme, et quoy qu'il se peust dire beaucoup de choses encore en confirmation de sa solidité, j'estime en auoir touché le principe, et ayme mieux, apres cette ouuerture, vous les laisser penser à vous mesme que de vous tenir dauantage sur vn point à mon auis résolu.

Il reste maintenant de tascher à vous satisfaire sur vos doutes et de vous faire voir s'il est possible pour ingénieux et pressans qu'ils soient que la vérité ne laisse pas d'estre toujours la mesme. Auant toutes choses, je mets en fait que l'honneur ou le blasme de la règle de vingt quatre heures ne se doit point donner aux Modernes, et qu'il ne nous est demeuré *aucune Pièce Dramatique de l'Antiquité* qui ne soit dans cette obseruance, ce qui m'a fait estonner lors que je vous ay veu poser pour chose certaine que c'estoit vne inuention nouuelle, à laquelle les Anciens ne s'estoient assujettis, si bien que tant qu'il m'ait paru par vn exemple au moins que les vieux Siècles ne s'y sont point arrestés, je tiendray que ce que vous aués creu faire pour vous en cette matiere, fait absolument pour moy. Ensuitte, comme je tombe d'accord avec vous que le but principal de toute représentation scénique est d'esmouuoir l'âme du Spectateur par la force et l'éuidence auec laquelle *les diverses* passions sont exprimées sur le Théatre, et *de la purger* par ce moyen des mauuaises habitudes qui la pourroient faire tomber dans les mesmes inconuéniens que ces passions tirent après soy ; je ne scaurois auoüer aussy que cette énergie se puisse produire sur le théatre si elle n'est accompagnée et soustenüe de la vrayesemblance, ny que le Poëte Dramatique arriue jamais à sa fin qu'en ostant à l'esprit tout ce qui le peut choquer, et luy donner le moindre soupçon d'incompatibilité. Mais je ne pense pas qu'il y ait rien de moins vraysemblable que ce que feroit le Poëte par la représentation d'vn succés de dix ans dans l'espace de deux ou trois heures, puis que la figure doit estre le plus qu'il se peut semblable en toutes les circonstances à la chose figurée, et qu'une des principales circonstances est le Temps, que le Théatre qui fait particulière profession d'imiter doit remplir dans sa juste proportion, c'est à dire dans la véritable estendüe qu'il a eüe lors qu'on suppose que la chose imitée se passoit : autrement l'œil des Spectateurs se trouuant surchargé d'objets, et se laissant persuader auec peine que pendant trois heures qu'il a employées au Spectacle, il se soit passé des mois et des années, l'esprit qui juge sur le tout reconnoissant qu'il y a de l'impossibilité, et que, par conséquent, il donne de l'attention à une chose fausse, se relasche pour tout ce qu'il y peut auoir d'vtile au reste, et ne souffre point l'impression sans laquelle tout le trauail du Poëte est vain. Or, cette condition de pouruoir que l'arraisonnement de l'Auditoire ne soit heurté d'aucun ombrage de mensonge est si essentielle à tout poëme que beaucoup de Spéculatifs en cette doctrine ont estimé que la vraysemblance, qui d'ailleurs fait l'essence de la Poësie dans le particulier du Poëme Tragique, ne suffiroit pas pour luy bailler fondement, et qu'une Tragédie ne se pouuoit dire absolument bonne qui n'eust vn éuénement véritable pour sujet, à cause, disent-ils, que les grands accidens des Couronnes sont ordinairement connus aux hommes, et que si le jugement sur cette réflexion vient à se douter qu'ils soient inuentés, la créance luy manque soudain et en suitte l'effet que la seule créance eust produit : tant il est important, en cette matiére de Théatre, de destourner par la moindre vitieuse circonstance l'attention et la foy que le spectateur doit apporter au spectacle pour en tirer le proffit prétendu. Passant à votre seconde instance, je nie que le meilleur Poëme Dramatique soit celuy qui embrasse le plus d'actions, et dis, au contraire, qu'il n'en doit contenir qu'une et qu'il ne la faut encore que de *bien médiocre longueur* ; que, d'autre sorte, elle embarasseroit la scène et trauailleroit extremement la mémoire. C'est ce qui a obligé tous les Anciens à se seruir de la narration sur le Théatre, et qu'il leur a fait introduire aussi les Messagers, pour faire entendre les choses qu'il falloit qui se passassent ailleurs, et descharger le Théatre d'autant. Et comme la catastrophe est la seule pièce de tout le Poëme qui donne le coup à l'esprit et qui le met au point où on le désire, que toutes les actions précédentes sont inefficaces d'elles-mesmes, et que tout leur fruit se doit trouuer dans l'ordination qu'elles ont à leur fin, les mesmes Anciens, pour faire cette impression requise, ont auec grand jugement reserué le Théatre à la Catastrophe seulement, comme à celle qui contenoit en vertu toute la force des choses qui la précédoient. En quoy, outre qu'ils pouruoyoient à la vraye semblance du Theatre, né lui donnant à représenter d'vne suitte et comme d'vne veüe que ce qui s'estoit fait en vn jour, ils le déliuroient encore de la confusion que porte inéuitablement auec soy vn long enchaisnement d'actions. Et quant à moy, je ne puis comprendre pourquoy vn probable récit d'vne chose passée est plustost ennuieux sur la scène que dans les ordinaires conversations, principalement lors qu'il est nécessaire au sujet, et que le Poëte l'a accompagné de traits et de figures, qu'il l'a entrecouppé de demandes et enrichi de magnifiques descriptions, comme l'ont pratiqué tous ceux qui sont venus jusques à nous. Je trouue encore, pour respondre à votre troisiesme argument, que la disposition dans laquelle vous mettés le Spectateur, lors qu'il se range au Théatre, est sujette à contradiction ; car, bien qu'il soit vray en soy que ce qui se représente soit feint, néantmoins celuy qui le regarde ne *le doit* point regarder comme une chose feinte mais véritable, et à faute de la croire telle pendant la représentation au moins, et d'entrer dans tous les sentimens des Acteurs comme réellement arriuans, il n'en scauroit receuoir le bien que la Poësie se propose de luy faire, et pour lequel elle est principalement instituée. De manière que quiconque va à la Comédie auec cette préparation que vous dittes de n'entendre rien que de faux et de n'estre pas véritablement au lieu où le Poëte veut que l'on soit, abuse de l'intention de la Poësie et perd volontairement le fruit qu'il en pourroit tirer. Je suis plus touché par ce que vous objectés ensuitte qu'il est aussi malaisé de s'imaginer que l'on soit demeuré vingt quatre heures à vn spectacle, auquel l'on n'a esté que trois heures au plus, que de penser qu'vne histoire de dix ans se soit passée durant vne séance de ces mesmes trois heures. Mais outre qu'il y a notable différence entre vn jour et dix ans, et que l'imagination est bien plus facile à tromper, ne s'agissant que d'vn petit espace au respect d'vn autre qui n'est gueres plus grand, je veux dire de deux heures au respect de vingt quatre, qu'elle ne seroit s'agissant d'vn petit espace au respect d'vn beaucoup plus grand, comme seroit des mesmes deux heures au respect de dix ans; j'estime encore que les distinctions des Actes, où le Théatre se rend vuide d'Acteurs, et où l'Auditoire est entretenu de Musiques ou d'Intermedes, doiuent tenir lieu du temps que l'on se peut imaginer à rabbattre sur les vingt quatre heures; que si cette considération n'estoit pas assés forte, j'y adjousterois que faisant arriuer dans l'espace de trois heures autant de choses qu'il en peut arriuer raisonnablement en vingt quatre, l'esprit se laisse facilement aller à croire, au moins pendant la représentation, que ce qui s'est passé a duré à peu pres ce temps là. Et je vous diray encore que quand on dit vingt quatre heures, on ne le dit que pour monstrer jusqu'où l'on peut estendre le temps de la représentation, non pour obliger le Poëte à luy donner cette durée; car d'ordinaire l'action se termine entre deux Soleils, c'est à dire vn peu plus ou vn peu moins que la moitié des vingt quatre heures, ce qui raccourcit d'autant l'espace et facilite tousjours la créance à l'esprit d'y auoir plus séjourné qu'il n'a fait. Pour la comparaison que vous faittes de la Poësie Dramatique auec l'Epique, et cette induction que s'il n'est pas inconuenient dans l'Epique de raconter l'histoire de plusieurs années, il ne le doit pas estre dans la Dramatique aussy de la représenter, je croy y auoir satisfait en establissant la règle des vingt quatre heures par les raisons qui luy sont naturelles, et faisant voir que l'œil qui juge l'vn n'est pas de l'estendüe de l'imagination qui s'accommode à l'autre.

A quoy j'adjousteray, pour confirmer mon opinion, qu'encore que l'on voulust rendre l'œil incapable de juger de la durée du temps, on ne peut moins dire qu'il ne soit pas juge compétant du lieu qui est vn corps, et qu'il ne se puisse pas remarquer les diuersités, si le Poëte les introduit pour représenter ses diuerses auantures. Mais comme la longueur du temps porte auec soy vne inéuitable nécessité de plus d'vn lieu, n'y ayant point d'apparence qu'vne histoire de dix ans se fust passée toute en vne mesme place, il seroit impossible que l'œil se peust disposer à croire que ce mesme Théatre qu'il ne perdroit point de veüe, fust vne autre fois que celuy que le Poëte auroit voulu qu'il fust la première fois, et par ce moyen, il jugeroit la représentation faitte de la sorte fausse et absurde en mesme temps.

J'ay respondu encore au sixiesme article, qui dit que l'imitation fait seule toute la Poësie et qu'elle n'a point besoin d'autre règle pour sa perfection, lors que j'ay maintenu que la vraye semblance estoit sa propriété inséparable, qu'elle en doit accompagner toutes les circonstances et que l'imitation d'elle mesme est impuissante si la vraye semblance ne lui preste la main. Mais quant à la dernière de vos raisons, par laquelle vous supposés que le Théatre d'aprésent n'est plus que pour le plaisir, et que le plaisir du Théatre sera de beaucoup plus grand toutes les fois qu'on se dispensera de cette règle de vingt quatre heures, comme vous dittes qu'on a fait pour les Chœurs, les Messagers et les flustes, et que par conséquent on la doit laisser pour paruenir à ce plaisir, je penserois qu'il suffiroit de nier l'une et l'autre des suppositions pour réplique, et qu'il seroit fort mal aisé de les prouuer. Je diray, néantmoins,

sur la première que si le goust du siècle auoit réduit le Théatre
à ne plus fournir que le plaisir et qu'il en eust retranché le
proffit pour lequel principalement il a esté jadis inuenté, tant
s'en faut qu'il le fallust suyure dans cette vitieuse réformation,
qu'au contraire on ne deuroit point avoir de plus grand soin
que de le ramener à son institution ancienne, la Nature nous
enseignant que les changemens ne sont louables que de bien
en mieux et non de bien en mal; de façon qu'au lieu de le
tenir quitte de l'vtilité qui luy est naturelle, je voudrois qu'on
luy rendist non seulement ses Chœurs, ses Messagers et ses
Musiques, mais que l'on fist encore effort pour luy adjouster s'il
estoit possible quelque autre partie qui aydast plus que celles-là
ne font la juste intention de l'Antiquité. Que si ce retranche-
ment estoit vray, comme vous le dittes, ce seroit vne des in-
justices du Temps qui donne ses deffaux pour des loix et qui
rejette la vertu pour ce qu'elle est pénible. Aux establissemens
qui ont leur fondement en la Nature, l'altération en est tousjours pernicieuse, *et c'est pécher contre le genre humain que de
s'y abandonner*. Nous voyons toutes les sciences et tous les Arts
reprendre leur premier lustre et reuiure apres vn long assoupissement à l'auantage de la Société civile; chacun se resueille
dans cette louable ambition *et renonce au Gothisme apres l'auoir
reconnu; voudroit-on, imitant les vertus anciennes en toutes choses, rebutter celle du Théatre seul, qui n'estoit pas des moindres,
et demeurer encore Barbares de ce costé là seulement*. Condannant
donc ce goust là comme abusif, si tant est que le Monde l'ait,
je diray plus, passant à la seconde, que, quand mesme il seroit
légitime et que le Théatre ne deuroit auoir autre but que celuy
du plaisir, ces corrections prétendues mesme opéreroient vn
effet tout contraire à l'intention de ceux qui les feroient, et, au
lieu de produire ce plaisir recherché, je ne dis pas seulement
de l'augmenter, engendreroient vn desgoust dans l'esprit de
ceux qui sçauent discerner les faux plaisirs d'auec les véritables; car il n'y a rien de si certain que la production du plaisir, comme de toutes choses, se fait par l'ordre et par la vraysemblance, que les Sages Anciens l'ont bastie sur les mesmes

maximes que celles que l'on prétendroit destruire à présent, et que, s'il y pouuoit auoir un plaisir dans la confusion et dans l'affoiblissement du Théatre, ce seroit vn plaisir extrêmement rustique et du tout incapable de toucher les esprits nés à la politesse et à la ciuilité. Je veux des spectacles, mais non pas des embarras ; je veux que le Poëte s'accommode à l'inclination de l'assistance, mais non pas à son vice, et ne conseilleray jamais à mon amy de se faire Tabarin plustost que Roscius, pour complaire aux Idiots et à cette Racaille qui passe, en apparence, pour le vray peuple et qui n'est en effet que sa lie et son rebut. Voila mon sens sur la question proposée, lequel je sousmets entièrement au vostre et n'entens point la décider. Pour moy, ce que vous remarqués outre cela d'absurde en ce que quelques vns ont pratiqué de faire réciter par les Acteurs en solliloques des choses qu'il falloit que les Spectateurs sceussent pour l'intelligence de la fable, je le blasme encore plus que vous, et si j'auois à disposer les Scènes d'vne Pièce de Théatre, j'introduirois tousjours quelqu'un en ces nécessités de récits qui auroit intérest de se les faire faire ; ou si j'introduisois vn homme seul les faisant ce seroit entremeslant par pièces le rapport dans la passion comme pour la mieux exprimer seulement ; car, si ce n'est en narration pure, le solliloque s'admet sur la Scène comme pour le discours intérieur qui arrive tous les jours à tous les hommes qui ne sont pas absolument stupides, et cette matière est examinée à fonds et résolue par le Giralde fort suffisamment. Enfin, pour la dernière, où vous trouués à dire que l'on parle en vers et mesme en rime sur le Théatre, je suis très d'accord auec vous, et l'absurdité m'en semble si grande, que cela seul seroit capable de me faire perdre l'enuie de trauailler jamais à la Poësie Scénique quand j'y aurois vne violente inclination. Et en cela notre langue se peut dire plus malheureuse qu'aucune autre, estant obligée, outre le Vers, à la tyrannie de la Rime, laquelle oste toute la vraysemblance au Théatre et toute la créance à ceux qui y portent quelque estincelle de jugement. Paolo Beni a soutenu, dans un particulier Traitté, que le Théatre refusoit toute sorte de uers indifféremment. Les Anciens luy ont donné des Vers sur cette considération qu'ils n'auoient comme point d'harmonie et qu'ils tenoient plus de la Prose que du Vers. D'vne milliace de Comédies et Tragédies Italiennes, je n'ay que la *Sophonisba* du Carretto qui soit rimée, toutes les autres estànt en prose ou en vers libre qui ne se fait presque pas sentir; hors le rimeur Lope du Vega, tous les Espagnols, manquans, au reste, à toutes les règles du Théatre, ont eu soin de ne pas pécher contre la vraysemblance en celle cy, trauaillant comme les Italiens dans leurs Comédies en prose ou en vers non rimé. Nous seuls, les *derniers des Barbares*, sommes encor en cet abus, et qui pis est, je ne voy pas comment nous le pourrions quitter. Mais c'est trop vous tenir à la gesne, et je rougirois bien d'auoir esté si long si vous ne me l'auiés expressément ordonné. Ma joye seroit grande si je vous auois satisfait autrement qu'en volonté, car j'espèrerois receuoir quelques autres fois encore vn pareil tesmoignage de l'amitié que vous me portés, je ne diray pas de l'estime que vous faittes de mon petit jugement d'Acroamatiques. Je suis, Monsieur, etc., etc.

De Paris, ce XXIX. Nov. MDCXXX.

II

SOMMAIRE D'UNE POÉTIQUE DRAMATIQUE.

La Poésie représentatiue, aussi bien que la narratiue, a pour objet l'imitation des Actions humaines ; pour condition nécessaire la vraysemblance, et pour sa perfection la merueille.

De l'artificiel assemblement du vraysemblable et du merueilleux naist la dernière beauté des ouurages de ce genre. Et ces deux parties sont de l'inuention.

Dans la Tragédie, l'on imite les Actions des Grands ; dans la comédie, celles des personnes de basse ou de médiocre condition.

Dans les actions humaines, les bons comiques imitoient

bien les accidens, mais plus les mœurs et les passions, et auoient principal égard aux conditions différentes et aux diuers usages.

Ils ont eu tousjours pour but l'vnité de l'Action principale. Sur le fondement de la vraysemblance si requise, les Anciens ont compris l'Action scénique dans le jour naturel pour sa plus grande estendüe. Pour ceste mesme raison, ils ont désiré l'*vnité du lieu*, tout fondé sur ce que l'œil est aussy bien juge que l'esprit des Actions de la scène, et que *l'œil* ne peut estre persuadé que ce qu'il voit en trois heures et sur vn mesme lieuf, se soit passé en trois mois plus ou moins et en des lieux différens, au contraire de l'esprit qui conçoit en vn moment et se porte facilement à croire les choses arriuées en plusieurs temps et en plusieurs prouinces.

L'Action scénique a deux parties principales : le noeu et le desnouement.

Le plaisir exquis est dans la suspension d'esprit, quand le poëte dispose de telle sorte son Action, que le spectateur est en peine du moyen par où il en sortira.

La disposition de l'Action inuentée consiste en la proposition ou desployement de l'histoire, en son intrigue et en sa catastrophe.

Les pièces de théatre ont esté diuisées par les Latins en cinq actes. Les Grecs les faisoient toutes d'vne pièce. Chaque acte a ordinairement plus d'vne scène ; le nombre n'en est point limité. Il paroist court lors qu'il est de moins que de cinq, et long quand il passe sept.

Dans le premier acte, les fondemens de l'histoire se jettent. Dans le second, les difficultés commencent à naistre. Dans le troisiesme, le trouble se renforce. Dans le quatriesme, les choses sont désesperées. Dans le cinquiesme, le désespoir continuant, le nœud se desmesle par des voyes inespérées et produit la merueille.

Quelques vns ont désiré que les scènes de chaque acte *fussent liées* les vnes auec les autres, et il est vray que cela fait beauté, et que, par ce moyen, la Scène n'est jamais vuide, *mais cela n'est point nécessaire.* Ce qui est absolument nécessaire comme fondé sur la vraysemblance, est que nulle entrée de personnage sur la scène et nulle sortie ne soit sans nécessité, et qu'il paroisse tousjours pourquoy ils arriuent et partent.

III

VARIANTE DU SOMMAIRE PRÉCÉDENT.

La Poésie Dramatique ou Représentative a pour objet l'imitation des Actions humaines, pour condition nécessaire la vraysemblance, et la Merueille pour sa perfection.

Du judicieux meslange de la vraysemblance et de la Merueille naist l'excellence des ouurages de ce genre là, et ces deux choses appartiennent à l'Inuention.

Dans la Tragédie, qui est la plus noble espèce des pièces de théatre, le poëte imite les Actions des Grands dont les fins ont esté malheureuses et qui n'estoient ni trop bons ni trop meschans.

Dans la Comédie, il imite les Actions des personnes de petite condition, ou, tout au plus, de médiocre, dont les fins ont esté heureuses.

La Tragicomédie n'estoit connue des Anciens que sous le nom de Tragédie d'heureuse fin, comme est l'*Iphigénie à Tauris*. Les Modernes François l'ont fort mise en vogue, et par les Personnes et par les Mouuemens l'ont plus fait tenir de la Tragédie que de la Comédie.

La Pastorale a esté inuentée et introduitte par les Italiens sur le pied de l'Eglogue depuis moins de cent ans, et c'est vne espèce de Tragicomédie qui imite les actions des Bergers, mais d'vne manière et par des sentimens plus releués que ne souffre l'Eglogue.

Dans les Actions humaines, les Poëtes, outre les éuènemens, imitent les mœurs diuerses et les diuerses passions.

Ils ont particulièrement égard à faire parler chacun selon sa condition, son age, son sexe; Et appellent Bienséance non pas ce qui est honneste, mais ce qui conuient aux Personnes, soit bonnes, soit mauuaises, et telles qu'on les introduit dans la Pièce.

Les bons Anciens n'ont jamais eu dans leurs Tragédies et dans leurs Comédies qu'vne Action principale à laquelle toutes les autres se rapportoient, et c'est ce que l'on nomme Vnité d'Action.

Ils ont donné à l'Action Dramatique, pour sa plus grande estendüe, l'espace d'vn jour naturel, que l'on appelle : la Règle des vingt quatre heures.

Ils ont attaché le cours de leur Représentation à vn seul lieu, qui est ce quon nomme Vnité de Scène.

Tout cela fondé sur la condition de la vraysemblance, sans laquelle l'esprit n'est ni ému, ni persuadé.

La Disposition de l'Action consiste à exposer le commencement de l'Auanture, son embroüillement et son desueloppement.

Le plus digne et plus agréable effet des Pièces de Théatre est lors que, par leur artificielle conduitte, le Spectateur est suspendu de telle sorte qu'il est en peine de la fin et ne sçauroit juger par où se terminera l'auanture.

Les Représentations dramatiques ont esté diuisées par les Latins en cinq Actes, à la différence des Grecs qui ne les diuisoient que par Scènes.

Chaque Acte en a ordinairement plusieurs. Il paroist trop court quand il en a moins de quatre et trop long quand il en a plus de sept.

Dans le premier, les fondemens de l'Auenture se jettent ; Dans le second, les difficultés naissent ; Dans le troisiesme, le trouble se renforce ; Dans le quatriesme, les choses penchent vers le désespoir ; Dans le cinquiesme, le nœud se desmesle auec vraysemblance par des voyes impréueuës, d'où résulte la Merueille.

Quelques vns ont désiré que, dans vne Scène, les Acteurs ne parussent pas plus de trois pour éuiter la confusion, ce que j'approuue par tout, hormis dans les dernières du dernier Acte, où tout doit tendre à la fin et où la confusion rend le desnouement plus noble et plus beau.

D'autres ont voulu que les Scènes de chaque Acte fussent liées, et il est vray que cela en est plus agréable ; mais la pratique des Anciens monstre qu'il n'y a aucune nécessité.

Ce qui me semble absolument nécessaire est que nul Acteur n'entre ni ne sorte sans que la cause en paroisse et sans qu'il y ait raison pour cela.

APPENDICE V

(Voir p. 259, n. 3)

Remarques manuscrites (1) de Racine sur un exemplaire de *La Pratique*, édition in-4°, de 1657 (Bibliothèque municipale de Toulouse, n° 2278). Les quatre premières sont à la dernière page du volume et placées dans l'ordre où nous les reproduisons ; la dernière est en marge de la page où se trouve le passage qui l'a provoquée :

P. 145 (2). « Comment peut-il dire que la lecture du *Pastor fido* rauit?

» Il dit, dans cette page, que les tragédies des anciens n'estoient environ que de mille vers, et, dans la page suivante, il dit, avec bien plus de raison, qu'elles ont esté jusqu'à seize cents vers. L'*Edipe colonéen*, de Sophocle, en marque jusqu'à dix-huit cent soixante. »

P. 186 (3). « *Siluis deducti careant me judice Fauni*, etc. Ne semble-t-il pas, par ces vers et les suivants, que les Latins avaient quelques poëmes semblables à la satyre ou pastorale des Grecs? »

P. 168 (4). « L'embarras ne seroit pas moindre. Car, quelle apparence que cette Cléopatre, après avoir dit que le poison

---

(1) Déjà reproduites en novembre 1846 par M. Ravaisson, dans la *Revue encyclopédique*, et par M. P. Mesnard, dans l'édition de Racine des *Grands Ecrivains* (tome VI, p. 351).
(2) Page 102 de l'édition de 1715.
(3) Page 131 de l'édition de 1715.
(4) Page 118 de l'édition de 1715.

fera mourir sur-le-champ celuy qui le prendra, se puisse résoudre à en prendre elle-mesme la moitié, afin de porter son fils et Rhodogune à en prendre le reste? Elle aura lieu de supposer qu'elle mourra avant qu'ils ayent le temps de boire le reste de son poison. Ainsi, on ne pourra plus dire ce vers : « *Pour vous perdre après elle, elle a voulu périr.* » Et elle mourra bien plus légèrement qu'elle ne fait. C'est bien assez qu'elle se fasse mourir de gayeté de cœur sans y estre forcée (comme elle l'est dans l'histoire avec bien plus de vraysemblance), elle qui se doit fier sur l'amitié de son fils et réserver sa vengeance à une autre occasion. »

P. 224 (1). « Comment peut-il dire que Sophocle est né dix ou douze ans après la mort d'Eschyle? Sophocle, tout jeune, a remporté le prix sur Eschyle, qui estoit déjà vieux. Et ce fut pour cela qu'Eschyle sortit d'Athènes. Il a pu lire que Sophocle étoit plus jeune de dix ou douze ans. »

(1) Page 159 de l'édition de 1715.

APPENDICE VI

(Voir p. 261, n. 3).

Le *Journal littéraire* (tome VI, p. 44-47) fait ces deux remarques sur ce que dit d'Aubignac des deux unités.

L'unité de lieu : « Nous ne voyons pas en quoi la vraisemblance serait si fort choquée, si on changeait le lieu de la scène dans une pièce dramatique. Pourquoi ne pourrait-on pas s'imaginer que, pendant que le rideau est baissé, dans l'intervalle d'un acte, on s'est transporté, avec les acteurs, de la galerie du Louvre aux Tuileries, puisqu'on s'imagine bien qu'on est à Rome, à Constantinople, à Madrid, etc., et, quoiqu'on sache, certainement, qu'on n'est pas sorti de Paris? Il y a plus : il serait peut-être plus vraisemblable de faire que des acteurs qui doivent se rencontrer plusieurs fois dans une pièce qui dure six, huit ou dix heures se rencontrassent dans des lieux différents que de les faire tous paraître dans le même endroit. Mais quand cela ne serait pas, le théâtre n'étant qu'une image, car notre auteur le dit lui-même, il ne serait pas plus contre la vraisemblance de pécher contre l'unité de lieu que de mettre sur la scène des Turcs, des Espagnols, des Grecs et des Latins qui, non seulement parlent français, mais, qui plus est, lurent, parlent en grands vers alexandrins. M. d'Aubignac a beau dire, ailleurs (1), que ces vers, qu'il nomme communs, doivent être considérés comme de la prose, et qu'on les a peut-être nommés communs parce que, com-

_____

(1) Livre III, chap. x.

munément, chacun en fait, sans peine et sans préméditation, dans le discours ordinaire; cette manière de parler sera toujours moins vraisemblable que le changement de lieu dans un poème dramatique. »

L'unité de temps : « Dussent tous les rigides observateurs des règles du théâtre nous tomber sur les bras, nous ne pouvons nous empêcher de dire que le sentiment de M. l'abbé d'Aubignac nous paraît trop rigide. Il faut faire une part d'imagination pour se persuader que pendant trois heures ou environ qu'on reste au théâtre, il s'en est écoulé huit ou dix. Des intervalles des actes, dit notre auteur, aident à tromper le spectateur ; mais ce spectateur ne pourrait-il pas s'imaginer qu'il s'est passé six ou huit heures dans un intervalle, comme il se persuade qu'il s'en est passé une ou deux ? Cet effort d'imagination ne serait pas plus grand que celui qu'il faut faire pour rendre vraisemblable bien des choses qui se passent au théâtre. »

APPENDICE VII

(Voir p. 274, n. 1)

Voici quelques exemples de ces imitations :

> Quoi ! Pour être consul, en a-t-on moins un cœur ?
> (Acte III, sc. III).

Ce vers a dû être inspiré par celui de *Sertorius*, représenté quelques mois plus tôt :

> Ah ! pour être Romain, je n'en suis pas moins homme.

Le souvenir d'*Horace* se reconnaît encore mieux dans les vers suivants :

> Tendresse, tes efforts sont ici superflus !
> *Mon fils est mon rival, je ne le connais plus !*
> (Acte IV, sc. I.)

> J'ai d'abord éprouvé que le cœur d'un Romain,
> Pour être illustre et grand, n'en est pas moins humain.
> (Acte IV, sc. IV.)

Enfin, voici deux fins de vers empruntées à *Cinna* :

> Les Romains de ce nom craignent, *sur toute chose,*
> De ne pas observer *la loi qu'on leur impose.*
> (Acte III, sc. III.)

Le fragment de dialogue que voici, entre Camille et Omphale, donnera une idée de la manière des deux collaborateurs. L'influence de Corneille s'y fait encore sentir, mais l'imitation est moins directe. Omphale, aimée de Torquatus et de Manlius, déclare à Camille qu'elle renonce à l'*hymen* du premier, parce qu'elle aime le second. Camille s'étonne qu'elle sacrifie ainsi ses plus chers intérêts, son royaume, que Torquatus rendrait à son épouse, mais qu'il ne rendra jamais à sa belle-fille :

CAMILLE.

Mais aussi, par ce prix, vous rachetez l'Epire.

OMPHALE.

L'innocence d'un cœur vaut bien mieux qu'un empire.

CAMILLE.

Pour le bien des Etats, tout semble être permis.

OMPHALE.

Je crains plus un remords que tous mes ennemis.

CAMILLE.

Vos peuples blâmeront ces sentiments sévères.

OMPHALE.

Les dieux sans cet hymen finiront mes misères.

CAMILLE.

Les dieux sont tout-puissants ; mais leur secours est lent
Quand il faut appuyer un trône chancelant.

OMPHALE.

Où leur secours est vain, que peut celui d'un homme ?

CAMILLE.

Sans mentir, la vertu n'est pas toute dans Rome.

ERRATA

Page 41, ligne 3 : Séparer les deux vers écrits sur une seule ligne.
Page 43, note 2 : Léonce Pardon ; — lire : Person.
Page 105, ligne 10 : dans ces essais ; — lire : dans ses *Essais*.
Page 114, dernière ligne : de la pratique du théâtre ; lire : de *La Pratique du Théâtre*.
Page 115, article II : 1625-1647 ; — lire : 1625-1640.
Page 193, dernière ligne : ou du père Rodriguez ; — lire : ou celui du père Rodriguez.
Page 196, ligne 15 : administration ; — lire : administrateur.
Page 198, note, avant-dernière ligne : personnes de genre ; — lire : personnes de ce genre.

TABLE DES MATIÈRES

Avant-Propos.. 1
Bibliographie.. 5

PREMIÈRE PARTIE.

BIOGRAPHIE ET ŒUVRES DIVERSES DE L'ABBÉ D'AUBIGNAC.

LIVRE PREMIER.

BIOGRAPHIE.

CHAPITRE PREMIER.

I. Son éducation. — II. Son entrée dans la maison de Richelieu comme précepteur du duc de Fronsac. — Son élève. — Ses démêlés avec Condé. — Ses relations avec les hommes de la Fronde. 9

CHAPITRE II.

I. Diversité de ses occupations. — II. Ses relations sociales. — III. Ses relations littéraires. — IV. Son Académie. — V. Ses dernières années. 23

LIVRE SECOND.

ŒUVRES DIVERSES.

CHAPITRE PREMIER.
ŒUVRES D'ÉRUDITION.

I. Les *Satyres*. — II. Les *Conjectures académiques*. 58

CHAPITRE II.

ŒUVRES DE SALON.

I. *Vers. — Portraits.* — II. *Allégories*............. 68

CHAPITRE III.

ŒUVRES DE DIRECTION ET D'ÉDUCATION.

I. Ses *Conseils à une femme du monde.* — II. Son *Roman pédagogique,* Macarise........................ 79

CHAPITRE IV.

SES SERMONS.

I. Théorie de l'éloquence sacrée. — II. La composition, la peinture morale, le style et l'éloquence dans ses sermons......... 96

SECONDE PARTIE.

D'AUBIGNAC THÉORICIEN, AUTEUR ET CRITIQUE DRAMATIQUE.

LIVRE PREMIER.

D'AUBIGNAC THÉORICIEN DRAMATIQUE.

CHAPITRE PREMIER.

DES THÉORIES DRAMATIQUES EN FRANCE AVANT D'AUBIGNAC ET AU TEMPS DE D'AUBIGNAC.

Première période, 1550 à 1625. — I. Renaissance littéraire; les théories de la Pléiade. — II. Leur principe général; influence d'Aristote. — III. Influence de ses commentateurs; Scaliger. — IV. Les indépendants; opposition à la règle de l'unité de temps. — V. Daniel Heinsius..................... 115

Deuxième période, de 1625 à 1640. — I. Seconde Renaissance des Règles. — Ses promoteurs. — II. Ses interprètes officiels : Mairet, Chapelain et sa *Poétique* inédite, Scudéry, l'Académie, Sarrasin, La Mesnardière. — III. Ses adversaires. — IV. Rôle de Corneille. — V. Raisons du triomphe définitif des Règles... 136

CHAPITRE II.

RÔLE DE D'AUBIGNAC AVANT LA PUBLICATION DE « LA PRATIQUE. »

I. Son enseignement oral dans les cercles. — II. Sa querelle avec Ménage. — III. Son crédit auprès des poètes et de Richelieu. IV. Son *Projet pour le rétablissement du Théâtre :* réformes matérielles et littéraires. — V. Réformes morales. — Etat des esprits à cette époque sur la question de la moralité du théâtre : ce qu'en pensaient les poètes, les théoriciens, le public chrétien. — Ce que Richelieu voulait qu'on en pensât ; plaidoyers de Scudéry et de d'Aubignac. — Moyens pratiques proposés par d'Aubignac pour « épurer » le théâtre. — VI. Ce que valaient ces moyens, et dans quelle mesure ils furent adoptés. — VII. Que vaut l'idée d'un théâtre moral et « moralisateur ? ». 175

CHAPITRE III.
« LA PRATIQUE DU THÉATRE » (1640-1657).

I. Sujet et nouveauté de ce livre. — II. Préceptes généraux. — III. Préceptes relatifs à l'action. — § 1ᵉʳ *Partie théorique* : la vraisemblance et ses conséquences : l'Infidélité historique ; les deux unités. — § 2. *Partie pratique* : Moyens d'observer les règles relatives à l'action. — IV. Préceptes relatifs aux parties de quantité : actes et scènes. — V. Préceptes relatifs à trois parties de qualité : les personnages, les discours, les spectacles. — VI. Appréciation générale de la *Pratique*. — VII. La *Pratique* et la Critique. — VIII. Comparaison de la *Pratique* avec la *Poétique* de Corneille et de Racine. 216

LIVRE DEUXIÈME.
D'AUBIGNAC AUTEUR DRAMATIQUE.

I. Liste des pièces auxquelles il a collaboré et dont il est l'auteur. Courte analyse de *Cyminde*, de la *Pucelle d'Orléans*, de *Sainte Catherine*. — II. *Zénobie* : l'action, le caractère. 271

LIVRE TROISIÈME.
D'AUBIGNAC CRITIQUE DRAMATIQUE.

I. Sa critique du théâtre ancien. — II. Sa double critique de Corneille dans la *Pratique* et dans ses *Quatre Dissertations*. — III. *Dissertation contre Sophonisbe*. — IV. *Dissertation contre Sertorius*. — V. Résumé des deux dernières dissertations. 295

CONCLUSION. 324

APPENDICES.

APPENDICE I. — D'Aubignac, théoricien et critique du roman. . . 327

APPENDICE II. — Plaidoyer de Grévin en faveur de la liberté littéraire. 331
APPENDICE III. — Texte de l'argumentation de Delaudun contre la règle de l'*Unité de temps*. 333
APPENDICE IV. — Texte des trois dissertations inédites de Chapelain. 336
APPENDICE V. — Remarques manuscrites de Rauve sur *la Pratique*. 352
APPENDICE VI. — Le *Journal littéraire* et les Deux Unités. . . . 354
APPENDICE VII. — Extraits de la tragédie de *Manlius*. 356

ERRATA. 259

TOULOUSE. — IMP. A. CHAUVIN ET FILS, RUE DES SALENQUES, 28.

www.ingramcontent.com/pod-product-compliance
Lightning Source LLC
Chambersburg PA
CBHW050309170426
43202CB00011B/1840